Gehrmann · Müller

MANAGEMENT IN SOZIALEN ORGANISATIONEN

W0095420

GEHRMANN · MÜLLER

MANAGEMENT

IN SOZIALEN

ORGANISATIONEN

Handbuch für die Praxis Sozialer Arbeit

WALHALLA

BERLIN·BONN·REGENSBURG

Die Deutsche Bibliothek – CIP-Einheitsaufnahme

Gehrmann, Gerd:
Management in sozialen Organisationen : Handbuch für die
Praxis Sozialer Arbeit / Gerd Gehrmann ; Klaus D. Müller. -
Berlin ; Bonn ; Regensburg : Walhalla, 1993
   ISBN 3-8029-7440-9
NE: Müller, Klaus D.:

Zitiervorschlag:
Gehrmann/Müller, Management in sozialen Organisationen,
Berlin/Bonn/Regensburg 1993

© Walhalla u. Praetoria Verlag GmbH & Co. KG, Berlin/Bonn/Regensburg
   Alle Rechte, insbesondere das Recht der Vervielfältigung und Verbreitung
   sowie der Übersetzung, vorbehalten. Kein Teil des Werkes darf in irgendeiner Form
   (durch Fotokopie, Mikrofilm oder ein anderes Verfahren) ohne schriftliche
   Genehmigung des Verlages reproduziert oder unter Verwendung elektronischer
   Systeme gespeichert, verarbeitet, vervielfältigt oder verbreitet werden.
   Satz: Walhalla Datenbank, 93042 Regensburg
   Herstellung: PVA - Pfälzische Verlagsanstalt GmbH, Landau
   Printed in Germany
   ISBN 3-8029-7440-9

Inhalt

Abkürzungen

BFA   Berufsfeldanalyse
CM   Case Management
EAM   Environment-Aktivierungs-Methode
OE   Organisationsentwicklung
PERSOA   Personenorientierte Soziotop-Analyse
PIE   Person In Environment
RA   Rating Assessment
SAK   Selbstreflexives Arbeitskonzept
SOA   Soziotop-Analyse

Vorwort

Das vorliegende Buch wendet sich in erster Linie an Sozialarbeiter und Sozialarbeiterinnen, das heißt an professionelle Mitarbeiter und Mitarbeiterinnen in der Sozialen Arbeit auf allen Ebenen der Hierarchien. Damit meinen wir ausdrücklich auch Sozialpädagoginnen und Sozialpädagogen, deren Arbeit von denen der Sozialarbeiterinnen und Sozialarbeiter in den meisten Fällen in der Praxis nicht mehr grundsätzlich zu unterscheiden ist. Alle zusammen sind Mitarbeiter in Einrichtungen der Sozialen Arbeit, in *einer* Profession, dessen deutlichere Konturen sich in der Lehre, der Forschung und auch in der Praxis – und dort sogar noch deutlicher – auszuprägen beginnen.

In dem Maße, in dem die Soziale Arbeit ihre eigenständigen Arbeitsfelder, Konzepte und Methoden, also ihr Berufsfeld bestimmt, ihre Arbeit innovativ im Sinne der „Neuen Fachlichkeit" weiterentwickelt und sowohl soziale Problemlagen, Arbeitsbedingungen, Arbeitsweisen und -ergebnisse zu erforschen beginnt, wird sich Soziale Arbeit als eigenständige Disziplin und Wissenschaft etablieren. Wir sind noch nicht angekommen, aber auf dem Wege.

Wir haben dieses Buch wegen unseres Engagements für die Professionalisierung geschrieben. Die Führungskräfte sollten wissen, unter welchen Voraussetzungen und mit welchen Konzepten und Methoden soziale Dienstleistungen professionell erbracht werden können. Management in sozialen Organisationen soll zu mehr Effizienz und Rationalität beitragen, nicht aber eine Herrschaft der Technokraten begründen. Deswegen dürfen Leitung und Management die Dienstleistung für die Klientel, die in aller Regel zum sozio-ökonomisch gesehen unteren Drittel unserer Gesellschaft gehört, auf keinen Fall aus den Augen verlieren. Dies gebietet bereits die Ethik Sozialer Arbeit.

Zur Professionalisierung gehört übrigens auch, daß Sozialarbeiter Führungspositionen anstreben und ausfüllen und ihre aus einer veralteten Berufsauffassung herrührenden Vorbehalte gegen „Aufstieg" und „Karriere" aufgeben.

Diesem Anspruch versuchen wir in diesem Band nachzukommen. Gleichzeitig wollten wir Sozialmanagement auch etwas entzaubern und überhöhte Ansprüche abbauen helfen.

In diesem Buch wird nur die männliche Form verwendet. Dies geschieht ausschließlich der besseren Lesbarkeit und des einheitlichen Schriftbildes wegen. Von einer Sprachdiskriminierung der Frauen nehmen wir deutlich Abstand.

Gerd Gehrmann   *Klaus D. Müller*

1. Sozialmanagement – eine Antwort auf die Legitimationskrise der Sozialen Arbeit?

Herausforderungen und Aufgaben der Sozialen Arbeit – ein kritischer Befund!

Soziale Arbeit ist derzeit einer bei uns bislang nicht aufgetretenen Legitimationskrise ausgesetzt. Angesichts des gewaltigen Ausbaus der sozialen Dienste in den letzten Jahren und ihrer weit ausfächernden Spezialisierung erscheint diese Aussage zunächst unverständlich. Und doch liegt im Wachstum der Sozialen Arbeit auch eine ihre Existenz bedrohende Gefahr, die auf den ersten Blick verborgen bleibt.

Im Blickpunkt steht vorab die gewaltige personelle und ökonomische Entwicklung sozialer Dienstleistungen. Soziale Einrichtungen sowohl kommunaler, als auch solche der großen „Freien Träger" und kleinerer selbständiger Vereine sind soweit angewachsen, daß sie als mächtiger Wirtschaftsfaktor eingeschätzt werden können. Allein in den alten Bundesländern erarbeiteten 660 000 Mitarbeiter der „Freien Träger" jährliche Dienstleistungen im Werte von 17 Milliarden DM. Etwa 22 000 Selbsthilfegruppen erwirtschaften noch einmal sechs Milliarden DM.[1] Demnach steht die „Freie Wohlfahrtspflege" mit ihrer Beschäftigtenzahl nach Handel, Baugewerbe und Gesundheits- beziehungsweise Veterinärwesen an vierter Stelle der Wirtschaftsbereiche. Wenn wir die staatlichen sozialen Dienste auf Landes-, Kreis- und kommunaler Ebene noch hinzudenken und dabei bedenken, daß hier staatliche Sozialleistungen in insgesamt erheblichem Umfang bereitgestellt werden, so mag dies ein Bild von der Bedeutung unseres Arbeitsbereichs vermitteln.

Wenn auch die hier genannten sozialen Dienstleistungen nicht nur von der Sozialen Arbeit erbracht werden, so hat sie daran doch erheblichen Anteil.

Fest steht allerdings: so groß ihre Bedeutung auch als Wirtschaftsfaktor sein mag, ihr gesellschaftliches Ansehen entspricht dem keinesfalls. Zumindest in Deutschland sind weder ihr Selbstbewußtsein noch der Stand ihrer professionellen Organisierung entsprechend entwikkelt. Der Sozialen Arbeit traut man in unserer Gesellschaft noch zu wenig Problemlösungskompetenz zu. Eher wird ihr unterstellt, sie schaffe Probleme, wo noch keine (zumindest offensichtlich erkennbare) sind. Als Beruf hat man ihr, mit wenigen Ausnahmen wie etwa der Drogenberatung, noch immer nicht das Recht auf Zeugnisverweigerung zuerkannt. Darüber hinaus werden Soziale Arbeiter immer noch in Kurzstudiengängen an Ausbildungsstätten unterhalb der Ebene wissenschaftlicher Hochschulen ausgebildet und tariflich entsprechend niedrig eingestuft.

Angehörige der Profession haben – auch aufgrund der genannten Umstände – sehr häufig ein wenig ausgeprägtes Selbstbewußtsein. Nicht wenige Studierende im Fachbereich Sozialwesen schämen sich für ihre Studienwahl, besonders, wenn sie die allgemeine Hochschulreife besitzen und ihre Studienwahlentscheidung gegenüber Eltern, Freunden und Bekannten vertreten müssen. Wer mit Studienanfängern arbeitet oder sich an die eigene Situation beim Studienbeginn erinnert, wird dies bestätigen können.

Der Organisierungsgrad deutscher Sozialarbeiter und Sozialpädagogen ist im Vergleich zu ihren britischen, niederländischen oder schwedischen Kollegen unbedeutend, so daß die Stoßkraft für eine Verbesserung der Ausbildungs- und Arbeitsbedingungen und für eine Vergrößerung des gesellschaftlichen Einflusses noch weitgehend fehlt. In den genannten Ländern gibt es eigene Sozialarbeiter-Gewerkschaften, die sowohl für tarifliche als auch für sämtliche fachlichen und sonstigen professionellen Belange bis zur Fortbildung(-spflicht!) zuständig sind.

Vor dem Hintergrund dieser Bestandsaufnahme verweisen wir auf Gefahren, die daraus für die Soziale Arbeit erwachsen. Nach unserer Einschätzung existiert hier eine gesellschaftlich und auch ökonomisch sehr bedeutende Berufsgruppe, die jedoch aufgrund der genannten Schwächen noch keine gemeinsame Orientierung sowie ausreichende professionelle Identität und damit noch keine angemessene politische Kraft entwickelt hat, um ihren Einfluß in unserer Gesellschaft gerade auch für ihre Klientelen, die sozial Schwachen, zu vergrößern.

Die oben angesprochene Ausdehnung der sozialen Dienstleistungen hat zu einer vielfältigen Spezialisierung und Zergliederung der Sozialen Arbeit geführt. Die methodischen Anleihen aus der Psychologie und der Psychotherapie verstärkten in weiten Bereichen auch die

Gefahr einer Suche nach neuen, bei Aufgabe klassischer Klientelen. Diese „white-collar-social work", wie amerikanische und englische Kollegen dies nennen, geht an der Tatsache vorbei, daß insbesondere seit dem Anschluß der neuen Bundesländer Armut und Elend in unserer Gesellschaft weiter angewachsen sind, und daß gerade hierdurch auch die Soziale Arbeit als Beruf herausgefordert ist. Die relative Verarmung eines Drittels unserer Gesellschaft trägt dazu bei, daß schwere soziale und politische Probleme entstehen (wie Ausländerfeindlichkeit, sozialer Unfriede und neofaschistische Ausrichtung bei orientierungs- und perspektivlosen Jugendlichen etc.).

Wenn auch soziale Arbeit die gesellschaftlich verursachten Krisenbereiche, wie zum Beispiel Massenarbeitslosigkeit und Wohnungsmangel nicht direkt beseitigen kann, so muß die professionelle und effektive Bearbeitung ihrer Folgen als Herausforderung und Aufgabe für die Soziale Arbeit angesehen werden. Und wenn es ihr als Profession durch verstärkte Verbandsarbeit gelingt, auch politisch zum „konstruktiven Störfaktor" [2] zu werden, dann könnte sie sogar auf die politischen Rahmenbedingungen Einfluß nehmen, die die Arbeit einengen und ihr nur die Feuerwehrfunktion zuweisen. Die Entwicklung zur europäischen Einheit wird für die professionelle Entwicklung der Sozialarbeit auch in Deutschland neue Anstöße bringen und sowohl die Sozialarbeiter als auch die mit ihrer Ausbildung befaßten Kollegen dazu bewegen, über ihren Tellerrand hinauszusehen.

Wir sehen allerdings das Problem, daß die, wie wir meinen fehlgeleitete professionelle Entwicklung, die auf Psychologisierung und Spezialisierung ausgerichtet ist, vom eigentlichen politischen Charakter der Sozialen Arbeit ablenkt. Denn: wenn die Beziehung zwischen Sozialarbeitern und Klienten zum Dreh- und Angelpunkt beruflichen Handelns gemacht wird, und damit die „Beziehung" und Interaktion zwischen Individuen als das „Eigentliche" und alles, was außerhalb steht, als das „Uneigentliche" der Sozialen Arbeit betrachtet wird, dann verschwindet der ursprünglich auch schon bei Alice Salomon und Mary Richmond [3] politisch verstandene Charakter Sozialer Arbeit im Schoße des ewig „Mütterlichen".

Um Mißverständnissen vorzubeugen: die Praxis Sozialer Arbeit ist nicht mit „Politik" gleichzusetzen, wie dies irrtümlicherweise nach der 68er Studentenbewegung oft angenommen wurde. Mit der Veränderung gesellschaftlicher Verhältnisse und Strukturen glaubte man, soziales Elend beseitigen und damit Soziale Arbeit letztlich überflüssig machen zu können. Als Folge wurde Sozialarbeit, wo sie über den alten caritativen Ansatz hinausging, als Teil einer „revolutionären" Bewegung angesehen. Diese hatte verelendende Strukturen zu analysieren, kritisch zu hinterfragen und zu beseitigen. Eine hochpolitisierte, parteiliche Stadtteilarbeit ohne einen handlungsmethodischen Charakter wurde als einzige legitime „Methode" angesehen.

Diese aufgesetzten und nicht in die Praxis Sozialer Arbeit umsetzbaren Handlungsstrategien sind aus vielen Gründen gescheitert. Nicht zu unterschätzen sind jedoch die daraus hervorgegangenen Anstöße zur Veränderung von bis dato unmenschlichen Einrichtungen in der Resozialisierung und Jugendhilfe. Auch Reformen in der kommunalen Sozialverwaltung und bei den sozialen Diensten sind letztlich daraus hervorgegangen.

Aus diesen Auswirkungen wurde von der Profession jedoch kein „politisches Kapital" gezogen. Dafür mag es viele Gründe geben. Davon nennen wir nur drei, die ins Auge springen.

a) Die radikale Politisierung der Diskussion in der Sozialen Arbeit durch die „Kritische Sozialarbeit": damit einher ging – sicher oft berechtigt – die totale Kritik und Infragestellung der Arbeit aller bestehenden Einrichtungen, was wiederum die in den Nachkriegsjahren gerade im Aufbau befindliche Sozialarbeiterschaft verunsicherte, die unkritisch die psychozentrierten Methoden aus den USA übernommen hatte. Dies war eine vollständige Abwertung der Arbeit von Kollegen sowohl „Freier Träger" als auch „staatlicher" Sozialarbeit durch die von den Hochschulen in die Praxis strömenden jungen, kritischen, analytisch oft sehr kompetenten, jedoch im praktischen Handeln nicht ausgebildeten Absolventen.

Die Folge war eine jahrelang dauernde Spaltung der Sozialarbeiterschaft, die sich etwa in der Trennung offizieller Jugendhilfetage und alternativer Jugendhilfeveranstaltungen ausdrückte. Eine Kommunikation innerhalb der Sozialarbeiterschaft war unmöglich geworden. Zwischen einigen neugegründeten Fachbereichen Sozialwesen und vielen Trägern der Sozialen Arbeit bestand ein tiefes Mißtrauen. Es hat lange gedauert, bis die entstandenen Klüfte überwunden werden konnten, bis Träger merkten, daß kritische Mitarbeiter trotz mancher Reibungsverluste beim Berufseintritt durchaus Kompetenzen aufwiesen, die für die notwendige Weiterentwicklung der Praxis gebraucht werden, auch wenn sie noch vieles lernen mußten. Gleichzeitig wurden auch die Kollegen an den

Hochschulen realistischer und damit bescheidener, was dann auch entsprechende Spuren bei den Absolventen hinterließ.

b) Die zweite ernste und für den Beruf nicht günstige Folge der Vorstellung, man könnte eine revolutionäre Sozialarbeit praktizieren, war eine bis heute in der deutschen Sozialarbeit feststellbare „Stadtindianer-Mentalität". In der distanzlosen Solidarisierung mit den Klienten in ihrer – von dieser Gesellschaft wesentlich zu verantwortenden – Randstellung sah man sich in grundlegender Gegnerschaft zu Staat und Gesellschaft. Die Vorstellung von subversiver Arbeit, geheimer Aktenführung und systemdestabilisierenden Aktionen in der Berufspraxis Sozialer Arbeit mutet im nachhinein abenteuerlich an.

Diese latente oder offene Gegnerschaft zu kommunalen oder (in staatlicher Vertretung) großen „Freien" Trägern verhindert, daß Sozialarbeiter einen eigenen professionellen Standpunkt in dieser Gesellschaft beziehen, der es ihnen erlaubt, mit und für die Klienten Interessen wahrzunehmen, sich innerhalb eines „strukturellen Berufskonflikts" [4] zu sehen und strategisch vorzugehen. Unzweifelhaft bleibt deshalb die Tatsache, daß diese Gesellschaft, die auch zu einem Gutteil für die Problemlagen der Klienten verantwortlich ist, Soziale Arbeit veranstaltet, bezahlt und mit einem – nicht immer angenehmen – Auftrag versieht. Den muß man nicht kritiklos ausführen. Dennoch ist eine Position nicht haltbar, in der öffentlich Bedienstete sich grundsätzlich gegen ihre Anstellungsträger wenden. Eine notwendige Kritik oder gar Arbeitsverweigerung kann unter professionellen Kriterien keinesfalls mit einer grundsätzlichen (im alltagssprachlichen Sinne gebraucht) Gegnerschaft begründet werden. Nur fachliche Gründe sind hierbei zugelassen. Diese können jedoch kaum den Grundkonsens einer Gesellschaft tangieren, der sich im Bereich der in der Verfassung garantierten Menschenrechte bewegt und im Ethik-Code des Berufs festzuhalten wäre.

Mit einer grundlegenden gegnerischen Haltung zu dieser Gesellschaft und dem davon abgeleiteten Auftrag sind Arbeitsziele im Rahmen professioneller Konzepte im Interesse der Klienten nicht zu entwickeln.[5]

c) Ein weiteres Problem hat sich daraus ergeben, daß mit Hinweis auf die Notwendigkeit der revolutionären Umgestaltung, an der die Sozialarbeit mitwirken sollte, Arbeitsmethoden als zweitrangig angesehen wurden. Im Gegenteil: man lehnte die aus den USA übernommenen Methoden nicht nur als psychologistisch ab, man kritisierte grundsätzlich, daß sie die Klienten nur an die bestehende Gesellschaft anpassen würden.[6] Nun ist die unkritische Anpassung kein realer Gegenpart zum revolutionären Widerstand. Auch kann es nicht realistisch und an den Interessen der Klienten orientiert sein, wenn ihnen keine Form der Anpassung an die Gesellschaft ermöglicht wird, in der sie schließlich überleben müssen. Die Folge der grundsätzlichen Ablehnung von Methoden war schließlich, daß die Weiterentwicklung der Sozialen Arbeit auch in lebensweltlicher Richtung lange Zeit stockte.

So konnten sich in anderen Ländern sozialräumliche Verfahren bis in die Praxis entwickeln, während sich bei uns der Trend zur Übernahme berufsfremder methodischer Ansätze (beispielsweise therapeutisierender) fortsetzte. Der Pendelausschlag ging von der ausschließlich gesellschaftlichen Perspektive („revolutionäre Berufspraxis") zum anderen Extrem, der Überindividualisierung und Psychologisierung.

Letztlich ist also auch die Überbetonung der sozial-strukturellen und ökonomischen Bedingungen und die gleichzeitige Vernachlässigung des subjektiven Faktors und damit der individuellen Anteile am Klienten-Status und den Problemlagen während der Zeit nach der Studenten-Bewegung, die ja auch die Gründungszeit der Fachhochschulen gewesen ist, als eine gewichtige Voraussetzung für die derzeitige Situation anzusehen.

Aus der einseitigen Psycho-Zentrierung von heute in der Lehre und der Praxis der Sozialen Arbeit ist schließlich auch ein Teil der Differenzierung der Sozialen Arbeit zu verstehen. Angesichts der zunehmenden sozialen Problemlagen in dieser Gesellschaft nehmen sich die immer spezialisierter ausgestalteten sozialen Dienstleistungen teilweise recht befremdend aus. Einige Beispiele:

— Wo eine umfassende soziale Hilfe (materielle, soziale, netzwerkorientierte und psychosoziale) Familien und andere Partnerschaften stabilisieren könnte, entstanden Angebote, die überwiegend die innerfamilialen Beziehungskonstellationen zum Gegenstand haben, wie zum Beispiel die Familientherapie.

— Wo es ebenfalls um weitreichende Unterstützungsarbeit ginge, nämlich bei deutschen und ausländischen Jugendlichen neue Identitäten und Lebensentwürfe aufzubauen, findet sich die zu kurz greifende „Erlebnispädagogik" [7] oder die „Milieu-Therapie".

Weitere unsinnige Spezialisierungen sind generell in der Ausweitung der Therapie-Angebote durch Sozialarbeiter, zum Beispiel der Musik- und Kunst-Therapie und der einseitig psycho-orientierten Beratungsangebote zu sehen, ganz abgesehen von Studienschwerpunkten wie Animation, Wald- und Friedenspädagogik. Letztere wollte nicht etwa Soziale Arbeiter für die Wiederherstellung des durch Rassismus und Neo-Faschismus bedrohten inneren Friedens, sondern für den außenpolitischen Pazifismus ausbilden. Neuerdings hat hier allerdings eine Orientierung an Fragen des inneren Friedens eingesetzt.

Ein großer Teil der Differenzierungen lassen den Verdacht entstehen, daß nicht gesellschaftliche Erfordernisse die professionelle Entwicklung steuern, sondern eher die bei der Gründung der Fachhochschulen eingestellten Kollegen-Interessen, die an ihren Herkunftsdisziplinen orientiert sind, also: Psychologie, Musik, Kunstpädagogik etc.

Die Auffächerung der sozialen Dienste in den alten Bundesländern hat zu einem „kopf- und orientierungslosen" Beruf geführt, zu weit auseinanderstrebenden Kräften und nicht zu einer vereinigenden Plattform für ihre Mitglieder, die daraus eine gemeinsame Stoßkraft hervorbringen könnten

— für eine gemeinsame Formulierung ethischer Regeln

— für eine gemeinsame Sprache und Begriffsbildung zur Analyse und Darstellung sozialer Problemlagen

— zur Entwicklung eigenständig sozialarbeiterischer Arbeitskonzepte und -methoden, die die Lebenswelt der Klienten berücksichtigen

— zur Bereitstellung praxistauglicher Verfahren zur Begleitung und Überprüfung von Arbeitsergebnissen und deren Darstellung in der Öffentlichkeit

Solange Soziale Arbeit als Beruf nicht in der Lage ist, der politischen Öffentlichkeit und den interessierten Vertretern anderer Berufe (wie beispielsweise Jugendrichtern, Ärzten, kommunalen Politikern, Nachbarn und Bekannten, ja der Bevölkerung allgemein) deutlich zu sagen, was sie leistet, was sie unter welchen Bedingungen leisten könnte und wo ihre Grenzen sind, solange wird sie ihre Unterlegenheit nicht überwinden können. Solange bleibt sie auch als Beruf über Gebühr in Frage gestellt.

Die Legitimationskrise der Sozialen Arbeit

Zu den oben dargestellten Konfliktbereichen der Sozialen Arbeit als Beruf, die sowohl aus ihrer jüngeren Geschichte, aus ihren Methoden- und Darstellungsmängeln, als auch ihrem noch nicht voll ausgebildeten Selbstbewußtsein resultieren, kommen neue Herausforderungen in Form von kritischen Entwicklungen, die durch die deutsche Einheit angestoßen wurden. Es handelt sich hierbei teilweise um neue, zu einem großen Teil jedoch um bereits bestehende Entwicklungen, die durch den schwierigen Prozeß der nationalen Vereinigung eine neue Dimension erhalten haben. Ein großes Problem hat sich für die soziale Arbeit als Beruf und ihre Träger aus der Notwendigkeit ergeben, daß in den fünf neuen Bundesländern vor der „Wende" nur sehr wenige „Freie" Träger sozialer Dienstleistungen existierten, die hauptsächlich von den Kirchen beider großen Konfessionen beispielsweise im Jugendhilfe-Bereich oder in der Behindertenarbeit unterhalten wurden. Im staatlichen Bereich gab es eine personell und materiell unzureichende „Fürsorge" im Gesundheitswesen in Verbindung mit den – allerdings dezentralen – Polikliniken. Hier leisteten „Fürsorger" eine mitunter qualitativ hochstehende Arbeit bei der Nachsorge von geheilten psychisch Kranken, bis hin zur Akzeptanzförderung in deren sozialer Umgebung. Wir würden dies heute als sozial-räumliche Netzwerksarbeit bezeichnen, die beinahe bis an die wegweisenden Konzepte der „Offenen Psychiatrie" heranreichen, wie wir sie beispielsweise in Schweden vorgefunden haben (vgl. „Emma" 1988). Eine kommunale Jugendhilfe existierte nur als „Gefährdetenhilfe".[8]

Da es keine Fachhochschulen für die Ausbildung von Sozialarbeitern gab, existierte auch die Berufsbezeichnung nicht, ebensowenig eine staatliche Anerkennung wie in den alten Bundesländern. Wer Soziale Arbeit leistete, nannte sich entweder „Fürsorger/Fürsorgerin" als Absolvent der Fürsorge-Schulen oder „Diakon/Diakonin" als Absolvent der kirchlichen Ausbildung.

In den neuen Bundesländern waren und sind immer noch gewaltige Aufbauleistungen auch im Bereich der sozialen Dienste erforderlich. Dies hat unter anderem zur Folge, daß nicht wenige erfahrene Sozialarbeiter in der Organisation der Dienste und der Fortbildung Aufbauhilfe leisten, durch Abordnung oder mit einem Teil ihrer Arbeitszeit. Dies trägt zu einer weiteren Verknappung der personellen Ressourcen in den sozialen Diensten der alten Bundesländer bei und zwar auf jeder Organisationsebene der Träger und Einrichtungen – sicher ein Anstoß für Gedanken zum Management sozialer Einrichtungen.

Nicht immer wird jedoch der aus dem Neuaufbau der sozialen Dienste in den neuen Bundesländern hervorgehende Anstoß zum Überdenken eigener Strukturen und Konzepte auch aufgenommen. Aus dem Bereich der Zusammenarbeit kommunaler Verwaltungen aus Hessen und Thüringen wissen wir, daß es oft leider auch rückständige Konzepte und Organisationsformen sind, die von hessischen Kommunen auf thüringische übertragen werden. Wenn zum Beispiel kommunale Sozial- und Gesundheitsämter noch nicht dezentralisiert und damit bürgernäher organisiert wurden – wie dies nach dem bereits von vielen Kommunalpolitikern akzeptierten Konzept der „Neuen Fachlichkeit" (1977) gefordert wird –, so wird auch in den Partnerkommunen im neuen Bundesland eine Zentralisierung betrieben, die eine Einschränkung der sozialen Dienstleistungen zur Folge hat. Die oben erwähnte dezentrale Behindertenarbeit hat beispielsweise mit der Auflösung der Polikliniken keine Chance weiterzubestehen.

Jedenfalls erleidet die Profession der Sozialen Arbeit dann einen Rückschlag, wenn nur in ihrer Praxis qualifizierte ehemalige „Fürsorger/Innen" in Schnellkursen oder per Gesetzes-Dekret ohne fachliche Überprüfung nachqualifiziert werden, denn nicht jeder FDJ-Jugendleiter eignet sich zum Sozialarbeiter in der Jugendhilfe. Diese Sorge drückt sich zumindest in den Beschlüssen der Konferenz der Fachbereichsleitungen Sozialwesen der Bundesrepublik Deutschland aus.

Eine ganz wesentliche Herausforderung erhält die Soziale Arbeit durch eine ganze Reihe gravierender sozialer Problembereiche, vor allem in den neuen Bundesländern, die jedoch, zwar in geringerem Ausmaß, auch in der alten Bundesrepublik fortbestehen oder wie zum Beispiel der Rechtsradikalismus durch Entwicklungen in den neuen Bundesländern überall neuen Auftrieb erhalten. Dazu muß die Soziale Arbeit ihre Stimme deutlich erheben und überzeugende Strategien für ihren Wirkungsbereich entwickeln.

Soziale Problemfelder sind:

a) Alle sozialpolitischen Problemfelder der alten Bundesrepublik – wie Dauerarbeitslosigkeit, Obdachlosigkeit, mangelnde Integration von Kindern ausländischer Mitbürger und die Ausgrenzung von Minderheiten – treten in den neuen Bundesländern durch den Zusammenbruch aller Wirtschaftsbereiche und weiterer Folgen der gesellschaftlichen Umgestaltung in erheblich verschärfter Form auf. Sie belasten die selbst in der alten Bundesrepublik nicht gerade üppig ausgestatteten Systeme der sozialen Sicherung und verschlechtern dadurch die Lebensbedingungen der sozial Schwachen unverhältnismäßig. Dadurch wird die Kluft zwischen den zwei Dritteln, die in Wohlstand leben, und dem Rest noch größer. Die vertikale Trennlinie erhält zusätzlich eine geographische.

b) Wenn in einer Gesellschaft wie der der ehemaligen DDR beinahe sämtliche Werte schlagartig an Gültigkeit verlieren und nicht, wie in fortbestehenden Gesellschaften üblich, einen allmählichen Wandel über Generationen durchlaufen, so kann dies bei älteren nur zu Unverständnis und bei Jugendlichen zur Orientierungslosigkeit führen. Kommt dann wegen der ökonomischen Lage noch Perspektivlosigkeit für eigene Lebensentwürfe und nicht einfach zu verkraftende Rollenveränderungen und Beziehungskrisen bei den Eltern (hervorgegangen durch Arbeitslosigkeit und den Wegfall sozialer Infrastruktur und staatlicher Fürsorge) hinzu, dann sind die Grundlagen für das Entstehen massiver Dissozialitäts-Krisen bei Jugendlichen und Erwachsenen gelegt.

c) Der drohende soziale Abstieg und das Gefühl der eigenen Minderwertigkeit – als überlebende Verlierer eines bankrotten Systems nach seiner Kapitulation gegenüber den zum Teil überheblich und bevormundend auftretenden Bürgern der alten Bundesrepublik – schaffen Angst und Haß, der sich gegen noch Schwächere, also Asylbewerber und andere Ausländer, richtet. Hinzu kommt auch, daß die noch geringe praktische Erfahrung des Zusammenlebens mit Ausländern in den neuen Bundesländern einen weit verbreiteten Rassismus fördert und die nationale Identitätsfindung mit der deutschen Einheit extreme nationalistische Kräfte hochgespült hat.

d) Eine weitere wichtige Herausforderung geht derzeit von der durch die finanziellen Kosten der Einheit bedingten Mittelverknappung aus. Kommunen, Länder und „Freie" Träger müssen sparen. Das Motto: „zugunsten des Aufbaus Ost auf den Ausbau West verzichten" wird voraussichtlich noch für dieses Jahrzehnt bedeuten, daß sowohl in den neuen als auch in den alten Bundesländern die Sparhaushalte auch die sozialen Dienstleistungen treffen. Für die sozialen Dienste in den neuen Bundesländern bedeutet dies, daß sie nicht so weit wie eigentlich erforderlich ausgebaut werden, für die sozialen Dienste in den alten einen Abbau. Im personellen Bereich treffen sie den Abbau der Arbeitsbeschaffungsmaßnahmen der Bundesanstalt für Arbeit und Einsparungen von Sach- und Personalmitteln im Haushalt der öffentlichen und privaten Träger. Damit wird der Handlungsrahmen eng. Manche soziale Dienstleistung wird auf ihre Notwendigkeit und Wirksamkeit überprüft werden.

Wir haben diese neuen Herausforderungen, die Mittelverknappungen und die auch damit einhergehenden Notwendigkeiten zur Legitimation der Arbeit nur umrissen und beanspruchen keine Vollständigkeit der Argumentation. Deutlich wurde jedoch, daß die Herausforderungen und Legitimationsprobleme der Sozialen Arbeit sowohl

— ihre Aufgaben

— die Organisationsformen ihrer Dienste

— die Handlungskompetenzen ihrer Angehörigen

— die Problemlösungskapazität und die Qualität ihrer Dienstleistungen für die Klienten und

— die Ökonomie und Effizienz ihrer Dienstleistungen

betreffen.

Sozialmanagement als Antwort auf Herausforderungen

Einrichtungen und Träger im sozialen Dienstleistungsbereich sind, wie der Beruf insgesamt, derzeit diesen besonderen Herausforderungen ausgesetzt, müssen ihre Arbeit aber nicht den Geldgebern gegenüber rechtfertigen. Immer wieder hat es Skandale gegeben, beispielsweise in der Heimerziehung, in der Pflege, in der Resozialisierungsarbeit, die in den Medien kritisch diskutiert wurden.[9]

Krisen und Skandale in sozialen Dienstleistungsunternehmen sind an der Tagesordnung. Vor allem in der „Freien" Wohlfahrtspflege haben sich skandalöse Vorfälle in inhaltlicher und organisatorischer Hinsicht gehäuft. Wenn etwa Geschäftsführer der Träger von Altenheimen Mißmanagement und Mißwirtschaft betrieben, so bekamen dies in aller Regel auch die Heimbewohner zu spüren, vor und nach einer erfolgten Schließung. Hieran wird deutlich, wie inhaltliche, organisatorische und finanzwirtschaftliche Aspekte zusammenhängen. Wir werden dieses Thema in den folgenden Kapiteln vertiefen. An dieser Stelle wollen wir der Frage nachgehen, warum insbesondere Non-Profit-Unternehmen, wie sie in der Sozialbranche derzeit wohl noch vorherrschen, und hierbei besonders die der „Freien" Träger so anfällig für Mißmanagement sind.

Dem Leser wird aufgefallen sein, daß nun plötzlich Begriffe aus der Betriebswirtschaft einfließen, aus einer Sphäre, die von den Angehörigen der sozialen Berufe immer noch abgelehnt wird. Dies macht einen kurzen Exkurs notwendig: Es gibt politische, caritative und in der Helfer-Problematik liegende Gründe, die immer noch die Entwicklung einer vollen Professionalität behindern.

— Politische Motive können zu einer völligen Solidarisierung und damit einer Überidentifizierung mit der Klientel führen.

— Dies kann auch durch religiöse Motive (caritas) geschehen.

— Mit den beiden genannten Motiv-Komplexen kann auch die Helfermentalität, die sich aus der eigenen Persönlichkeit und Geschlechtsrolle ergibt, zusammenwirken.

Diese Motivkonstellationen, die ja durchaus positiv und wichtig sind, wenn sie bewußt und professionell gehandhabt werden, bewirken, daß die eigentlich professionelle und damit in einem bestimmten Maße öffentliche und politikwürdige Beziehung zwischen dem Sozialarbeiter und dem Klienten zur Intimsphäre und Privatsache erklärt wird.

Und mit dieser traditionell weiblichen Helfen-Heilen-Pflegen-Haltung wird auch die „feindliche" Sphäre der Ökonomie abgelehnt, obwohl hier die (Steuer-)Mittel verdient werden, mit denen bezahlt wird, was in den Non-Profit-Betrieben ausgegeben wird.

Vielleicht trägt gerade die geringe Entlohnung vieler Mitarbeiter in sozialen Einrichtungen dazu bei, eine eigentlich der Vergangenheit angehörende und völlig unpraktische Weltsicht beizubehalten: Danach wird Soziale Arbeit nicht für Geld geleistet, sondern für Gotteslohn oder für den Dank derer, denen geholfen wird.

Die Leitungen gerade der caritativen Organisationen wissen, daß sie viel Geld für ihre Arbeit benötigen. Davon bezahlen sie eher die Dienstleistungen kommerzieller Spendenwerberkolonnen, als für eine angemessene Entlohnung und leistungsgerechte Bezahlung ihrer Mitarbeiter zu sorgen. Aber die Mitarbeiter wollen das aus besagten Gründen ja selbst nicht wirklich. Wäre dies anders, so würden sie sich stärker für bessere Arbeitsbedingungen und Bezahlung einsetzen. Jedenfalls drückt sich diese Einstellung auch stark in einer Abwehrhaltung gegenüber dem Bereich der Wirtschaft und ihrer Fachdisziplin, der Betriebswirtschaftslehre, aus.

22

Für die unter erheblichen Legitimationsdruck geratenen Einrichtungen und Träger der Sozialen Arbeit ist die wie auch immer begründete Abwehr gegenüber dem Gedanken der Nachprüfbarkeit der Arbeitsleistungen, der Effizienz- und Effektivitätssteigerung sozialer Dienstleistungsagenturen im Non-Profit-Bereich oft eine Überlebensfrage geworden.

Während die Organisationsentwicklung (OE) und das Sozialmanagement (SM) in den USA, aber auch in westeuropäischen Ländern (wir kennen dies vor allem aus den Niederlanden), aus sehr unterschiedlichen Gründen längst Eingang in die Reform der sozialen Dienste gefunden hat,[10] sträubten sich sowohl die Träger als auch die einzelnen Einrichtungen bei uns lange Zeit, über die Effektivität und Effizienz ihrer Arbeit nachzudenken. Die Träger der öffentlichen und „freien" Wohlfahrtspflege ruhten sich auf ihren Privilegien aus und vertraten gegenüber einer weitgehend wenig über deren Arbeit informierten Öffentlichkeit ihren gesetzlich festgeschriebenen Machtanspruch. Eine neuere Untersuchung über „Rolle und Stellenwert der freien Wohlfahrtspflege"[11] dokumentiert, daß das soziale Dienstleistungsangebot keineswegs vorrangig an den Klienteninteressen, sondern überwiegend nach Finanzierungsgesichtspunkten ausgerichtet ist. Die Autoren stellen den etablierten Wohlfahrtsverbänden ein vernichtendes Zeugnis aus: immer noch bevormunden sie ihre Klienten, führen ein selbstzufriedenes Eigenleben, ohne sich um die notwendige Einbindung in das Gemeinwesen zu sorgen. Ihnen fehle es an einem eigenen Unternehmensprofil und an einer entsprechenden Organisationskultur, wodurch immer weniger eine Einbindung des ehrenamtlichen Engagements (ihre angebliche Stärke) gelingt. Diese zu einem guten Teil hausgemachten Probleme haben schließlich zu dem vernichtenden Urteil des Sozialmanagements geführt, daß es sich hierbei sehr oft um einen „funktionalen Dilettantismus" handele.[12]

Nicht nur Träger und Einrichtungen sozialer Arbeit, auch die Sozialarbeiter haben sich aus unterschiedlicher, oft ideologisch begründeter Abneigung gegen Sozialmanagement und Organisationsentwicklung gewehrt. Dies geschah trotz des Verschleißes an Arbeitskraft, der in vielen Fällen von oft selbst zu verantwortenden „burn-outs" begleitet wurde.

Sowohl Sozialmanagement (SM), Organisationsentwicklung (OE), als auch die Weiterentwicklungen der sozialen Einzelhilfe, das Case Management,[13] sowie alle weiteren Methoden und Konzeptionen zur

Systematisierung, Planung und Evaluierung der Praxis Sozialer Arbeit, zum Beispiel das Selbstreflexive Arbeitskonzept[14] und die Environment-Aktivierungs-Methode,[15] werden von „eingefahrenen" Berufspraktikern zunächst einmal abgelehnt. Die Sozialarbeiter wehren sich dagegen, ihre Arbeit unter Effektivitätsgesichtspunkten zu betrachten und sind nicht in der Lage, ihre Arbeitsresultate mit dem gebotenen Realismus, dabei deutlich und selbstbewußt zu benennen und diese auch öffentlich nachzuweisen. Angeblich seien Ergebnisse Sozialer Arbeit überhaupt nicht überprüfbar. Die oft im Mittelpunkt stehende überhöht angesehene Helfer-Klient-Beziehung sei durch rationale Betrachtungsweisen in Gefahr usw.

Eine andere, damit verbundene Abwehrhaltung betrifft den Ursprung von Management und Organisationsentwicklung: Sie wurden für den Bereich der betrieblichen Wirtschaft entwickelt und dort erfolgreich erprobt. Wie bereits oben ausgeführt, erfolgt die Ablehnung aus einer Mischung von Ideologie und Vorbehalten, die mit dem besonderen Charakter der sozialen Berufe zusammenhängen. Diese Vorbehalte verhindern auch, daß die Professionalisierung der Sozialarbeit, durchaus im Verständnis der „Neuen Fachlichkeit", weitere Fortschritte macht und daß sie auch in Deutschland endlich ihre „Sprachlosigkeit"[16] überwindet.

In unserer Zusammenarbeit mit Praktikern haben wir festgestellt, daß es einer gründlichen Vorbereitung und Informationsarbeit bedarf, bevor sie bereit sind, sich sowohl auf Sozialmanagement als auch auf Innovationen im Bereich der Methodenentwicklung einzulassen. Dabei geht beides nur in enger Kooperationsarbeit mit den „Experten" ihrer Alltagspraxis, den Sozialarbeitern vor Ort.

Wenn auch die unterschiedlich begründeten Vorbehalte der Mitarbeiter sozialer Dienste ein unnötiges Hindernis darstellen und die Führungskräfte sozialer Träger und Einrichtungen – besonders wenn sie aus ehrenamtlichen Tätigkeiten heraus mit Management-Aufgaben betraut werden – Mißmanagement zu verantworten haben, so können wir die damit verbundene Verantwortung nicht nur bei den Praktikern und Führungskräften festmachen.

Einen großen Teil der Verantwortung müssen die Hochschulen und die Einrichtungen der Fort- und Weiterbildung mit übernehmen. Denn sie haben die Psycho-Zentrierung gefördert oder zumindest bestehende Orientierungen bei Studenten und Praktikern verstärkt. Sie haben darüber hinaus erst gegen Ende der 80er Jahre damit begonnen, Veranstaltungen, Kurse und Studienschwerpunkte anzubieten, in denen man Management-Kompetenzen lernen kann.

Management in sozialen Diensten als Problem der professionellen Ethik

Einrichtungen Sozialer Arbeit erbringen wie alle anderen Organisationen der Wohlfahrtspflege soziale Dienstleistungen. Sie sind Betriebe, die ihre Arbeit den Klienten anbieten, die sie letztlich annehmen oder (wenn ihnen dies möglich ist) auch ablehnen können. In der sehr pragmatisch orientierten und deshalb nicht unbedingt schlechteren Sozialarbeit der Niederlande sagt man „Kunden" und bezieht sich damit ausdrücklich auf ein Selbstverständnis als Dienstleistungsberuf. Bei uns wie auch dort handeln Mitarbeiter sozialer Dienste nicht nur mit „Kunden", die vorab selbst entscheiden können, ob sie die Dienste der Sozialarbeiter in Anspruch nehmen wollen. Vielmehr sind es die Lebensumstände und Problemlagen, die sie bei nicht möglicher Auswahl sozialer Dienste „zwingen", vorhandene „Angebote" anzunehmen, oder es sind gesetzliche oder fachliche Gründe, die Sozialarbeiter gegenüber Klienten aktiv werden lassen. Und dann ist eine Situation der realen Entscheidungsfreiheit der Klienten gegenüber den sozialen Diensten noch weniger gegeben.

Dennoch zeugt die hinter der Begrifflichkeit stehende Haltung von einer erfrischenden „Neuen Sachlichkeit"[17] und von einer stärkeren Orientierung an den Interessen und Bedürfnissen der „Abnehmer" sozialer Dienstleistungen, die sich als Service-Einrichtung gegenüber in Problemlagen geratenen Bürgern versteht, die der professionellen Hilfe bedürfen, weil sie aus eigener Kraft damit nicht fertig werden.

Wenn wir dazu beitragen wollen, daß diese Dienste und ihre Einrichtungen besser gemanagt werden als bisher und dabei Erkenntnisse und Methoden des Managements aus der Betriebswirtschaft übernehmen, weil sie dort entwickelt und vielfach erfolgreich praktiziert wurden, so müssen wir jedoch auch dem besonderen Charakter der Einrichtungen Rechnung tragen, in denen Soziale Arbeit als spezifische Dienstleistung angeboten wird. Dies betrifft sowohl die Ziele und damit die Leistungskriterien als auch die Management-Methoden selbst. Letztere müssen teilweise für die sozialen Dienste angepaßt oder sogar neu entwickelt werden.

Wir haben uns zu dieser Problematik bereits geäußert[18] und bezogen uns dabei auf die Frage nach dem Verhältnis von Ethik und Effizienz in der Sozialarbeit,[19] die die Sozialarbeit selbst beantworten muß, bevor es andere Professionen für sie tun. Dies muß immer noch geklärt werden, da das Management-Defizit in den Einrichtungen noch fortbesteht, obwohl gleichzeitig ein wahrer Boom aller möglichen Angebote und Konzepte des Sozialmanagements entstanden ist.

Dieser Boom wird zum einen oft sehr technokratisch verstanden und richtet sich als Herrschaftswissen und Kompetenzvermittlung überwiegend an die Führungskräfte, da die Fortbildungskosten hoch und die Freistellungserfordernisse derart groß sind, daß sie von den meisten Mitarbeitern sozialer Dienste nicht wahrgenommen werden können, wenn die Einrichtungen hierbei keine Unterstützung gewähren.

Zum anderen betrachtet Sozialmanagement häufig lediglich die in der Betriebswirtschaft bestehenden Ebenen des mittleren und höheren Managements und ist daher nicht bis in die konkrete Handlungsebene der Praxis Sozialer Arbeit vermittelbar. Management in sozialen Einrichtungen kann aber nicht konzipiert werden, ohne das Selbstmanagement, die Arbeitskonzepte und -methoden der Handelnden in der Sozialen Arbeit direkt zu betreffen.

Wie können also Sozialmanagement oder Organisationsentwicklung in den sozialen Diensten überhaupt annähernd praktizierbar entwickelt werden, ohne die alltägliche Handlungsebene der Sozialarbeiter direkt miteinzubeziehen?

Sowohl die Führungskräfte auf allen Ebenen der sozialen Träger und Einrichtungen als auch diejenigen, die die sozialen Dienstleistungen „an vorderster Linie" erbringen müssen, wissen, wie Management-Funktionen und Praxisbewältigung professionell geleistet werden können. Da die meisten herkömmlichen psychozentrierten Methoden dies nicht können, ist bei Leitungskräften besonders größerer Einrichtungen und bei vielen anderen der Eindruck entstanden, Sozialarbeiter würden hauptsächlich Gespräche führen. In unserer Arbeit in der Kooperation mit sozialen Einrichtungen ist uns des öfteren die Bitte auch von fachfremden Leitern begegnet, ihnen eine Vorstellung von den Inhalten, Arbeitsweisen und Wirkungen der neueren Methoden Sozialer Arbeit und der Evaluation sozialer Praxis zu vermitteln. Das bedeutet, daß das Erkenntnisinteresse, welche Arbeitskonzepte und -mittel die Mitarbeiter auf den unterschiedlichen Organisationsebenen zur Verfügung haben, sehr groß ist.

Dieses Handbuch verknüpft in ganzheitlicher Weise die verschiedenen Handlungsebenen im organisationstheoretischen Sinne und ermöglicht damit eine aufeinander bezogene Gestaltung der Arbeit aller Mitarbeiter sozialer Dienste.

Moral und Effizienz in der Sozialarbeit

Das in unserer Gesellschaft dominierende Prinzip des wirtschaftlichen Gewinns hat zur Ökonomisierung vieler gesellschaftlicher Bereiche geführt. Selbst durch das Aufkommen neuer zunächst konkurrierender Kriterien, wie beispielsweise die Erhaltung der natürlichen Lebensgrundlagen, wurde dieses Prinzip bislang nicht ernsthaft relativiert. Die privatwirtschaftliche Struktur hat sich erfolgreich behauptet und an neuere Herausforderungen angepaßt. Mit der Entwicklung umweltfreundlicher Technologien und der Beseitigung von Umweltschäden läßt sich inzwischen auch gutes Geld verdienen.

Sozialpolitiker und Sozialarbeiter beklagen dies häufiger, als daß sie dies begrüßen, was mit der oben angedeuteten Mentalität der Angehörigen sozialer Berufe zusammenhängt. Solange niemand einen vernünftigen Weg in eine bessere Gesellschaft zeigen kann, müssen wir aus dieser – sicher mit großen Fehlern behafteten – das „Beste" machen, das heißt für größtmögliche soziale Gerechtigkeit und die bestmögliche Abfederung der sozialen Folgen sowie der weitestgehenden Umweltverträglichkeit des Wirtschaftens sorgen.

Wenn wir auch die Realisierung einer alternativen Gesellschaftsform derzeit nicht sehen, so sehen wir uns und die Sozialpolitik, wie auch die sozialen Berufe, in der Verpflichtung, insbesondere die unmenschlichen sozialen Folgen privatwirtschaftlicher Macht und Herrschaft anzuprangern und sozial humane Werte dagegenzusetzen.

Ein gemeinsamer Ethik-Code ist überfällig, der sich streng an der Verteidigung der Lebensinteressen der Klientele ausrichtet und daraus konkrete Verhaltensregeln in der alltäglichen Praxis ableitet, wie dies etwa im „Code of Ethics" der „British Association of Social Workers" (BASW) geschieht.[20]

Sozialarbeiter bedürfen hier einer fachlichen Instanz mit tarifrechtlichen Kompetenzen, die sich auf übergreifende Werte und Rechtspositionen beruft und die im Konfliktfall sozialarbeiterische Positionen vertritt und nicht die ideologischen Positionen ihrer Träger, die ihrerseits allesamt nur Minderheiten in einer demokratischen und pluralistischen Gesellschaft vertreten und für ihre Arbeit hauptsächlich öffentliche oder öffentlich beschaffte Mittel verwenden.

Der Ethik-Code der BASW steht stellvertretend für die professionellen Codes vieler einflußreicher Sozialarbeiter-Organisationen im Ausland (zum Beispiel USA, Niederlande und Schweden). Der Code of Ethics stellt am Anfang fest:

„Sozialarbeit ist eine professionelle Tätigkeit. Ihre Praxis wird von ethischen Grundsätzen bestimmt, die die professionelle Verantwortung des Sozialarbeiters beschreiben".

In weiteren Passagen wird betont, daß die Sozialarbeiter zuerst den Klienten, dann aber auch den Anstellungsträgern, sowohl den Kollegen innerhalb und anderer Berufe sowie der Gesellschaft gegenüber verpflichtet seien. Um diesen Verpflichtungen nachzukommen, so wird weiter ausgeführt, müssen den Sozialarbeitern jedoch auch Rechte zugestanden werden, damit sie wirksam arbeiten können.

Der zentrale Grundsatz lautet wie folgt:

„Die Grundlage der professionellen Sozialen Arbeit besteht in der Anerkennung des Wertes und der Würde eines jeden Menschen, gleichgültig welcher ethnischen oder sozialen Herkunft, welchen Status, Geschlechts, Alters, Glaubens, sexueller Orientierung oder mit welcher Leistung er zur Gesellschaft beiträgt."[21]

Dieser allgemein von den Menschen- und Bürgerrechten abgeleitete Grundsatz wird weiter ausgeführt und für die Praxis der Sozialarbeit spezifiziert, sowie mit einem Katalog von Handlungsrichtlinien vervollständigt, die den Sozialarbeitern einen professionellen Normen- und Handlungsrahmen an die Hand geben. Gleichzeitig wird dargestellt, was geschehen soll, wenn Arbeitgeber von Sozialarbeitern berufliche Handlungen verlangen, die gegen die Grundsätze verstoßen oder wenn dies von Mitgliedern der „Association" getan wird. Die Durchsetzung durch verbandseigene Juristen, zum Teil mit drastischen Maßnahmen, hängt auch von der politischen Stärke und Durchsetzungsfähigkeit des Verbandes ab. In den Niederlanden und in England bieten die Organisationen nicht nur Fortbildung, Rechtsschutz usw. an, sie verpflichten ihre Mitglieder auch, sich in bestimmten Abständen fortzubilden. Wenn nun ein Anstellungsträger nach dem Code illegitime, also unmoralische Handlungen von seinen Sozialarbeitern verlangt, dann muß der betroffene Sozialarbeiter kündigen. In diesem Fall oder auch wenn dem Sozialarbeiter gekündigt wird, weil eine begründete Arbeitsverweigerung vorliegt, wird sich kein anderes Mitglied des Verbandes für die Stelle bewerben. Der Träger erhält somit keine qualifizierte Fachkraft.

Wir sehen also, welche Bedeutung einem von einer starken Sozialar-
beiter-Organisation getragenen Ethik-Code für eine fachlich ausgewiesene qualifizierte Arbeit im Interesse der Rechte-Wahrung der
Klienten und der Professionalisierung der Sozialarbeit zukommt.

Um die alltägliche Praxis mit Klienten an den Zielen und Normen
eines akzeptierten Ethik-Codes zu orientieren, bedarf es weiterer
Übersetzungen bis auf die Ebene konkreter Arbeitsplanung und des
Handelns. Da wir der Meinung sind, daß Konzepte und Methoden
generell nur auf bestimmte Ziele ausgerichtet sein können (sie können allerdings auch einige ausschließen), und da die berufspraktischen
Situationen derartig vielfältig sind, kann die konkrete Zielbestimmung
weder inhaltlich in einer Methode festgeschrieben, noch allgemein
vorauseilend definiert werden. Der Zielfindungsprozeß selbst und
damit ein Bezug der konkreten Handlungsschritte auf die allgemeine
Ebene eines Codes ist jedoch nach einem methodischen Verfahren
durchzuführen. Ein solches Verfahren haben wir entwickelt und in der
Praxis erprobt: das Rating Assessment.

Eines ist klar: Wenn wir „Effizienz" und „Effektivität" für die Bewertung sozialer Dienstleistungen fordern, so müssen wir einige Unterschiede zu Effizienzkriterien erläutern, die in gewinnorientierten
Organisationen gelten.

Die Erhöhung der Effizienz sozialer Dienste und der Effektivität der
einzelnen Mitarbeiter ist ein wichtiges Ziel des Sozialmanagements
und der Organisationsentwicklung, um der teilweise skandalösen Ver-
schwendung öffentlicher Mittel und dem oft arbeitsorganisatorisch
bedingten Leerlauf zu begegnen. In dieser Hinsicht sehen wir durchaus einige Parallelen zu betriebswirtschaftlicher Sichtweise. Mit möglichst sparsam eingesetzten materiellen und personellen Mitteln soll
ein Höchstmaß an Dienstleistungen erzielt werden.

Nun kommen wir zu einigen wesentlichen Unterschieden zwischen
sozialen Diensten und kommerziellen Dienstleistungen. Wir stellen
sie hier nur beispielhaft auf zwei Ebenen dar: auf der Ebene der Ziele
sozialer Dienste und der Natur ihrer Arbeitsprozesse zum einen und
auf der Ebene der Einbindung in meso- und makropolitische Prozesse
andererseits.

Soziale Arbeit hat einen sozialpolitischen Auftrag, leistet damit immer
auch gesellschaftsbezogene Arbeit und hat ihre Hauptklientel nicht
bei zahlungsfähigen sozialen Schichten und Gruppen, sondern bei den
benachteiligten Mitgliedern dieser Gesellschaft.

Dies führt bereits zu einem gravierenden Unterschied zu privatwirtschaftlich organisierten Dienstleistungsbetrieben. Ihre Finanzierung muß staatlich geregelt und der Zugang den Hauptklientelen offen sein. Dies deutet auf die Fragwürdigkeit der Privatisierung sozialer Arbeit hin. Die gesellschaftliche Art der Finanzierung weist bereits auf die zweite Ebene unserer Argumentation. Noch einmal auf die Frage der Ethik bezogen, bedeutet die besondere Aufgabenstellung der Sozialarbeit, daß mit ihrem besonderen Charakter auch eine besondere ethische und politische Verpflichtung einhergeht.

Wir haben an anderer Stelle darauf hingewiesen, daß „Effizienz" und „Effektivität" für Soziale Arbeit inhaltlich aufgabenspezifisch definiert sein müssen. Für die Aufgaben der Organisationsentwicklung hatten wir formuliert: „Wenn wir im Rahmen unseres Konzeptes der Organisationsentwicklung von Effizienz sprechen, so meinen wir damit eine Verbesserung der Transparenz und der Dienstleistungen für die Betroffenen, damit diese besser zu ihren Rechten kommen können als bislang und damit als gleichberechtigte Bürger behandelt werden."[22]

Wirtschaftsbetriebe können ihre Effizienz erhöhen, wenn sie ihre betrieblichen Arbeitsstrukturen, die Motivation und die Kooperationsbeziehungen ihrer Mitarbeiter verbessern. Effizienz wird also rein innerbetrieblich, höchstens noch auf den Konzern bezogen definiert und angestrebt. Dies geht bei sozialen Diensten nur sehr begrenzt. Erfolgskriterien lassen sich auch hier festlegen, auch wenn das etwas schwieriger ist als bei einem Wirtschaftsbetrieb.

Soziale Arbeit muß eigene Erfolgskriterien festlegen – selbst wenn das nicht immer einfach ist – sonst kann sie auch keine Bewertung ihrer Arbeit vornehmen und auch ihren Geldgebern wie auch der Öffentlichkeit gegenüber nicht vertreten, warum ihre spezielle Dienstleistung gebraucht wird. Effizienz und Erfolg der Sozialarbeit lassen sich jedoch nicht ausschließlich auf der Ebene der Einrichtung oder gar des einzelnen Sozialarbeiters festmachen. Einbezogen werden muß die „Meso-Ebene" des sozialräumlichen Umfeldes der Klienten und der Sozialarbeit. Jedes vernünftige Konzept der Einzelhilfe oder der Familienarbeit sieht, wie beispielsweise beim Case Management, die Einbeziehung von Ressourcen und Netzwerken im Wohnumfeld und im kommunalen Bereich vor. Außerdem müssen alle für die Arbeit erforderlichen anderen Einrichtungen (Schulen, andere soziale Dienste, Nachbarschaftsklubs etc.) mitberücksichtigt werden. Stadtteilbezogene und kommunalpolitische Kooperationsformen im Rahmen einer ganzheitlichen Neuorganisation staatlicher und freier Einrichtungen sind effizienter als das stückweise „Herumkurieren" an wenigen „Problemfällen".

Um also wirklich effiziente Sozialarbeit zu erreichen, müssen zumindest auf der bezirklichen, kommunalen Ebene integrierte Konzepte entwickelt und umgesetzt werden. Für die höhere Ebene gilt dies in noch erhöhtem Maße. Wir wissen, daß Vorbeugung im allgemeinen effizienter und kostensparender ist als alle sozialen Maßnahmen korrektiver Art. Dieser Satz ist rein rechnerisch zu belegen. Jede präventive Maßnahme auf der sozialpolitischen und sozialplanerischen Ebene ist in ihren Auswirkungen humaner als die zum Teil entwürdigenden Praktiken der individuellen Korrektur.

Ergebnis: Einerseits müssen die Effizienzkriterien inhaltlich anders und wohl auch umfassender werden als bei reinen Wirtschaftsbetrieben, bei denen die Höhe des Gewinns das Wichtigste ist. Fest steht aber auch, daß sich soziale Einrichtungen, die unter dem Zeichen der Barmherzigkeit handeln, die Frage nach der Verwendung der überwiegend öffentlichen Mittel, nach Wirtschaftlichkeit und effizienten Dienstleistungen stellen lassen müssen.

2. Warum brauchen wir Management in der Sozialen Arbeit?

Ausgangslage

Die Soziale Arbeit als Beruf hat zumindest in Deutschland ein geringes Ansehen und oft neigen auch die Sozialarbeiter selbst dazu, den Nutzen ihrer Arbeit so gering einzuschätzen, obwohl die „Sozialbranche" selbst in Zeiten ökonomischer Krisen enorme Finanzmittel umsetzt. Wir gehen mit Hinblick auf neue und alte Probleme, die auch mit der deutschen Einigung anwachsen, von einem mittelfristig weiter anwachsenden sozialen Dienstleistungssektor aus, wobei sich „Markt und Staat" ergänzen werden. Wir haben bereits betont, daß sich die Soziale Arbeit endlich stärker auch als Beruf entwickeln muß, wenn sie die vielfach anzutreffende Unzufriedenheit in ihren Reihen bekämpfen will. Denn: Beinahe nichts ist schlimmer, als in eine fatalistische oder weinerliche Haltung zu verfallen. Sozialarbeiter beklagen sich:

— über unzumutbare Arbeitsbedingungen und Belastungen

— über zu geringen Einfluß ihrer fachlichen Argumentation auf wichtige Entscheidungen, die ihre Arbeit betreffen, die jedoch von Vertretern anderer Berufe (Juristen, Ärzte, Verwaltungsfachleute, Kaufleute u. ä.) getroffen werden

— daß sie nicht von den Politikern angehört werden

— über schlechte tarifliche Einstufung bei geringen Karriereaussichten

— als Folge von alledem: über den schnellen Verschleiß der Arbeitskraft mit dem bekannten „Burn-out-Effekt"

Beispiel aus der Praxis:

In einer von uns duchgeführten Fortbildung mit langjährigen Praktikern wurde das Thema „Alt werden in der Sozialarbeit" von Teilnehmern angesprochen. Es ließ die Runde nicht mehr los. Wenige der Sozialarbeiter mittleren Alters konnten sich mit ihrer beruflichen Perspektive auseinandersetzen. Die Vorstellung, in einer ähnlichen

Arbeit wie derzeit alt zu werden, rief durchweg Angst hervor. Bei einigen war nach zehn Berufsjahren bereits eine Mutlosigkeit festzustellen, die für die Praxis nichts Gutes verheißen konnte. Gefragt, was in der Arbeit noch Mut mache, verwiesen nicht wenige auf Dankbarkeit, Zuneigung und Vertrauen, die ihnen von einigen Klienten, denen sie helfen konnten, entgegengebracht wurden. Es gab darunter jedoch auch Praktiker, deren Erfolgskriterien professioneller schienen, wie in folgenden zwei Beispielen:

a) „Ich werde wieder zur Weiterarbeit motiviert, wenn ich erlebe, daß es Jugendliche, um die und mit denen ich mir viel Arbeit gemacht habe, schaffen, eine Ausbildung zu beenden und sich von den Eltern selbständig zu machen."

oder

b) „Eine Multiproblem-Familie kroatischer Herkunft hat ihre dringlichsten Probleme mit der Unterstützung unseres sozialen Dienstes erfolgversprechend angepackt: Ökonomische Hilfen (Wohngeld, einmalige Hilfen der Sozialhilfe – wegen des geringen Einkommens), Familienhilfe bei der Haushaltsführung, Schuldenmanagement mit Teilverzicht einiger Gläubiger, um die Tilgung von Schulden erträglich zu gestalten, sowie die Bereitschaft der Familie, daran mitzuarbeiten, und die Hausaufgabenhilfen für die schulschwachen Kinder. All dies hat zu einer sichtbaren Stabilisierung geführt, zumindest wurde auch Obdachlosigkeit abgewendet."

Solche Ziele erreichen, also im Einzelfall ein auch von anderen nachvollziehbarer Erfolg der Sozialen Arbeit, ist ein wichtiges motivierendes Moment im Beruf. Erfolge müssen aber auch anerkannt werden. Seltsamerweise werden sie nach unserer Erfahrung eher von außen anerkannt als von Sozialarbeitern selbst.

Beim zweiten Beispiel ist das grundsätzliche Problem der durch äußere Bedingungen und auch durch eigenes Zutun ausgegrenzten Familie nicht behoben. Beide Eltern müssen als eingewanderte Kroaten mit dieser Gesellschaft fertig werden. Ihre Ausbildungssituation verhindert, daß sie (beide Eltern müssen berufstätig sein) ein gesichertes Einkommen haben. Ihre Gesamtsituation bleibt labil. Wenn sie die Wohnung behalten, dann wohnen sie immer noch in einem „sozialen Brennpunkt", dessen Adresse und Wohnbedingungen strukturell auch weiterhin Ausgrenzung verursachen.

Fazit: Soziale Arbeit kann, wo sie überwiegend Krisenmanagement betreibt, keinesfalls grundlegende Verelendungsbedingungen – und schon gar nicht am Einzelfall – beseitigen. Eine nur auf politische Veränderungen zielende Diskussion in der Sozialarbeit und den sie ausbildenden Hochschulen hat Ziele für die Praxis entwickelt, die nicht einlösbar waren. Daher kommt die verbreitete Haltung, man würde *nur* Flickschusterei betreiben. Der Blick für erreichbare Ziele wurde verstellt und das Selbstwertgefühl eines ohnehin noch schwachen Berufsstandes wurde noch weiter geschwächt. Diese Haltung ist nicht etwa Vergangenheit. Im Gegenteil: sie scheint überaus langlebig. Dabei ist es doch bei weitem nicht unerheblich, daß das Selbstmanagement dieser Familie deutlich verbessert werden konnte, die Gefahr der Obdachlosigkeit für die nächste Zeit abgewendet und die Schulschwierigkeiten der Kinder verringert wurden. Im Rahmen eines professionellen „Case Managements" ließe sich hier noch viel mehr ins Lot bringen. Was bedeutet dies für die Praxis?

Sozialarbeit muß sich im Sinne einer „Neuen Fachlichkeit" professionalisieren, daran haben wir auch im Interesse der Klienten keinen Zweifel. Sie muß sich dann aber auch den drängenden Fragen stellen:

— Was bewirkt Soziale Arbeit, was leistet sie?

— Wie geht sie mit den – überwiegend öffentlich beschafften – Mitteln um?

— Welche Qualität und Quantität erbringt sie für ihre jeweiligen Klientelen?

— Was tragen einzelne Sozialarbeiter oder Teams zu diesem Leistungsangebot bei?

— Entsprechen die vorhandenen Mittel, die bestehende Organisationskultur, die Kompetenzen und Qualifikationen der Mitarbeiter einer sozialen Einrichtung den gegenwärtigen und neuen Anforderungen an eine professionelle Praxis?

— Ist eine angemessene gedankliche Überarbeitung der Praxis, Fort- und Weiterbildung gewährleistet?

— Wird von der Einrichtung eine effektive Öffentlichkeitsarbeit geleistet?

Diese Fragen sind durchaus in einer Nähe zu betriebswirtschaftlichen Fragestellungen gesehen. Wer Geld und Anerkennung für eine geleistete Arbeit beansprucht, der muß sich auch im Bereich der Sozialen Arbeit den Kriterien der Qualität und Effizienz stellen.

Warum also Management in der Sozialen Arbeit?

Professionelle Sozialarbeit kann ohne konzeptionell abgesichertes methodisches Arbeiten nicht bestehen. Wir meinen damit solche Arbeitskonzepte und Methoden, die für die eigenständigen Aufgaben der Sozialen Arbeit in ihrer Alltagspraxis tauglich sind. Management in der Sozialen Arbeit hat nun dafür zu sorgen, daß die Rahmenbedingungen der Einrichtung die Fachlichkeit unterstützen und sichern, und damit ein professionelles Arbeiten unter Beachtung von Effektivität und Effizienz nicht nur zufällig verwirklicht wird, sondern daß sie mit einer hohen Sicherheit erwartet werden kann. Deshalb verknüpfen wir die Frage des Managements in sozialen Einrichtungen mit der Frage nach Konzeption und Arbeitsmethoden. Sonst wäre die Begründung für das Management abstrakt und technokratisch. Den herrschenden Trend zum Sozialmanagement, das losgelöst von der eigentlichen Dienstleistung in der Praxis Sozialer Arbeit eingesetzt wird, wollen wir nicht noch verstärken. Die Frage nach der Verbesserung der Dienstleistungen für die Klienten ist unauflöslich mit der Praxis Sozialer Arbeit und ihrer Arbeitsmethoden verbunden.

Kein Zweifel: Die Professionalisierung der Sozialen Arbeit erfordert auch, daß Einrichtungen, die soziale Dienstleistungen anbieten, nach den Regeln eines modernen Managements organisiert sind, geleitet werden, arbeiten, ihre Arbeitsergebnisse überprüfen und diese auch in der Öffentlichkeit darstellen.

Eine in den nächsten Jahren anhaltende Knappheit an öffentlichen Mitteln macht auch die Überprüfung der Arbeitsvollzüge hinsichtlich einer Erhöhung der Arbeitseffizienz der Mitarbeiter erforderlich. Darüber hinaus wird vermehrt auch um private Mittel geworben werden müssen (Social Marketing und Social Sponsoring) und ein „Wohlfahrtsmix" aus Staat und Markt entstehen.

Der Prozeß ist nicht umkehrbar und wird sicher manche Praktiker aufschrecken, die ein vorwiegend innerliches, menschlich warmes Verhältnis zu ihren Klienten anstreben. Wir kennen die Vorbehalte von Sozialarbeitern gegenüber allem, was aus der Wirtschaft kommt und haben deshalb auch eingangs verdeutlicht, daß die Effizienz-Kriterien in der sozialen Arbeit inhaltlich anders bestimmt werden müssen als in der Wirtschaft, wo es darauf ankommt, ob Gewinn gemacht wird und wo der Gewinnmaximierung letztlich alle anderen Ziele untergeordnet werden müssen. Dies muß nicht automatisch gegen die Grundsätze der Humanität verstoßen, jedoch ist diese Gefahr nicht von der

Hand zu weisen. In der Sozialen Arbeit müssen – wie wir im ersten Kapitel ausgeführt haben – die Menschenrechte, die von dem zitierten Ethik-Code der sozialen Arbeit für die Praxis übersetzt wurden, die oberste Richtschnur sein.

Soziale Arbeit ist dann effizient, wenn sie die Klienten nachweisbar zur Selbsthilfe befähigt, was – methodisch gesehen – (siehe Kapitel 8 und 9) auch bedeutet, sie beim Wegräumen und Überklettern von Hindernissen zu unterstützen.

Wenn wir den Ethik-Code und die Dienstleistungen für die Klienten an die erste Stelle der Dringlichkeitsliste für Soziale Arbeit setzen, so bedeutet dies dennoch, daß wir von einer professionellen (Sozial-) Arbeit erwarten, daß sowohl ihre personellen als auch ihre finanziellen und sonstigen Mittel sparsam, das heißt ökonomisch, eingesetzt werden müssen.

Der ökonomische Einsatz von Mitteln darf jedoch nicht nur auf die partielle Arbeit eines einzelnen sozialen Leistungsträgers bezogen werden, sondern muß auch sozialplanerisch an gesellschaftlich entstehenden sozialen Kosten gemessen werden. Hier kommt die *präventive* Soziale Arbeit ins Spiel:

Es ist längst bekannt, daß etwa im Bereich der Jugendhilfe bessere Entwicklungsbedingungen im sozialen Lebensraum, bessere Möglichkeiten zur Entfaltung eigener kommunikativer Aktivitäten, verbesserte Ausbildungsmöglichkeiten und die Bereitstellung von Freizeit-Einrichtungen zuzüglich unterstützender lebensweltlicher Beratung, dazu beitragen können, daß die Jugendlichen eine für sie befriedigende und sozial verträgliche Lebensweise entwickeln können. Diese Bedingungen herzustellen bedeutet unter Umständen einen großen personellen und finanziellen Aufwand sowie große politische Anstrengungen, die also – kurzfristig gesehen – zunächst hohe „Kosten" im weitesten Sinne erfordern. Wieviel wird aber – gesellschaftlich gesehen – eingespart, wenn dadurch nur bei einem Zehntel der Jugendlichen eines Stadtteils mißlungene Lebensentwürfe verhindert und bei einem Fünftel zusätzlich schwierige Lebensentwürfe verbessert werden?

Wie „teuer" im übertragenen, aber auch im finanziellen Sinne kommt eigentlich eine zerstörte Lebensperspektive eines heute 10-jährigen?

Wie „teuer" kommt der Gesellschaft eine auch für die älteren Menschen unserer Gesellschaft so entwürdigende Praxis der entmündigenden Heimunterbringung? Warum entscheidet der Kostenträger, ob ein alter Mensch gesundheitlich noch für eine weitgehend selbständige Lebensführung in einer unter Umständen längeren Krankenhaus- und Kurbehandlung wiederhergestellt werden kann oder ob die Alten schnell in ein Pflegeheim geschoben werden (weil zum Beispiel die Krankenkasse nicht weiter zahlen will).

Die Effizienz Sozialer Arbeit kann nicht nur an einer einzelnen Maßnahme diskutiert werden, sondern auch im sozialen Bereich müssen endlich ökologische Gesamtrechnungen aufgestellt werden, wie dies mittlerweile im Verhältnis von Ökonomie und Ökologie begonnen hat. Solche Gesamtrechnungen werden die in Deutschland etablierte, völlig unsinnige und unübersichtliche Überdifferenzierung und Zersplitterung der Kostenträgerschaft überwinden.

Eine sozialpolitische Forderung ist zum Beispiel, wie das Verursachungsprinzip zugunsten eines Finalprinzips aufgegeben werden kann, das nicht fragt, wie eine Problematik entstanden oder versichert ist, sondern wie bedarfsangemessen unterstützt und abgesichert werden kann. Ist denn jemand bedürftiger, wenn er bei einem Arbeitsunfall verletzt wurde, wofür die Berufsgenossenschaft zahlt, oder wenn er bei einer Berufsunfähigkeit aufgrund eines Freizeit-Unfalls die normale (geringere) Rente beziehen muß? Diese sozialpolitischen Fragen müssen Sozialarbeiter bewegen, denn sie berühren unmittelbar ihre Praxis.

Sozialpolitisch tätig muß also der Einzelne in seinem Wirkungsfeld (Kommune und Berufsverband) sein, die Berufsverbände können – zwar nicht immer viel – zusätzlichen sozialpolitischen Einfluß geltend machen. Die Fachleute für diese Fälle sind die Sozialarbeiter in ihrer Praxis.

Fachleute werden Praktiker dann, wenn sie konzeptionell und methodisch professionell arbeiten, wenn sie die Organisationsstruktur ihrer Einrichtung und ihres Trägers innovativ verändern und wenn sie – aus diesen Gründen heraus – für soziales Management aufgeschlossen sind, verstehen, was auf diesen Handlungsebenen geschieht und geschehen muß, und wenn aus ihrer Mitte ausreichend viele und gut qualifizierte Sozial-Manager hervorgehen, die auch die Leitung übernehmen können, um dieses Feld nicht Fachfremden zu überlassen.

Bevor wir in den folgenden Kapiteln näher auf das Management in sozialen Einrichtungen, seine Aufgabenfelder und Instrumente eingehen, werden wir uns sowohl mit den gegenüber dem Sozialmanagement bestehenden kritischen Einwänden und Vorurteilen als auch mit dem Nutzen einer Management-Kompetenz auseinandersetzen.

Hoefert verweist wie wir darauf, daß der Begriff „Sozialmanagement" vielen Angehörigen der sozialen Berufe verdächtig vorkomme, weil er an Industrie, Ausbeutung oder technokratische Verwaltung von Menschen erinnere. Die Widerstände gegenüber Sozialmanagement faßt der Autor in Gegensatzpaaren zusammen.[1]

a) Sozialmanagement wird als ein Instrument der Herrschenden angesehen, das sich mit dem Selbstverständnis der Sozialarbeiter als Vertreter der Unterschicht nicht vertrage. Wir haben bereits auf die „Stadtindianer-Mentalität" innerhalb der deutschen Sozialarbeiter hingewiesen (siehe Kapitel 1). Wir haben auch auf die Reaktion „staatlicher oder quasi-staatlicher Funktionäre" auf die aus dieser Haltung entstehende Unfähigkeit zur wirklichen Unterstützung der Klienten und auf die problematischen Folgen für die Entwicklung des Berufsstandes hingewiesen. Im Hinblick auf unsere vielfältigen Kontakte ins europäische Ausland erscheint uns diese „Oben-versus-Unten-Haltung" als Berufsorientierung einmalig.

b) Sozialmanagement würde – so Hoefert – als „technizistisch" und als mit den „humanen" Idealen der Sozialarbeit nicht vereinbar, also als unmenschlich angesehen. Dieser Gegensatz „Technizismus gegen Menschlichkeit" tritt auch in der Form auf, daß die Sozialmanager der „gefühlswarmen" Sozialarbeit als „gefühlskalt" gegenübergestellt werden. Die Leser werden hoffentlich merken, wie problematisch es ist, Soziale Arbeit überwiegend als „Gefühlsarbeit" anzusehen. Selbstverständlich wird Soziale Arbeit die ganze Person von Praktikern erfordern, natürlich auch ihre Gefühle, und wird auch mit denen der Klienten zu tun haben. Professionelle Soziale Arbeit ist aber im mehrfach ganzheitlichen Sinne Kopf- und Handarbeit und eine rational gesteuerte Arbeit zur Herstellung von Beziehungen, jedoch nicht nur der zwischenmenschlichen, sondern auch der zwischen Klienten und Organisationen, zwischen Klienten und ihrem sozialen, lokalen und materialen Umfeld. Gefühle sind nie einfach abzustellen. Was aber machen gefühlsbetonte, warmherzige Kollegen, wenn sich dieses Gefühl der Wärme gegenüber bestimmten Klienten nicht einstellt?

Handeln professionelle Sozialarbeiter unmenschlich, wenn sie für ihre Handlung von den Klienten nicht „geliebt" werden?

Wir haben oben von der Notwendigkeit gesprochen, daß sich Soziale Arbeit an einem Ethik-Code orientiert, der an den Menschenrechten ausgerichtet ist und haben auch das Sozialmanagement und seine Effizienz-Kriterien daran festgemacht. Diese sind nicht nur kurzschlüssig ökonomischer Art.

c) Parallel zu dem „Unmenschlichkeits-Vorwurf" wird der Gegensatz von „System gegen Individuum" angeführt. Während das Sozialmanagement hauptsächlich Systemstrukturen sähe, betone soziale Arbeit die Individualität. Dieser „Gegensatz" ist künstlich. Wir wissen, daß eine gute Arbeit ermöglichendes Management einer sozialen Organisation auch die individuellen Perspektiven der Mitarbeiter, deren Arbeitsmotivation und Kooperation fördern muß, weil aufgrund der Besonderheit der sozialen Dienstleistungen nur dadurch Effizienz in der Arbeit und Problemlösungskapazität in schwierigsten gesellschaftlichen Lagen zu erreichen ist. Gleichzeitig wird auch der Individualität der Klienten Rechnung getragen, wenn Sozialmanagement seine Aufgabe erfüllt, wodurch Praktiker mit den Klienten nach den Kriterien der „Neuen Fachlichkeit" professionell arbeiten können.

d) Konsequentes Sozialmanagement würde „. . . die notwendige Freiheit bei der Behandlung von Einzelfällen" begrenzen.[2] Sicher wird dadurch ein erhöhtes Maß an Kontrolle der Arbeit der Sozialarbeiter möglich. Dies wird aber auch aus Gründen der Professionalitätsentwicklung notwendig. Wenn die Soziale Arbeit in ihrer Leistung gesellschaftlich besser anerkannt werden will, so muß sie auch ihre Arbeitsweisen und -ergebnisse öffentlich machen.

Was nutzt es ihr, wenn sie weitgehend tun und lassen kann, was sie will, weil sich niemand für ihre Arbeit interessiert? Größere Rechte auch im Interesse ihrer Klienten wird sie auf diese Weise nicht erhalten und dazu ihre „Freiheit" mit Bedeutungs- und Wirkungslosigkeit erkaufen.

e) Wenn Sozialmanagement als industrienah und damit sozialfeindlich beschrieben wird, so trifft man auf die geistige Hauptabwehrfront der Sozialarbeiter. Alles, was im Bereich der Wirtschaft und Industrie an Instrumenten zur Verbesserung der Organisationskultur, der innerbetrieblichen Abläufe sowie der Beeinflussung von Mitarbeitern und der Kooperation entwickelt worden ist, wird von

Sozialarbeitern oft abgelehnt, selbst dann, wenn diese nachweislich nützlich wären. Hier kommen tiefsitzende Sperren zum Vorschein. Die Einrichtung, in der man arbeitet, wird oft eher als privates Selbstverwirklichungsmittel gesehen, wie der Beruf auch als Mittel zur Selbsttherapie. Diese und caritative Motive schließen es aus, den Arbeitsplatz innerhalb eines Dienstleistungsbetriebes wahrzunehmen. Verbunden mit der oft beklagten „Helfer-Mentalität" ist hierin ein Hauptgrund für die mangelnde Bereitschaft deutscher Sozialarbeiter zu sehen, sich in einer Berufsgewerkschaft zu organisieren.

Nach der Auseinandersetzung mit diesen Gegenargumenten wenden wir uns den unwiderlegbar vorteilhaften Argumenten zu. Wir hoffen, gerade durch die genannte Verknüpfung der Ebene des Sozialmanagements mit der des praktisch-methodischen Handelns dazu beizutragen, daß zumindest bei den Praktikern, die den Aufbruch zu einer eigenständigen Profession „Soziale Arbeit" in der Orientierung an der Neuen Fachlichkeit mitgehen wollen, Vorbehalte gegenüber einem vernünftigen und nicht technokratischen Sozialmanagement abzubauen. Praktiker müssen sich durch Fortbildung nicht nur die neuen professionellen Arbeitskonzepte und -methoden aneignen, sondern auch solche des Sozialmanagements und anschließend auch den Mut zur Übernahme solcher Aufgaben und Positionen finden.

Fünf Argumente für Management in sozialen Organisationen

a) Überprüfung der Ziele und der Dienstleistungen der sozialen
   Organisation

Wenn soziale Dienstleistungs-Organisationen bereits über eine längere Zeit bestehen, besonders, wenn sie aufgrund ihrer Größe eine Vielzahl von Arbeitsbereichen und Mitarbeitern haben, können wir oft Fehlentwicklungen beobachten. So können im Laufe der Arbeit Widersprüche zur Gründungsidee auftreten (zwischen den in konzeptionellen Überlegungen formulierten Zielen und Zielgruppen und den beabsichtigten Wirkungen der Arbeit einerseits und deren Realisierung andererseits). Wir können solche Fehlplanungen oder -entwicklungen mit einer Organisationsuntersuchung feststellen. In der Literatur zur Organisationsentwicklung wird auch der Begriff „Organisationsdiagnose" [3] *) oder Sozioanalyse **) [4] verwendet.

Solche Fehlentwicklungen werden zwar von den Mitarbeitern einer Einrichtung wahrgenommen, aber es gelingt ihnen nicht, diese genau zu beschreiben und Änderungsvorschläge zu machen. Oft fehlt auch der Wille, eine als unbefriedigend empfundene Praxis zu verändern. Ferner sind die Praktiker durch eine oft selbst mitverantwortete Arbeitsüberlastung nicht in der Lage, über die Bewältigung der Alltagsarbeit herauszukommen, oder sie haben resigniert.

Wir erleben Jugendhäuser, in denen längst sich nicht mehr die Jugendlichen treffen, für die diese ursprünglich gedacht waren: Jugendliche, die in einem Stadtteil die geringsten Chancen haben, ihre Freizeit nach ihren Bedürfnissen und gleichzeitig in gesellschaftlich akzeptierten Bahnen zu organisieren. Dort arbeiten seit langen Jahren Sozialarbeiter, die das Ende der Selbstorganisationsbewegung in Jugendzentren verschlafen haben. Diese leisten dann wenig effiziente Jugendarbeit und „bedienen" lediglich einige Neigungsgruppen, um ihren eigenen Hobbies nachgehen zu können. Gleichzeitig treffen sich zunehmend Jugendliche auf der Straße und begehen aus unterschiedlichen Motiven die ersten Schritte in einen für sie selbst nicht wünschenswerten sozialen Aus- oder weiteren Abstieg.

So eine Situation ist nicht haltbar und doch dauert sie weiter an. Diese Diskrepanzen und Fehlentwicklungen sind aus vielen Bereichen der Sozialen Arbeit bekannt. Erinnert sei nur an das Beispiel vieler Erziehungsberatungsstellen, die aufgrund ihrer Konzeption, Organisation (zum Beispiel Typ Arztpraxis) der bestehenden Zugangsprozeduren (zum Beispiel mit Wartelisten) und nicht zuletzt aufgrund ihrer meist verbalen und psychozentrierten Arbeitsmethoden überwiegend mit „Mittelschicht"-Klienten arbeiten.

---

*) Den Begriff „Organisationsdiagnose" lehnen wir wegen seiner Nähe zur medizinischen Fachsprache ab.

**) Der Begriff „Sozioanalyse" kann leicht mißverstanden werden, weil durch seine sprachliche Nähe zur „Analyse" tiefenpsychologische Sachverhalte vermutet werden könnten und wir diese Assoziation vermeiden wollten. In der Sozialarbeit selbst wie auch im Sozialmanagement ist die Entwicklung einer eigenen Fachsprache und damit Theorie für eine eigenständige Entwicklung der Profession ebenso wichtig wie die Entwicklung eigenständig sozialarbeiterischer Arbeitskonzepte und Methoden (vgl. hierzu das amerikanische Konzept „Person in Environment" (PIE) und die Forderung nach einer „Domaine of Social Work", über die wir unter Bezug auf eigene Forschungen berichten).

Wir beabsichtigen mit diesem Buch Sozialarbeiter anzusprechen, die etwas für sich (gegen den drohenden Burn-out) und für ihren Berufsstand (gegen fortbestehende Einflußlosigkeit) tun wollen. Es muß ins Bewußtsein der Praktiker treten, daß Management in sozialen Organisationen im sozialen Sinne „ganzheitliche" Lösungen anstrebt. Diese betreffen die Konzeption auf der Ebene der Organisation, der Zielentwicklung, der Kooperationsbeziehungen der Mitarbeiter untereinander sowie mit Klienten, die Funktionalität der Arbeitsplätze und die Dokumentation der Arbeit und nicht zuletzt die konkreten Arbeitsvollzüge auf Konzept- und Methodenebenen.

Sozialarbeiter brauchen Management-Kompetenzen, damit sie Fehlentwicklungen und Widersprüche erkennen und auch wissen, wie man diese verringern kann und vor allem auch wie eine kompetente Leitung einer Einrichtung verantwortlich und professionell handeln kann. Diese Kenntnisse sind wichtig aus der Perspektive der einzelnen Sozialarbeiter in der Arbeit mit Klienten. Sie sind es aber auch im Hinblick auf Leitungsaufgaben, die Sozialarbeiter nicht fremden Berufen überlassen sollten.

Angesichts der festgestellten unbefriedigenden Zustände in sozialen Organisationen wird unter Umständen eine Organisationsuntersuchung notwendig sein, für die externe Organisationsentwickler beauftragt werden müssen. Was immer auch festgestellt wird, innovative Veränderungen lassen sich nur mit Hilfe der Mitarbeiter herbeiführen. Und genau diese Bereitschaft entsteht dann eher, wenn nicht nur die Mißstände erkannt werden, sondern auch die realen Möglichkeiten zur Veränderung bekannt sind und mitgetragen werden.

Management in sozialen Organisationen liefert als Methodik dieses Know-how und als Aufgabe für Leitungskräfte und -gremien den Überblick über den Gesamtprozeß zur Planung und Entwicklung einer Einrichtung über alle Arbeitsbereiche und -ebenen und bedient sich dabei in der Wirtschaft und der Sozialplanung entwickelter Instrumente.

b) Verbesserung der Kooperationsbeziehungen zwischen sozialen Einrichtungen und die Einbeziehung der sozialen Organisationen in die regionale Sozialplanung

Ein qualifiziertes Management in sozialen Organisationen hat eine wichtige Aufgabe zu übernehmen, die die in der Arbeit mit Klienten steckenden Sozialarbeiter wegen dafür erforderlichen Zeitaufwands nicht übernehmen können, jedenfalls in der notwendigen Qualität: mit systematischer Entwicklung, Pflege und Intensivierung der Zusammenarbeit mit anderen sozialen Organisationen, Dienstleistungsagenturen, Behörden und Selbsthilfegruppen, die für die Erfüllung ihrer Arbeit wichtig sind. Das gilt insbesondere auch für die regionale Sozialplanung und für die kommunalpolitischen Gremien, Parteien und Anwohner bestimmter Einrichtungen, die auf deren Toleranz angewiesen sind, denn hier werden die Rahmenbedingungen für die Arbeit jedes einzelnen Sozialarbeiters mitbestimmt. Selbst einzelne Einrichtungen, wie beispielsweise Unterkünfte für Asylbewerber oder Jugendhäuser, die – sagen wir es ehrlich – auf Nachbarn verunsichernd bis störend wirken (sei es durch lebhaftere fremde Lebensweisen oder durch Lärmemissionen bei Disco-Abenden in Jugendhäusern, die beinahe alle baulich für solche Nutzung nicht geeignet sind und zudem oft nur wenige Meter von Wohnanlagen entfernt liegen), müssen diese Aufgabe systematisch wahrnehmen.

In den Niederlanden haben Jugendzentren oft einen „Walking-Around-Manager", mit der Aufgabe, mit allen Anwohnern, allen anderen sozialen Einrichtungen, mit dem Jugendgericht und der Polizeistation ständig und systematisch guten Kontakt zu halten und für Verständnis und Akzeptanz der Einrichtung und der Klienten zu werben. Dazu gehört zuallererst die fachlich einwandfreie Information über die Arbeit, die Klientel und betriebsbedingte, nicht immer vermeidbare Beeinträchtigungen der gewohnten Alltagsroutine. Um keine Mißverständnisse aufkommen zu lassen: wir sind der Meinung, daß gewisse Beeinträchtigungen der gewohnten Lebensweise von Bürgern, also auch von den Nachbarn sozialer Einrichtungen akzeptiert oder doch zumindest hingenommen werden müssen, weil es die Humanität gebietet, daß wir als Gesellschaft randständige Gruppen, zum Beispiel unterprivilegierte Jugendliche, Behinderte oder Menschen, die in Deutschland Asyl suchen, unterstützen.

Völlig unakzeptabel ist es jedoch, Asylbewerber in menschenunwürdigen Unterkünften unterzubringen, die eine die Nachbarn störende Lebensweise erzwingen, indem durch Überfüllung und unzureichende sanitäre Anlagen hygienisch unhaltbare Zustände erzeugt werden. Völlig unakzeptabel ist es weiterhin, wenn Asylbewerber unzureichend sozial betreut werden, damit sie die ihnen fremde Lebensweise und Kultur nicht verstehen lernen. Hinzu kommt, daß auch keine systematische antirassistische Sozialarbeit mit den Anwohnern betrieben wird, um ihnen die fremden Lebensweisen und Kulturen der Asylbewerber näher zu bringen. Dies gilt auch für die Vermittlung möglicher Fluchtgründe nach Deutschland, die man durch Informationen über Lebensumstände in deren Heimatländern vermitteln kann. Leider ist die sozialarbeiterische Begleitung von Asylbewerbern nur in seltenen Fällen ausreichend gesichert. Die Arbeit mit Einwanderern und deren ortsansässiger Umgebung hat in anderen europäischen Ländern (zum Beispiel in Amsterdam) bereits sehr gute Erfolge zu verzeichnen. Diese Arbeit muß sicher auch von den einzelnen Sozialarbeitern geleistet werden. Sozialmanagement hat sicherzustellen, daß diese Aufgabe des „Walking-Around-Management" planvoll wahrgenommen wird und daß die Arbeitsbedingungen der Mitarbeiter so gestaltet werden, daß sie an dieser Aufgabe teilnehmen können.

c) Innovationsfähigkeit herstellen und erhalten

Die Liste verkrusteter sozialer Organisationen ist endlos. Da stimmen die Ziele nicht mehr mit den Erfordernissen der Arbeit überein. Aus Ehrenamtlichkeit entstandene Organisationen konservieren überkommene Strukturen. „Funktioneller Dilettantismus" beeinträchtigt immer noch die Arbeit vieler „Freier Träger", besonders dann, wenn ideologische Vorgaben über Fachlichkeit gesetzt werden. Es werden Leitungspositionen nicht mit dafür qualifizierten Fachleuten besetzt, sondern nach verbandlichen oder politischen Gesichtspunkten. Falsche Personalplanung (Rücksichten!), Entmutigung der Mitarbeiter durch unangemessenes Hineinreden, fachlich falsche Entscheidungen, finanzieller Bankrott u. v. m. sind viele weitere Gründe für die Notwendigkeit von Sozialmanagement. Ganz entscheidend ist hierbei jedoch, daß nur solche Systeme überlebensfähig bleiben, die lernfähig sind, die den sich wandelnden Anforderungen und Problemen mit angemessenen neuen Organisationsstrukturen, Konzepten und Methoden begegnen können. Salopp gesagt: viele Träger und Einrichtungen Sozialer Arbeit sind eigentlich längst tot, sie merken es nur nicht. Eine „tote" Einrichtung ist eine, die nicht gemerkt hat, daß ihre Klientel längst andere Bedürfnisse entwickelt hat, als durch sie realisiert werden können.

Geringe Flexibilität zeigen die „Freien Träger" auch bei der Zusammenarbeit mit kleinen, aus der Selbstorganisation von Klienten oder Sozialarbeitern hervorgegangenen Einrichtungen und Trägern. Eine kürzlich veröffentlichte Untersuchung stellte den großen etablierten

Trägern hierüber ein schlechtes Zeugnis aus.[5] Anstatt mit den zuletzt-genannten zusammenzuarbeiten und deren innovatives Potential zu nutzen, wurde von den Forschern überwiegend Abgrenzung und Kon-kurrenz zu Selbsthilfegruppen festgestellt. Entgegen öffentlicher Ver-lautbarungen wurden deren Aktivitäten abgewertet. Die Autoren sprechen von einem „Non-Verhältnis". Nicht nur die neue Professio-nalität (vgl. „Neue Fachlichkeit"), sondern auch die praktische Erfor-dernis im Interesse von Klienten würde eigentlich die Zusammenar-beit erfordern.

Kommunale Träger Sozialer Arbeit sind in dieser Frage nicht immer aufgeschlossener und damit innovationsfähiger. Hier hängt es ganz entschieden von lokalen und kommunalpolitischen Besonderheiten ab, inwieweit neue Kooperationsformen zwischen der etablierten Sozialarbeit und Selbsthilfe-Initiativen bestehen. Es gibt Anzeichen dafür, daß diese auf unterer Ebene wachsen, was allerdings auch für einzelne soziale Dienste „Freier Träger" vor Ort gilt.

Sozialmanagement muß durch ständige Beobachtung sozialer Ent-wicklungen und Herausforderungen, auch seitens der Mitarbeiter, in systematischer Weise die Voraussetzungen dafür schaffen, daß die Innovationsfähigkeit der Organisation hergestellt wird und erhalten bleibt.

d) Personalplanung und Personalführung

Die Qualität der geleisteten Arbeit hängt ganz wesentlich auch davon ab, welche Mitarbeiter mit welchen Qualifikationen welche Aufgaben übertragen bekommen und wie ein produktives Arbeitsklima herge-stellt werden kann, in dem die Mitarbeiter ihre Handlungskompeten-zen voll entfalten können. Hierzu gehört auch die Aufgabe der Erhal-tung, Wiederherstellung und Erneuerung der Arbeitsmotivation, die gerade in sozialen Berufen immer äußerst problematisch und gefähr-det ist.

Wenn man nur die Stellenanzeigen für soziale Berufe analysiert, so wird man feststellen, daß diese oft zu wenig wichtige Informationen für die Bewerber enthalten, häufig viel zu vage bleiben und teilweise völlig unsinnige Qualifikationsanforderungen enthalten. Potentielle Bewerber erfahren zu wenig über die Arbeit, die sie erwartet, fast nichts über die Personalausstattung. Oft werden von ihnen nur Enga-gement und Durchhaltevermögen oder Bereitschaft zur Wahrneh-mung ungünstiger Arbeitszeiten (wie bei der Tätigkeit in Heimen oder in der Jugendarbeit) gefordert, manchmal „Erfahrungen" im Arbeitsbereich. Dann kommt es plötzlich vor, daß in irgendeinem Allgemeinen Sozialen Dienst (ASD) einer Kommune (früher „Familienfürsorge" genannt) eine Zusatzausbildung in Familientherapie gefordert wird, eine fachliche Unsinnigkeit, die auf völlige Ahnungslosigkeit in methodischer Sozialarbeit schließen läßt, besonders angesichts der im ASD herrschenden Arbeitsbedingungen. Kurz: die Personalplanung muß professioneller werden.

Und dies gilt in gleichem Maße für das Management des Betriebsklimas und der Personalführung. Es geht hier um die geplante und systematische Herstellung einer Organisationskultur, wie sie in gut arbeitenden Abteilungen der Wirtschaft bereits besteht. Dort, wie im Bereich sozialer Non-Profit-Organisationen, gilt, daß Arbeitsqualität und -leistung steigen, wenn Mitarbeiter besser zusammenarbeiten, wenn ihre Leistung honoriert wird und wenn ihre innovativen Initiativen und Ideen von der Leitung wohlwollend aufgenommen und gewürdigt werden.

e) Verbesserung der Effektivität der Einrichtung und der Effizienz der Arbeit

Gegen diese Aufgabe des Sozialmanagements besteht bei den Angehörigen der sozialen Berufe der größte Vorbehalt. Ist es nicht unmoralisch, „von ganzem Herzen kommende Hilfe" nach ökonomischen Gesichtspunkten zu betrachten?

Sollten Sozialarbeiter nicht Samariter mit caritativem Engagement sein, die selbstlos helfen, die entweder nach dem irdischen Leben oder nur durch die Zuneigung der Klienten belohnt werden? „Dienen anstatt Verdienen" heißt es in caritativen Organisationen. Dies erfordert von Angehörigen der sozialen Berufe die Bereitschaft, sich bis zum Ausbrennen für die tätige Nächstenliebe aufzuopfern, ohne Feierabend und Privatsphäre, die den Klienten jederzeit offen steht. In der Wohnung der Sozialarbeiter könnten dann obdachlose Klienten übernachten.

Einen demokratisch gesinnten, weltoffenen Normalbürger würde bei diesem Gedanken schaudern, erst recht Kollegen, die an der Professionalisierung ihres Berufsstandes Interesse haben. Schließlich wissen wir, daß gutgewollte und mit großer Nächstenliebe betriebene soziale Arbeit auch das Gegenteil bewirken kann, eine sehr unmenschliche Bevormundung und Klientifizierung in Abhängigkeit von den „Wohltaten". Ein Beispiel hierfür mag die Essenausgabe für Nichtseßhafte sein, bei der vor dem Essen zum Beten angehalten wird. Das Gegenteil ist das auch von einer Kirche organisierte Restaurant, in dem eine einfache, aber schmackhafte und zu niedrigen Preisen abgegebene Verpflegung für wenig Verdienende angeboten wird. Hier wird die Menschenwürde der Betroffenen nach den Umständen weitgehend gewahrt.

Die Soziale Arbeit muß vom rein caritativen Denken Abschied nehmen, sonst werden ältere Kollegen selbst zu Klienten gemacht und tragen erheblich selbst dazu bei. Sozialarbeit muß sich angesichts engerer Finanzrahmen auch ökonomischen Argumenten öffnen. Der Generalsekretär der Caritas der Erzdiözese Wien, Raimundt Badelt, hat dazu folgendes geäußert: [6]

„Ich glaube, daß der Non-Profit-Bereich so groß und so wichtig ist, daß er es sich selbst und seiner Verantwortung gegenüber der Gesellschaft schuldig ist, auch in wirtschaftlichen Kategorien zu denken und dies zu forcieren. Wenn man es nicht tut, bringt man sich selbst in Schwierigkeiten und vergeudet Mittel, die für Randgruppen da sein sollten. Um es überspitzt im religiösen Kontext zu sagen: Eine Sünde der Wirtschaft, auch von Sozialeinrichtungen, kann auch die Unwirtschaftlichkeit sein."

Diese Aufgeschlossenheit gegenüber wirtschaftlichen Argumenten sollte man erst recht von den Sozialarbeitern erwarten dürfen, die für bessere Arbeitsbedingungen und Bezahlung eintreten. Wird nämlich Soziale Arbeit als ein System sozialer Dienstleistungen in einer demokratischen Gesellschaft verstanden, dann ist es nicht nur legitim, für ordentliche (Dienst-)Leistungen auch eine ordentliche Bezahlung zu erwarten, die für Absolventen einer insgesamt viereinhalbjährigen Ausbildung nach einem längeren Schulbesuch angemessen wäre.

Zum Finanzaufkommen für Soziale Arbeit tragen alle Mitglieder unserer Gesellschaft bei, einige mehr, andere weniger. Aber dies ist für die Argumentation unerheblich. Auf mitunter sehr verschlungenen Wegen tragen auch die Klienten der Sozialarbeit trotz ihrer Armut und ihres eventuellen Angewiesenseins auf Sozialhilfe zur Finanzierung der sozialen Arbeit bei.

Also kann, wer angemessen entlohnt wird, auch zu bester Qualität und Quantität an Service verpflichtet werden. Deshalb müssen folgende Fragen gestellt werden:

— Was bewirkt Soziale Arbeit, was leistet sie?

— Wie geht sie mit den überwiegend öffentlich beschafften Mitteln um?

— Welche Qualität und Quantität (an Leistungen) erbringt sie für ihre Klientel?

— Was tragen einzelne Sozialarbeiter oder Teams zu dem Dienstleistungsangebot bei?

— Entsprechen die vorhandenen Mittel, die bestehende Organisationskultur, die Kompetenzen und Qualifikationen der Mitarbeiter einer sozialen Einrichtung den gegenwärtigen und neuen Anforderungen an eine professionelle Praxis?

— Ist eine angemessene Reflexion der Praxis sowie Fort- und Weiterbildung gewährleistet?

— Wird von der Einrichtung effektive Öffentlichkeitsarbeit geleistet?[7]

Diese Fragen gehören nach unserer Meinung zur Klärung, was unter Effizienz von Einrichtungen im Non-Profit-Bereich zu verstehen ist. Auch die unter Sozialarbeitern weitverbreitete These von der angeblichen Nicht-Überprüfbarkeit der Praxis Sozialer Arbeit und ihrer Ergebnisse – eine Voraussetzung der Effizienzprüfung – ist eher als Schutzbehauptung der Sozialarbeiter anzusehen, die Angst haben, daß ihnen mangelnde Wirksamkeit ihrer Arbeit vorgeworfen wird. Im entsprechenden Kapitel werden wir uns gesondert mit der Frage der Evaluation oder Überprüfung von Arbeitsergebnissen Sozialer Arbeit auseinandersetzen und den Nachweis erbringen, daß dies bei realistischer Zielsetzung, professioneller Methodenwahl und fachlicher Begründung sehr wohl möglich ist.

Was immer gegen die Wirtschaft von der Seite Sozialer Arbeit einzuwenden ist: es gibt kaum so viel schlechtes Personalmanagement und Selbstausbeutung von Mitarbeitern mit lächerlichen materiellen Gegenleistungen und weitgehend noch ohne wirkliche Karriere-Chancen wie in der Sozialen Arbeit. Die Soziale Arbeit trägt selbst kräftig mit dazu bei.

Warum wird nicht auch in der Sozialen Arbeit der Anreiz besserer Entlohnung und Ausstattung der Arbeitsplätze, sowie besserer Aufstiegsmöglichkeiten genutzt, wenn sich solche Maßnahmen für nachweislich bessere Dienstleistungen bei vielleicht gleichem Finanzaufwand auswirken?

Sozialmanagement stellt diese Fragen auch nach den eingemachten Tabu-Bereichen der Sozial-Branche. Eine ketzerische Frage: Was ist daran verwerflich, wenn Lean Management (siehe Kapitel 6) dazu führt, daß vier besser bezahlte, ausgestattete und damit motivierte Sozialarbeiter, mit effizienterer Arbeitsorganisation und Methodik eine größere Qualität und Quantität an Service für die Klienten erbringen als es fünf schlecht bezahlte, überarbeitete, weil ineffizient überaktive Sozialarbeiter tun können, die auch noch Dankbarkeit der Klienten erwarten als Belohnung und Ersatz für angemessene Bezahlung?

Auch die Gewerkschaften müssen umdenken. Starre Tarifpolitik ohne fachliche Kompetenz kann der Sozialen Arbeit nicht gerecht werden. Die Sozialarbeiter-Gewerkschaft muß wohl noch entstehen. Packen wir es an!

Aber zurück zur engeren Fachdiskussion: Selbst unter Beibehaltung des bestehenden Tarifrahmens ist es möglich, innovative Reorganisation der Einrichtung zu betreiben und vorhandene Mittel umzuverteilen (etwa bei Einsparung einer Stelle die anderen übertariflich besser auszustatten). Wer weiß, wie viele Einrichtungen gerade in der Jugendarbeit völlig vernachlässigt sind, wie hoch die Fluktuation ist und wie viele unbesetzte Stellen in diesem Berufsfeld existieren, der wird hier, wie auch in anderen besonders belastenden Arbeitsfeldern die („coal-face-social work") für besondere Maßnahmen eintreten.

Betriebsinterne Reorganisation und entsprechende aufgabenbezogene Lohngestaltung sind Aufgabe des Sozialmanagements und können schneller realisiert werden als allgemeine Tarifverbesserungen. Die Erfahrungen aus anderen Branchen zeigen aber auch, daß übertarifliche Regelungen in vielen Betrieben auch Einfluß auf die Tarifpolitik haben können. Gerade im Bereich der notwendigen Effizienzsteigerung, die den Klienten zugute kommt, liegt die Notwendigkeit des Managements sozialer Organisationen auf der Hand. Letztlich lautet unsere Position: Ohne die Einführung von Managementfunktionen und entsprechend qualifizierter Sozialarbeiter (nicht nur in der Leitungsebene), die Sozialmanagement verstehen und Selbstmanagement betreiben, wird eine wirkliche Professionalisierung der Sozialen Arbeit nicht erfolgen.

Gefahren des Sozialmanagements

Dabei gilt es jedoch auch auf Gefahren hinzuweisen, die mit dem Boom des Sozialmanagements verbunden sind.

a) Sozialmanagement muß für die Klienten effektiv verbesserte Dienstleistungen auch wirklich erbringen und darf nicht das Hobby von Leitungsfunktionären werden, die über Sozialmanagement ihre Machtpositionen ausbauen. Dieser Zuwachs an Dienstleistungen für die Betroffenen muß nachgewiesen werden oder das Leitungsmanagement verliert seine Legitimation.

b) Sozialmanagement muß alle Handlungsebenen einer sozialen Organisation erfassen, es muß bis in die Konzeptarbeit und die methodische Praxis der Mitarbeiter reichen, es muß eine fachlich ausgewiesene professionelle Praxis ermöglichen, sonst wird es bloße Technokratie. Dies setzt eine enge Klammer zwischen der Ebene der konkreten Dienstleistungsproduktion und den verschiedenen Leitungsebenen voraus. Um die Kommunikationsbedingungen herzustellen, müssen Leitungsangehörige nicht nur wissen, mit welchen Problemen und mit welchen Zielsetzungen die Sozialarbeiter arbeiten, sondern müssen auch über die fachlich ausgewiesenen Arbeitsmethoden Bescheid wissen. Umgekehrt müssen auch die unmittelbaren Dienstleistungsproduzenten etwas von Management (auch Selbstmanagement) verstehen, damit eine Organisation mit Beteiligung der Sozialarbeiter geführt und innovative Prozesse auf breiter Grundlage (Organisationsentwicklung) durchgeführt werden können. Und die kann, wenn sie längerfristige Wirkung haben soll, auch eine gewisse Teilung der Leitungsmacht bedeuten. Dies erst wäre die Grundlage für die Herausbildung einer Corporate Identity unter den Mitarbeitern.

c) Sozialmanagement darf nicht zur bloßen Einsparung von Mitteln der Einrichtung benutzt werden, wenn darunter die für die Klienten erbrachten Dienstleistungen leiden. Bei aller gebotenen Sparsamkeit im Einsatz von Mitteln ist so manche wirkliche Effizienzüberlegung nicht nur am Output einer konkreten Einrichtung zu messen. Was sich gerade bei eher präventiv wirkender Sozialarbeit kurzsichtig als zu aufwendig darstellt, kann in einen weiteren Rahmen gestellt erhebliche gesellschaftliche Kosten nicht nur im finanziellen Bereich einsparen helfen. Ein höherer Aufwand bei Maßnahmen, die verhindern, daß beispielsweise Jugendliche ins

Gefängnis müssen (sozialpädagogische Sondermaßnahmen wie Wüstentrekking und Segeltörns), kann, wenn sie konzeptionell-fachlich eingebettet sind, langfristig auch Finanzmittel einsparen helfen. Diese Langzeitwirkungen müssen jedoch beobachtet und evaluiert werden.

d) Sozialmanagement-Qualifikationen dürfen nicht nur in teuren Fortbildungsseminaren für Leitungsfunktionäre vermittelt werden, bei denen allein schon wegen des hohen Kostenaufwands Spitzen-funktionäre weitgehend unter sich bleiben. Sie müssen – wenn unsere Einschätzung richtig ist, daß Reorganisationsprozesse wirksamer mit dem Konsens der Betriebsangehörigen durchzuführen sind – auch für Sozialarbeiter mit Normaleinkommen erschwinglich sein. Sonst wird auch die inhaltliche Ausrichtung des Sozialmanagements nicht an der wirklichen Dienstleistungsproduktion der sozialen Einrichtung geschehen und damit zu einer eher undurchschaubaren Veranstaltung für karrieresüchtige Manager. Hier müßten noch mehr Fachhochschulen Weiterbildungs-Studiengänge anbieten.

3. Aufgabenorientiertes Management in sozialen Einrichtungen

Zunächst wollen wir eine Begriffserklärung vornehmen. Dies ist wichtig, da wir uns zum einen zwischen Fach- und Alltagssprache bewegen, zum anderen, weil es sich bei „Management-Wissenschaft", wie bei der Sozialarbeit, um eine interdisziplinäre Angelegenheit handelt, bei der Erkenntnisse und Methoden unterschiedlicher Sozial- und Wirtschaftswissenschaften problemorientiert zusammengeführt werden. Sowohl beim Management als auch bei der Sozialen Arbeit handelt es sich um Bereiche praktischen Handelns, die einen handlungstheoretischen Erklärungsrahmen brauchen.

Es ist für beide ein handlungswissenschaftliches Konzept zu entwikkeln, das praxisbezogene Forschung und innovative Entwicklung der Gegenstandsbereiche ermöglicht. Dabei gilt es drei Ebenen zu durchlaufen:[1]

— die Frage nach dem Selbstverständnis
— die Frage nach dem Verhältnis zu anderen Wissenschaften
— die Frage nach den eigenständigen Arbeitsmethoden

Da wir an dieser Stelle keine Begründung für die Eigenständigkeit der Management-Disziplin und der Sozialen Arbeit erörtern wollen, beschränken wir uns darauf, die aus Nachbardisziplinen übernommenen Begriffe in ihren eigenen Wissenszusammenhängen zu erläutern und gleichzeitig Regeln anzugeben und zu definieren, nach denen die aus den jeweiligen Wissenschaftsdisziplinen abgerufenen Erkenntnisse und Methoden im Management und in der Sozialen Arbeit zusammengeführt werden können. Wir gehen dabei in vier Schritten vor:

a) Erster Schritt

Entwicklung von Handlungszielen aus bereichsspezifischen ethischen Grundpositionen, die nach einem ausgewiesenen Verfahren (bei uns „Rating-Assessment") auf eine bestimmte Praxis bezogen werden und zu einer gemeinsamen Verständigung über Ziele, Handlungsmaximen und Kriterien für die Überprüfung der späteren Handlungsergebnisse führen.

b) Zweiter Schritt

Die Eigenständigkeit des Berufsbildes der Sozialen Arbeit muß überprüft werden. Ein Beruf hat sich immer aufgrund gesellschaftlicher
Notwendigkeiten herausgebildet, er hat eine Geschichte und, noch
wichtiger, eine Aufgabe oder Funktion. Wir gehen weiter davon aus,
daß auch diese eigenständige und besondere Aufgabe zu einer eigenen beruflichen Identität führt. Ferner schließen wir weiterhin darauf,
daß diese eigenständige Aufgabe, die sich gesellschaftlich herauskri-
stallisiert hat, auch im Bewußtsein von Angehörigen benachbarter
Berufe nachweisbare Spuren hinterlassen hat, die es zu erforschen
gilt.

c) Dritter Schritt

Das eigenständige Feld Sozialer Arbeit liegt nach unseren bisherigen
Forschungsergebnissen (und nach den publizierten wissenschaftlichen
Meinungen unserer Partner in Amsterdam [2] und Karls/Wandrei [3] im
Berührungsbereich zwischen dem Individuum und seiner Sozialen
Nah-Umwelt. Die sozial-räumliche Perspektive [4] wäre demnach die
für Soziale Arbeit angemessene Betrachtungsweise. Während also die
Psychologie sich mit der individuellen Perspektive und die Soziologie
eher mit der gesellschaftlichen Umwelt der Menschen beschäftigt, hat
es die Soziale Arbeit mit Problemlagen zu tun, die sich aus Störungen
zwischen Individuen oder Gruppen und ihrem sozialen Umfeld in
ihrer Lebenswelt ergeben. Dieser eigenständige Arbeitsbereich, das
Feld Sozialer Arbeit, ist materiell zu beschreiben und zu erforschen.

d) Vierter Schritt

Wenn wir nun im vierten Schritt mit Hilfe des „Rating Assessment"
bestimmen können, wann und in welcher Hinsicht und in welchen
Bereichen eine eigenständige sozialarbeiterische Praxis unter fachlichem Urteil als „gelungen" oder „weniger gelungen" bezeichnet werden kann, dann können wir auch weiter fragen, was der Sozialarbeiter
getan oder unterlassen hat und welche Kenntnisse aus welchen anderen Disziplinen für das Gelingen der Praxis mitverantwortlich waren.
Wir können uns ein Bild davon machen, nach welchen Gesichtspunkten und Regeln Wissensbestände und Analyseverfahren anderer Disziplinen für die Lösung praktischer Probleme herangezogen wurden.
Praxisforschungen dieser Art sind angelaufen. Danach werden eigenständige Untersuchungsverfahren für soziale Problemlagen („Person-
in-Environment", kurz: PIE)[5] und Arbeitsmethoden entwickelt.

Soweit also unsere knappen Ausführungen zu den Regeln, nach denen wir mit Begriffen benachbarter Disziplinen umgehen, wozu auch gehört, daß wir sie nicht voraussetzungslos aus ihrem Zusammenhang lösen können. Wenn irgend möglich, werden wir zwar nahe an der Alltagssprache bleiben, jedoch dort, wo es den Lesern nachvollziehbar ist, die Fachsprache benutzen.

Soziale Einrichtungen werden in der Management-Fachsprache als „Non-Profit-Unternehmen" bezeichnet, wenn sie nicht erwerbswirtschaftlich bestimmt sind, sondern bedarfswirtschaftlich.[6] Die größeren Träger (wie zum Beispiel die Arbeiterwohlfahrt) werden „Non-Profit-Organisationen" genannt. Diese Bezeichnungen stammen aus der Betriebswirtschaft. Der eigentlich soziologische Organisationsbegriff würde für beide gelten. Einrichtungen sind Organisationen, und Träger sind Dach-Organisationen. Wir werden das eine „Träger" und das andere „Einrichtung" nennen und beides als Organisation bezeichnen.

Wir bezeichnen die konkrete Einrichtung, wie beispielsweise einen bestimmten „Allgemeinen Sozialen Dienst" (ASD) oder eine Drogenberatungsstelle, soziologisch als Organisation oder betriebswirtschaftlich als Unternehmen. Soziale Dienste werden nun in Organisationstypen ganz unterschiedlicher Art angeboten. Im vieldiskutierten „Wohlfahrtsmix" von „Staat" und „Markt"[7] ergeben sich auch im Bereich der „Moralunternehmen"[8], wie soziale Dienstleistungsbetriebe auch genannt werden, Mischformen aus Profit- und Non-Profit-Organisation:

— Reine Non-Profit-Organisationen mit einem staatlichen, meist kommunalen Träger, wie der Allgemeine Soziale Dienst, die Jugendämter, städtische Altenheime usw.
— Reine Non-Profit-Organisationen, die von einer öffentlich-rechtlichen Körperschaft (wie beispielsweise Versicherungsträger) unterhalten werden, wie beispielsweise Müttergenesungsheime
— Reine Non-Profit-Organisationen eines großen „Freien" Trägers oder Verbandes (Arbeiterwohlfahrt, Caritas, Deutsches Rotes Kreuz etc.)
— Reine Non-Profit-Organisationen, die von aus Selbsthilfegruppen entstandenen, gemeinnützigen Vereinen, also kleinen Freien Trägern, unterhalten werden (Kinderläden, Klein-Heime usw.)
— Misch-Typen von Profit- und Non-Profit-Organisationen. Wenn Sport-, Karnevals- und andere Vereine in einigen Bereichen profit-

orientiert arbeiten oder wenn Profi-Fußballvereine Sozialarbeiter als Fan-Berater einstellen

— Reine Profit-Unternehmen in der Sozial-Branche (wie die oben genannten Serviceleistungen für Kinder und Alte)

Zimmer [8] spricht von „intermediären Hilfe- und Dienstleistungsorganisationen" zwischen Staat und Markt und nennt sechs Typen:

Intermediäre Hilfe- und Dienstleistungsagenturen

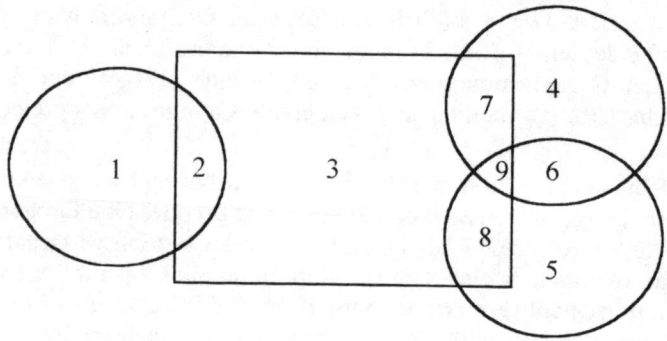

1 = Lebenswelt
2 = Selbsthilfe
3 = Verbindender Hilfe- und Dienstleistungsbereich
4 = Staat (Kommunen, Kreise, etc.)
5 = Kirchen, Großverbände (Arbeiterwohlfahrt, Zusammenschlüsse)
6 = Staatliche (kommunale) und kirchliche Wirtschaftsbetriebe
7 = Soziale Betriebe
8 = Soziale Verbände
9 = Moralunternehmen

In unseren weiteren Ausführungen beschränken wir uns auf Non-Profit-Organisationen in der Sozialbranche, die dort (noch?) den größten Teil der Leistungsanbieter ausmachen. Wir haben im Kapitel 1 über Widerstände gesprochen, die bei Mitarbeitern gegenüber dem Management auftreten. Dabei ist auch die Neigung anzusprechen, wirtschaftliche Argumente von sich wegzuschieben, da sie angeblich mit humanen und sozialen Dienstleistungen nicht vereinbar seien. Wenn man diese Mitarbeiter für wirtschaftlichere Organisationsentwicklungen gewinnen will, sollte man zu allererst die Verbesserung der Qualität der Dienstleistungen anstreben und dabei zusehen, daß die eingesetzten Mittel auch wirtschaftlich verwendet werden.

Organisationen im sozialen Dienstleistungssektor sind aber auch zunehmend neuen Herausforderungen gegenübergestellt, sie müssen sich also angemessen weiterentwickeln. Strunk[9] spricht von einer Modernisierungskrise der Non-Profit-Organisationen. Sie müßten sich zukunftsgerichtet verändern, sonst würden sie ihrem Auftrag nicht mehr gerecht werden. Dann werden sie bei zunehmender Finanzknappheit und Veränderungen der politischen Rahmenbedingungen nicht weiterbestehen können: Wieviele Träger und Einrichtungen der Sozialbranche sehen derzeit ihre Arbeit und ihren Bestand (was für sie mindestens genauso wichtig ist) gefährdet, weil die Stellen der Arbeitsbeschaffungsmaßnahmen (ABM) zugunsten des Aufbaus der neuen Bundesländer gekappt werden? Große Sorge bereiten auch die derzeitigen Erwägungen, die Wehrpflicht und damit auch die Zivildienstpflicht abzuschaffen. Die Möglichkeit, die Zivildienstleistenden für ein Taschengeld ernsthafte Arbeit verrichten zu lassen, was man durchaus als Ausbeutung der Arbeitskraft bezeichnen kann, würde somit entfallen.

Die Beispiele belegen die Notwendigkeit, daß sich Non-Profit-Unternehmen veränderten gesellschaftlichen Bedingungen anpassen müssen. Die Herausforderungen für Träger und Einrichtungen der Sozialbranche, die ein zukunftsorientiertes Management, also Controlling erfordern, fassen wir zusammen:

a) Es entwickeln sich Selbsthilfe-Gruppen, auf die die etablierten Träger und Verbände sich sowohl in ihren Organisationsstrukturen als auch in der Qualität ihrer Dienstleistungen einstellen müssen, wenn sie nicht ins Abseits geraten wollen. Daß sie dies in zu geringem Maße leisten, haben Oliva/Oppl und Schmidt[10] nachgewiesen. Wenn Träger und Verbände nicht angemessen auf Selbsthilfe-Initiativen reagieren, geraten sie immer stärker – auch in der Öffentlichkeit – in Widerspruch zur anerkannten Forderung der Sozialen Arbeit, der „Hilfe zur Selbsthilfe", die die meisten Träger als Leitspruch propagieren. Gerade die „Freien Träger" verdanken diesem Gedanken ihre Existenz.[11]

b) In weiten Bereichen entwickelt sich demgegenüber aufgrund zunehmender Individualisierung eine Tendenz zur Aufkündigung moralischer Bindungen, zum Beispiel Pflege- und Unterhaltsbereitschaft innerhalb von Lebensgemeinschaften und Generationen. Eine Folge: eine Zunahme an öffentlichen und privaten Einrichtungen zur Versorgung und zur Pflege von Alten und Behinderten, sowie für Erziehungshilfen bei Kindern verlassener Lebensgefährten und „Scheidungsweisen".

c) Die Bevölkerungsentwicklung verschärft dieses Problem quantitativ und qualitativ. Neben der gewaltigen Zunahme alter und hilfsbedürftiger Menschen in unserer Gesellschaft wird auch deren Betreuung durch Angehörige zunehmend schwieriger, zumal fast alle Rahmenbedingungen zur Betreuung alter Menschen in der Familie (geeignete Wohnungen, finanzielle Absicherung, ausreichend ambulante Dienste zur Unterstützung der Pflegenden, Arbeitsplätze, die auf die Pflege von Angehörigen durch Beschäftigte Rücksicht nehmen etc.) fehlen. Die längeren Lebenszeiten erfordern erhebliche Einschränkungen und Pflegearbeiten auf längere Zeit. Diese Entwicklung bedeutet eine zunehmende Nachfrage nach Versorgungs- und Pflegeplätzen in den Einrichtungen der freien und öffentlichen Wohlfahrtspflege.

d) Da deren Leistungen immer teurer werden und die erworbenen Unterhaltsansprüche nicht ausreichen, um sie abzudecken, entsteht ein immer stärkerer Druck auf Effektivierung und Kostenminimierung.

e) Unter Druck geraten die großen Träger der Sozial-Branche auch durch die zunehmende Konkurrenz privat-wirtschaftlich organisierter Einrichtungen, die sich stärker am Markt ausrichten.

Um auf diese neuen Anforderungen angemessen zu reagieren, müssen bei Trägern und Einrichtungen Erneuerungen in Gang gesetzt werden, die mit zukunftsorientiertem Management, dem Controlling, gelöst werden müssen.

Controlling ist ein Managementbereich, der darauf angelegt ist, die Zukunftsfähigkeit einer Organisation zu sichern. Es handelt sich also um eine Form der Unternehmensplanung und -weiterentwicklung, und zwar unter Mithilfe aller Organisationsmitglieder.[12] Controlling ist also keinesfalls mit Kontrolle gleichzusetzen. Meist von der Leitungsebene in Angriff genommen, kann zukunftsgerichtetes Controlling nur dann wirksam werden, wenn die Mitarbeiter einer sozialen Einrichtung aktiv mitwirken. Hierbei wird die Zukunftsfähigkeit des Unternehmens [13] abgesichert. Folgen von gegenwärtigen Entscheidungen werden simuliert. Aus der Einschätzung zukünftiger Entwicklungen werden dabei Folgerungen für die heute zu treffenden Entscheidungen entwickelt. Controlling hat auch die Aufgabe der gegenseitigen Abstimmung aller personellen und materiellen Ressourcen und bereitet damit auch konkrete Entscheidungen der Unternehmensleitung vor. Es setzt eine Führung voraus, die bereit ist, Mitarbeiter an Entscheidungen zu beteiligen und Verantwortung zu delegieren. Es wirkt im operativen und im strategischen Bereich der Unternehmensführung. Instrumente des Controlling sind im Bereich der Finanzen betriebswirtschaftlicher Art: Berichte und Analysen über die Entwicklung des Budgets, aufgeschlüsselt nach Kostenstellen, Kostenarten und Budgetvorgaben zur Liquiditätssteuerung. Im Bereich der Arbeitsleistungen werden Durchlaufstudien betrieben.

Im Bereich der Zukunftsplanung werden Plan- und Entscheidungsspiele eingesetzt.

Diese weite Auffassung von Controlling ist nicht in erster Linie auf finanzwirtschaftliche Aspekte ausgerichtet. Wir warnen ausdrücklich davor, diese Managementaufgabe nur zur Verbesserung der Wirtschaftlichkeit von sozialen Organisationen einzusetzen, wie dies – folgt man den Berichten in einschlägigen Fachzeitschriften – überwiegend geschieht.[14] Die Frage der Wirtschaftlichkeit sozialer Organisationen ist wichtig und auch hier müssen Verbesserungen erreicht werden. Entscheidend ist dabei, daß die Qualität der Dienstleistungen für die Betroffenen zumindest erhalten bleibt oder besser noch erhöht werden kann.

Controlling, verstanden als funktionsübergreifendes Steuerungsinstrument zur Abstimmung von Planung, Kontrolle und Information, das sich eben nicht auf den engeren wirtschaftlichen Aspekt beschränkt, das auch nicht als bloßes Instrument zum Krisenmanagement eingesetzt wird, kann sich eben nicht nur auf das Rechnungswesen beschränken, sondern benötigt ein umfassendes Konzept,[15] das nicht nur „Operatives Controlling" beinhaltet, sondern auch „Strategisches Controlling".

Operatives Controlling bedeutet: die Analyse und Verbesserung der Arbeit eines Unternehmens auf der Grundlage bestehender Planungen, Strukturen und Arbeitsweisen durch Planung, Kontrolle sowie der Information.

Strategisches Controlling heißt: Unternehmensentwicklung und Zukunftsplanung im Hinblick auf gewünschte Zielzustände.

Beide Typen des Controlling sind sowohl auf quantitative als auch auf qualitative Gesichtspunkte ausgerichtet.

Dies macht deutlich, daß Controlling in sozialen Organisationen immer in Gefahr ist, rein technisch oder wirtschaftlich verstanden zu werden. Dies gilt auch für Sozialmanagement allgemein. Wir behaupten: Controlling als Instrument partizipatorischer Planung zur Verbesserung von Quantität und Qualität und zur Einsparung von Mitteln kann nur dann verantwortungsvoll betrieben werden, wenn es von Sozialmanagern in Angriff genommen und von den Mitarbeitern betrieben wird, die

— einerseits die humanitären Ziele der jeweiligen Einrichtung im Hinblick auf die Dienstleistungen für die Klientel berücksichtigen

— andererseits auch Fachleute für deren inhaltliche Umsetzung in organisatorische, konzeptionelle und methodisch/fachliche Praxis sind.

Wir bestehen auf dieser Klammer, die allzuoft vergessen wird. In der Fachliteratur angeführte Beispiele belegen die finanzwirtschaftliche Einseitigkeit.

Wir werden dies an einem Beispiel aus der Fachliteratur darstellen, um daran anschließend zu verdeutlichen, wie bei einem zukunftsorientierten Controlling ökonomische und fachliche Aspekte verknüpft werden müßten, um die Kriterien der „Neuen Fachlichkeit" zu berücksichtigen und sich dadurch auch gegenüber der professionellen Sozialarbeit zu rechtfertigen.

Zunächst also das Beispiel als Zitat:

„In einem Verband der freien Wohlfahrtspflege hat sich seit der Gründung des Mahlzeitendienstes im Jahre 1980 ein Dienstleistungsangebot entwickelt, dessen zentrale Zielsetzung die Belieferung von

Essensteilnehmern mit warmen Mahlzeiten und deren sozialen Betreuung ist.

Vor zwei Jahren erscheint es der Leitung des Mahlzeitendienstes notwendig, auf der Basis einer Wirtschaftlichkeitsprüfung Reorganisationsmaßnahmen einzuleiten. Gleichzeitig werden Vorschläge zum Fuhrparkmanagement und zur logistischen Gestaltung neuer Touren gefordert. Da man gerade ein Controlling auf Verbandsebene implementiert hat, möchte man als Verbandsmitglied dessen Akzeptanz bei den Mitarbeitern gefördert sehen und beauftragt daher den Controller, die entsprechenden Untersuchungsschritte durchzuführen".[16]

An diesem Beispiel, das wir absichtlich unverändert übernommen haben, lassen sich zwei wichtige Probleme eines verengten Konzepts von Controlling darstellen:

a) Das Controlling im Beispiel erstreckt sich nur auf die rationellere Gestaltung des Fahrdienstes und läßt alle Aspekte der sozialarbeiterischen Seite der Dienstleistung außer acht. Vermutlich lautete der Auftrag an die Unternehmensberatungsgesellschaft nicht anders.

b) Die Mitarbeiter werden am Prozeß des Controllings nicht beteiligt, der Controller hat nur die Aufgabe, die Akzeptanz der Reorganisation bei den Mitarbeitern zu erhöhen. Abgesehen davon, daß die Beteiligung der Mitarbeiter nur bei der Umsetzung der Pläne gesucht wird, könnte es ja auch sein, daß die geänderten Fahrtrouten eine Verschlechterung der „Betreuung" der alten Menschen bedeutet. Da aber über die Art der Betreuung nichts gesagt wird, bleibt dies im Dunkeln.

Wir werden nun aufzeigen, wie ein an den fachlichen Anforderungen der Sozialen Arbeit orientiertes Controlling aussehen müßte.

Ein paralleles Beispiel:

Ein großer Freier Träger im Gesundheits- und Sozialwesen unterhält in einem Kreisverband eine Abteilung Sozialarbeit, die mit insgesamt fünf Fachkräften, einer Praktikantin und einer Verwaltungskraft folgende soziale Dienstleistungen anbietet:

— Hilfen für Aussiedlerfamilien

— Kuren und Erholungsmaßnahmen für Mütter

— Betreuung einer Familien- und Seniorenbildungsstätte

— Aids-Beratung

— Ein ambulanter Dienst für Schwerstbehinderte, mobiler Hilfs-
dienst und familienentlastende Dienste

Der zuletzt genannte Bereich ist im wesentlichen ein Fahrdienst für
Schwerstbehinderte und „Essen auf Rädern", also die Auslieferung
von in der Stadtküche zubereiteten Mahlzeiten an alte Leute durch
50 Zivildienstleistende. Mit diesen Hilfen soll auch eine „Betreuung"
der alten Menschen durch Gespräche und kleine Hilfsdienste im
Haushalt erfolgen.

Der Auftrag für die Zivildienstleistenden lautet also auch: Mahlzei-
tenlieferung und soziale „Betreuung". Die Aufgabe von zwei hauptamtlichen Mitarbeitern der Abteilung Sozialarbeit ist die Abstimmung
des Einsatzes, der Fahrtrouten der Zivildienstleistenden, die Vermittlung bei Beschwerden und Konflikten zwischen Kunden und Zivildienstleistenden und die Beratung und Motivierung der Helfer in
regelmäßigen Gesprächsrunden.

Die Soziale Arbeit erfolgte ohne ein inhaltliches Konzept (wie es zum
Beispiel das Selbstreflexive Arbeitskonzept fordert)[17] und ohne ein
ausgewiesenes methodisches Vorgehen.

Ein hauptamtlicher Mitarbeiter, ein Diplompädagoge, sah seine
Hauptaufgabe in der Koordination der Dienstleistungen der Zivildienstleistenden, der computergestützten Effektivierung der Arbeit
und der Leitung der Einsatzbesprechungen. Eine Sozialarbeiterin
hatte die Aufgabe, bei Meinungsverschiedenheiten zwischen den
Zivildienstleistenden (Zivis) und den Kunden zu vermitteln und diese
bei Schwierigkeiten zu beraten.

Eine Effektivierung der Dienstleistungen ist sicher eine Aufgabe des
Controlling. Schließlich bedeutet die Existenz dieses Hilfsdienstes
eine ganz erhebliche Unterstützung für viele alte Menschen, die
dadurch länger in ihrer eigenen Wohnung leben können. Auch die alltägliche, wenn auch zu kurzen Gespräche der Zivis mit ihren Kunden
können im Einzelfall von großer Bedeutung für die noch relativ unabhängige Lebensbewältigung der alten Menschen sein.

Controlling müßte sich in dieser Organisation auf folgende Bereiche
beziehen:

— die Unternehmensethik

— die strategische Unternehmensentwicklung und

— die operative Unternehmenseffizienz [18]

und dabei auch die qualitativen Aspekte berücksichtigen.

Die Unternehmensethik müßte in diesem Falle zunächst einmal festgestellt werden. Der Controller muß die Fachkräfte dazu bringen, aus den allgemeinen ethischen Grundsätzen, wie sie jeder Träger hat, fachbezogene Ziele für die sozialen Dienstleistungen zu entwickeln.

Ausgehend von einer Analyse des Ist-Zustandes einer Einrichtung, müßte unter Berücksichtigung von sozialen, politischen und rechtlichen Rahmenbedingungen und den materiellen und personellen sowie methodischen Mitteln eine fachbezogene Planung einsetzen, in der Teilziele und die Prüfsteine für ihre Erreichung erarbeitet werden.

Eine Unternehmensberatung hätte zuerst eine Organisationsanalyse durchgeführt, die auch die qualitativen Aspekte berücksichtigt. Ein mögliches Ergebnis liegt auf der Hand: über „Essen auf Rädern", durchgeführt von Zivis, also Laien, mit zudem noch sehr wenig Zeit, läßt sich eine „soziale Betreuung" als wirkliche Unterstützung der alten Menschen zum möglichst selbständigen Leben in ihren „eigenen vier Wänden" nicht erreichen.

Was müßte wie verändert werden, um den hier vertretenen Ansprüchen des „Moralunternehmens" gerecht zu werden und die Zukunft der Organisation abzusichern?

Unter dieser Fragestellung hätten sich zunächst die zuständigen Mitarbeiter des Trägers gemeinsam mit den Sozialarbeitern über die Zielsetzungen und die Qualität ihrer Dienstleistungen beraten müssen. Der Unternehmensberater hätte diese fachliche Entwicklungsplanung ins Leben zu rufen und zu begleiten.

Möglich wäre ein Rat, den Essens-Service von überzogenen Sozialbetreuungs-Aufgaben zu befreien und diesen möglichst rationell und kostensparend durchzuorganisieren. Diese professionell betriebene Dienstleistung könnte zum Beispiel in Kooperation mit Cateringbetrieben auch von Teilzeitarbeitskräften mit angemessener Bezahlung (zum Beispiel Studenten) durchgeführt werden. Dies muß nicht einmal teurer sein, im Gegenteil, denn es können pro Mitarbeiter viel mehr Kunden bedient werden, wenn die ausdrückliche Betreuungsaufgabe hier wegfiele.

Die Aufgabe der sozialen Betreuung müßte ebenfalls effektiviert werden in einem sozialen Haushaltshilfen-Dienst. Schließlich hat die soziale Einrichtung bereits zwei volle Sozialarbeiterstellen für diesen Bereich bereitgehalten. Diese müßten dabei beraten werden, wie ein gut funktionierender Betreuungsdienst aufgebaut und finanziert werden könnte.

In Schweden hat sich ein nachahmungswürdiges Beispiel für die Betreuung von hilfebedürftigen Alten [19] gegründet.

In diesem Konzept gibt es einige wenige hauptamtliche Sozialarbeiter, die in einem Day-Care-Center arbeiten. Dort können die Klienten ihren Tag in Gesellschaft und mit für sie interessanten Tätigkeiten verbringen. Gleichzeitig findet dort eine Anleitung, Beratung und Führung von Laienhelfern durch die Sozialarbeiter statt. Die Laienhelfer rekrutieren sich aus Nachbarn der psychisch Kranken, die nach der Auflösung der geschlossenen Psychiatrie im Stadtteil um das Day-Care-Center herum leben. Diese Nachbarn, also Hausmänner und Hausfrauen, haben keine Erwerbsbeschäftigung, weil kleine Kinder da sind o. ä. Sie erhalten eine Grundausbildung, für deren Teilnahme sie bereits entlohnt werden. Nun betreuen sie mit jeweils einigen Stunden täglich jeweils einen Klienten im Nachbarhaus oder um die Ecke und erhalten dafür eine steuerfreie Aufwandsentschädigung von etwa 500,— Mark.

Dieses Modell läßt sich auch in Deutschland einsetzen. Gerade für die Betreuung von alten Menschen in ihren Wohnungen erscheint dies ideal. Für die Altenhelfer fällt der Arbeitsweg weg. Im Notfall sind sie für die Kunden schnell erreichbar. Im Urlaubsfall stellt die soziale Organisation eine Vertretung. Mit Sicherheit lassen sich genügend Nicht-Berufstätige finden, die mit Haushalt und Kindererziehung nicht ausgelastet sind und sich etwas Taschengeld steuerfrei hinzuverdienen wollen, die außerdem mit vielen sozialen Kontakten zu anderen Helfern und mit einer anerkannten Bezeichnung belohnt werden.

Dies ist auch über die Krankenkassen und die Sozialhilfe finanzierbar. Denn in beiden Bereichen würden sich erhebliche Einsparungen bei Krankenhaus- und Altenheimkosten ergeben. Neben der besseren Versorgung der alten Menschen wird somit auch eine verstärkte soziale Betreuung durch tägliche Ansprache und Milderung der Einsamkeit erreicht. Und dies hat auch Wirkungen, zumal in manchen Fällen auch die Kontakte der alten Menschen zu ihren Kindern wieder hergestellt werden können, die oft vom „schlechten Gewissen" daran gehindert werden, ihre Eltern zu besuchen: die Grundversorgung wäre ja durch den Service gedeckt.

Unternehmensberatung und zukunftsorientiertes Controlling hätten die Aufgabe, solche Entwicklungsmöglichkeiten zu fördern und Einrichtungen dabei zu unterstützen. Das würde allerdings bei solchen Beratern auch eine sozialarbeiterische Fachlichkeit voraussetzen. Dies gilt – wie bereits oben gesagt – auch für das Sozialmanagement allgemein.

Diese Möglichkeiten der Organisationsentwicklung setzen jedoch eine gewisse fachliche Aufgeschlossenheit beim Träger voraus, die bei einigen „Sozial-Konzernen" nicht gewährleistet ist.

4. Personalmanagement

Arbeitgeber der Sozialbranche sind keineswegs immer humaner im Umgang mit ihren Bediensteten als Profit-Unternehmen der Wirtschaft. Profit-Unternehmen sind in aller Regel von ihren Angestellten in ihrem Verhalten gegenüber Arbeitnehmern einschätzbar. Diese Berechenbarkeit gibt Sicherheit. Angestellte in Profit-Unternehmen wissen, daß ihre Leistung, ihr Beitrag zum Wohle des Unternehmens gefordert wird. Das drückt sich unmittelbar in schwarzen Zahlen (Profit) aus, mittelbar im öffentlichen Ansehen der Firma, das wiederum in enger Beziehung zum Gewinn des Unternehmens gesehen wird.

Von den Mitarbeitern solcher Unternehmen werden Einsatz, Kreativität und Leistung gefordert, besonders dann, wenn sie über das gleiche Ausbildungsniveau wie Sozialarbeiter verfügen und als höher qualifizierte Arbeitskräfte im mittleren und höheren Management entsprechend einzustufende Arbeiten erledigen. Das Privatleben interessiert den Arbeitgeber in aller Regel nicht, es sei denn, es kollidiert mit Betriebsinteressen, es wird zum öffentlichen Skandal, bei Verstößen gegen die Gesetze oder bei auffälliger Sucht-Abhängigkeit. Im letzteren Fall ergeht ein Auftrag an die Betriebssozialarbeit.

Entlohnung und Aufstieg hängen meist von den oben genannten Kriterien ab, manchmal auch von Beziehungen. Im großen und ganzen regelt sich also über den wahren oder vermeintlichen Beitrag zum Betriebserfolg auch, wie hoch das Einkommen der Mitarbeiter ist und wie viel sie im Betrieb zu bestimmen haben. Auch die Arbeitszeit-Lohn-Relation ist in Profit-Unternehmen übersichtlich und ausgeglichen. Betriebsrat und Gewerkschaft wachen über die Rechte der Arbeitnehmer, die nicht in Leitungspositionen sind. Diese erhalten deutlich mehr Geld für Überstunden oder sie werden, wie die höheren Manager, weit übertariflich bezahlt. Fallen also die besonders gute Bezahlung und die Karriere als zusätzliche Anreize weg, so haben die Mitarbeiter recht gute Arbeitsbedingungen: geregelte Arbeitszeit, preiswerte Verpflegung in der Kantine, 14 Monatsgehälter, in zunehmendem Maße auch wieder Werkswohnungen usw.

Wenn Mitarbeiter jedoch über längere Zeit zu wenig leisten, droht ihnen die Versetzung auf einen weniger attraktiven und schlechter bezahlten Posten oder im Extremfall die Entlassung.

Bei Moral-Unternehmen ist dies völlig anders. Für die Arbeitnehmer ist deren System unüberschaubarer und damit auch unmenschlicher. Obwohl die Effizienz eines solchen Non-Profit-Unternehmens selten überprüft wird, besteht eine Anforderung an die Mitarbeiter zur individuellen Höchstleistung, zum aufopfernden Dienen (anstatt Verdienen), zu fortwährenden unbezahlten Überstunden bei einem vergleichsweise kärglichen Lohn. Über eine äußerst problematische Helfermentalität wird aufopfernde Samariterarbeit gefordert: Soziale Arbeiter sollen sich im Dienste der tätigen Nächstenliebe auf Kosten aller privaten Lebensinteressen ganz der Sache widmen, möglichst aus eigener Tasche Arme speisen, Klienten in der eigenen Wohnung beherbergen, alles mit ihnen teilen. Und das alles auch noch mit der richtigen Lebensführung, der richtigen Kirchenzugehörigkeit und kirchlichen Trauung versehen. Wer kann es bei solch aufopfernder Dienstbarkeit noch wagen, nach der Effizienz der Arbeit für die Klienten zu fragen?

Wer kann andererseits solche Mitarbeiter kalt versetzen oder entlassen, wenn sie keine Leistung bringen? Wo doch Entlassungen nur wegen „unmoralischer" Lebensführung legitim sind? Kurzum: wer bei Non-Profit-Unternehmen, insbesondere bei Moral-Unternehmen, humanere Arbeitsplätze für die Mitarbeiter erwartet, der ist auf dem Holzweg. Bei kirchlichen Trägern gibt es weder einen Betriebsrat noch die gewerkschaftlichen Sicherheiten gegen die kalte Ausbeutung am Arbeitsplatz.

Das Eigenartige an dieser Situation ist jedoch, daß diese Entrechtung und Ausbeutung von Arbeitnehmern auch deshalb so gut funktioniert, weil die Mitarbeiter insbesondere weltanschaulich gebundener „Freier" Träger dieses Arrangement zu ihren Ungunsten immer noch mittragen und sich über ihre Helfer-Motivation erpressen lassen, nach dem Motto: „Sie können ihre Klienten doch nicht im Stich lassen!" Wohlgemerkt: wir wissen, daß es in sozialen Berufen auch für das Privatleben ungünstige Arbeitszeiten geben muß. Nur dann müssen diese Tätigkeiten auch besonders (gut) bezahlt werden und es muß ein ausreichender Freizeitausgleich organisiert werden.

Ob die teilweise selbst auferlegte Arbeitshetze und Ausbeutung der Arbeitskraft (mit der Perspektive offenen oder geistigen Frührentnertums) wirklich den Klienten zu deren Besten gereicht, ist dabei völlig dahingestellt. Wir bezweifeln dies verhement. Wir wissen doch, daß mangelnder professioneller Abstand und mangelnde Sachlichkeit öfter schaden als nützen (diese banale Erfahrung machen Sozialarbeiter als Eltern gegenüber ihren eigenen Kindern). Für die Heimerziehung ist es belegt, daß sich auch heute noch, obwohl die Erzieher meist ihr Bestes geben, zum Leidwesen der Kinder Mängel auftun, die auf der Gesamtstruktur des Heimes und seines Trägers beruhen. Diese Gesamtstruktur wendet sich gegen die guten Absichten und Bemühungen der Erzieher. Diese Wirksamkeit oder Unwirksamkeit der Arbeit in Unternehmen der Sozialbranche wird noch zu selten untersucht. Dagegen wehren sich auch die Sozialarbeiter mit den fadenscheinigsten Argumenten, weil sie die Beschaulichkeit ihrer quasi-privaten Helfertätigkeit nicht auf dem sachlichen Prüfstand der Praxisevaluation sehen wollen. Dagegen wehren sich oft auch die Leitungen der Non-Profit-Unternehmen, weil eine nachgewiesene Ineffizienz auch auf die Unfähigkeit der „strukturellen Dilettanten"[1] hinweisen könnte. Kurzum: Unternehmen im Non-Profit-Bereich sind keineswegs die humaneren Arbeitgeber, auch wenn sie unfähige Mitarbeiter auf allen Ebenen in der Regel nicht entlassen, wie dies im Profit-Bereich bei mangelnder Kompetenz und Effizienz öfter der Fall ist. Diese Praxis ist weder den Mitarbeitern noch den Klienten gegenüber wirklich human.

Mitarbeiter, die als „Sozialfälle" gelten, unter Umständen durch die schlechten Arbeitsbedingungen dazu gemacht wurden, also klientifizierte Sozialarbeiter, werden weiter auf die Klienten „losgelassen", wobei die Kollegen wissen, daß sie ausgebrannt sind. Dieser „therapeutische" Umgang mit Kollegen wird auch von diesen bemerkt. Diese Demütigung kann nicht immer als human bezeichnet werden. Menschlichkeit und Fürsorglichkeit muß doch in erster Linie den Klienten zugute kommen, den in dieser Gesellschaft so schlecht behandelten, benachteiligten Bürgern. Ausgebrannte und demotivierte Sozialarbeiter können dies nicht leisten.

Hier ist Personalmanagement gefordert, was für viele Träger der Sozialbranche noch ein Fremdwort zu sein scheint. Unter Personalmanagement fassen wir folgende Aufgaben zusammen:

— Personalentwicklung
— Leitungsmanagement
— Mitarbeiter-Motivation/Belohnungssysteme
— Fort- und Weiterbildung

Personalentwicklung

Die zunehmend wichtige Management-Aufgabe der Personalentwicklung will folgende Probleme aufgreifen:

— Wie kann das für die Aufgaben der Einrichtung passende Personal gewonnen werden?
— Mit welchen Mitteln und Vorkehrungen kann es gelingen, daß das richtige Personal zum richtigen Zeitpunkt zur Verfügung steht?
— Wie kann das Personal gefördert und weiterqualifiziert werden?
— Wie kann dem „burned-out"-Problem begegnet werden, wie geht man damit um, wenn es auftritt?
— Wie können Anreize (Belohnungssysteme) für die Personalentwicklung genutzt werden?
— Wie kann der Umgang mit dem Personal in Krisensituationen aussehen?
— In welchem Zusammenhang stehen Personalentwicklung und das Betriebsklima?
— In welchem Verhältnis steht die Personalbeurteilung zur Personalentwicklung?

In der Literatur wird Personalentwicklung im engeren Sinne als Managementaufgabe zur termingerechten Besetzung frei werdender Stellen mit qualifiziertem Personal angesehen.[2] Damit ist zum einen die rechtzeitige Gewinnung von neuem Personal und seine gezielte Einpassung in die Betriebsabläufe gemeint, wobei die „Prägekraft der ersten Arbeitstage" berücksichtigt werden soll.[3] Dies soll unter Beachtung sowohl der demographischen Entwicklungen als auch der sich ändernden Werthaltungen der Nachwuchskräfte geschehen.[4]

Zum anderen ist hiermit aber auch die Förderung der Fähigkeiten der Mitarbeiter angesprochen und ihre Vorbereitung auf die Übernahme neuer oder anspruchsvollerer Organisationsrollen.[5] Ohne unterstützende Hilfe kann eine interne Beförderung auch zum Kompetenzverlust statt -zuwachs bei Mitarbeitern führen. Wie zum Beispiel ein guter Pfarrer nicht unbedingt ein guter Kirchenverwaltungsfachmann sein muß, kann die Fachkraft in ihrer Fachaufgabenstellung durch neu übertragene Führungsaufgaben überfordert werden und, dadurch demotiviert, schlechte Arbeit leisten.[6]

Brauns [7] fordert, daß Leitungskräfte und Führungsnachwuchs idealerweise aus einer konsequenten, auf das jeweilige Unternehmen zugeschnittenen Personalentwicklung hervorgehen sollten. Der Autor, Geschäftsführer des Paritätischen Wohlfahrtsverbandes in Berlin, betont, daß eine sträfliche Vernachlässigung und Unterentwicklung dieses Bereichs oft daran zu merken ist, daß Unternehmen der Sozialbranche sich in hektischer Betriebsamkeit ergehen, wenn im Bedarfsfall eine – nicht immer glückliche – Suche nach Führungskräften einsetzt, weil kein geeigneter Nachwuchs herangebildet worden ist.

Gerade in der Wohlfahrtsbranche existieren so gut wie keine Programme für Trainees oder Assistenten-Stellen für die Geschäftsführung, in denen Führungsnachwuchs systematisch herangebildet und Berufsanfänger planvoll durchdacht in die Betriebsstrukturen eingeführt werden können. Auch der mögliche Wechsel zwischen unterschiedlichen Einrichtungen eines Trägers oder Verbandes wird nicht konzeptionell betrieben. Personalentwicklung könnte auch den oft hinderlichen Konflikt zwischen Sozialarbeitern und Verwaltungskräften sowie Juristen und Betriebswirten in der Organisation soweit verringern, daß die Arbeitsfähigkeit nicht in Gefahr gerät. Wenn man die in der Wirtschaft entwickelten Konzepte nicht aus grundsätzlichen, ideologischen Positionen ablehnt, wird man gerade für die Heranbildung von Management-Nachwuchs sehr vernünftige und praxisbewährte Konzepte entdecken.

Leitungsmanagement

Leitung und Führung sind innerhalb der Sozialen Arbeit spätestens seit der bereits genannten Phase der „Kritischen Sozialarbeit" Begriffe, die verpönt sind. Sie stehen dem Drang vieler Mitarbeiter nach „Selbstverwirklichung" im sozialen Beruf im Wege. Schließlich werden in einer idealen herrschaftsfreien Arbeits- und Lebenssituation (beides war als neue Form von Gesellschaftlichkeit immer als Einheit mitgedacht) keine Hierarchie, keine Rang- und Dienstordnung gebraucht. Das Ziel des Abbaus der Herrschaft von Menschen über Menschen sollte bei den Mitarbeitern in den sozialen Diensten verwirklicht werden, die sich als „Experten" für neue Modelle des Zusammenlebens verstanden, um damit beispielhaft für die Gesellschaft „Betroffenen" zu dienen, wie damals die Klienten noch bezeichnet wurden.

Dieses Denken erhielt fortan einen Platz innerhalb der Angehörigen unserer Profession, aber auch außerhalb der sozial-kritischen, -reformerischen oder -revolutionären Kreise. In der Tat signalisiert das Wort „Mitarbeiterführung" einen Widerspruch und „... erzeugt in sozialen Arbeitsfeldern Distanz und Mißtrauen".[8] Das Wort „Mitarbeiter" verweist auf ein Verständnis von gleichberechtigtem Miteinanderarbeiten. Das gleichberechtigte Team ohne besondere Funktionszuweisung an einzelne wird immer noch als die ideale Arbeitsform innerhalb der Sozialen Arbeit angesehen. Diese Haltung ist nicht unberechtigt. Schließlich sind die von der Ethik Sozialer Arbeit geprägten Ziele für die Arbeit mit Klienten Autonomie und Selbstverantwortung durch Förderung ihrer Selbsthilfefähigkeiten.

Die durchaus schlüssige Argumentation verweist auf die richtige Denkfigur der Einheit von Form und Inhalt: mit repressiven und autoritären Mitteln, Methoden und Organisationsformen läßt sich bei Klienten keine Verhaltensautonomie erreichen. Wer als Sozialarbeiter keine eigene Entscheidungsbefugnis hat oder in einer Organisation arbeitet, die selbständiges, fachlich legitimiertes Handeln nur schwer zuläßt und dann auch noch die von uns als „Gratisangst"[9] bezeichnete „Schere im Kopf" aktiviert, der wird auch gegenüber den Klienten handlungsunfähig.

In einem Praxisforschungsprojekt haben wir hinsichtlich der meisten untersuchten Arbeitssituationen in typischen und sehr unterschiedlichen Praxisfeldern und Einrichtungen festgestellt, daß viele Sozialarbeiter beachtliche Handlungsspielräume hatten. Diese waren nicht immer Ausdruck einer ihrer eigentlichen Bedeutung angemessenen Aufmerksamkeit seitens der Führung. Oft war es auch Gleichgültigkeit und Unkenntnis der Sozialen Arbeit, die diesen Handlungsspielraum in der alltäglichen Praxis bedingten, nach dem Motto: „so lange es keinen öffentlichen Skandal gibt, sondern eine gute Presse, so lange ist alles, was die Sozialarbeiter machen, in Ordnung, egal, was sie wirklich tun."

Die unbedingt notwendige Vergrößerung der öffentlichen Beachtung der Sozialen Arbeit und ihrer Ergebnisse hat die Folge, daß auch Kritik an der Praxis öffentlich entsteht. Und das ist durchaus gewollt. Trotzdem wird das konkrete Handeln in der Praxis weiterhin nicht im Detail von Vorgesetzten zu kontrollieren sein. Dazu sind die Arbeitsvollzüge der meisten Sozialarbeiter zu komplex und leitende Mitarbeiter sozialer Einrichtungen nicht genug informiert über das konkrete berufliche Handeln.

Ein Ergebnis unserer Untersuchung war, daß selbst dort, wo Träger und Leitung einer Einrichtung an der konkreten Sozialarbeit interessiert waren, noch große Handlungsspielräume vorhanden waren. Diese wurden aus verschiedenen Gründen nicht genutzt. Teilweise erzeugten sie Angst bei den Praktikern, die froh gewesen wären, wenn man die bestehende Verwirrung der Anforderungen durch deutliche Richtlinien und Grenzen verringert hätte. Nicht wenige beklagten, daß unklare Leistungserwartungen dazu geführt hätten, daß sie sich eigene, weit überzogene Maßstäbe und Ziele gesetzt hätten, die nur schwer zu erfüllen wären. Dadurch würden sie sich ihren eigenen Leistungsdruck erzeugen oder von Klienten erzeugen lassen.[10] Nach unserer Meinung lassen diese Ergebnisse auch die Einschätzung zu, daß wir noch einen weiten Weg zu gehen haben, bis ein besserer professioneller Standard erreicht wird.

Zurück zum Leitungsmanagement: Auch auf der Ebene konkreter Dienstleistungen gibt es in den meisten Fällen auch eine Organisation mit abgestuften Entscheidungskompetenzen, also eine Hierarchie mit Vorgesetzten oder vorgesetzten Abteilungen. Trotzdem bestehen oft die notwendigen Handlungs- und Entscheidungsspielräume. An der Leitungsstruktur liegt es in den meisten Fällen nicht, wenn Sozialarbeiter nicht selbständig genug entscheiden und fachlich kompetent arbeiten.

Weil nun nicht jeder bereits aufgrund seiner Persönlichkeitsentwicklung ausreichende Durchsetzungsfähigkeit und Entscheidungskompetenz entwickelt hat, wenn er in die Ausbildung oder den Beruf der Sozialen Arbeit eintritt, bieten wir seit Jahren regelmäßig Seminare zum Entscheidungs- und Konfrontationstraining und Berufskonfliktplanspiele sowie Kooperationsübungen in Aus- und Weiterbildung an. Damit wird das Problem nicht vollständig zu lösen sein. Aber diese Seminare helfen, Schwächen zu erkennen und neue Verhaltensmöglichkeiten zu trainieren. In einigen Fällen vermitteln wir die Selbsterkenntnis und den Rat, daß der gewünschte Beruf kein Selbsttherapeutikum sein kann und daß ein Studien- oder Berufswechsel angeraten ist.

Dies gilt in verschärftem Maße für „Mitarbeiterführung als Fachaufgabe".[11] Wenn innerhalb sozialer Dienste das seelische und soziale

Wohlbefinden der Mitarbeiter nicht die alleinige Richtschnur sein kann, sondern in allererster Linie die sicherlich davon nicht unabhängige Qualität der sozialen Dienstleistungen für die Klientel, so ist mit dem weitverbreiteten Vorbehalt gegen die funktionell bedingte Gliederung von Entscheidungskompetenzen aufzuräumen.

Gefordert sind erkennbare Organisationsstrukturen, die eine fachlich kompetente Praxis ermöglichen und den dafür notwendigen Handlungsspielraum für die Mitarbeiter sicherstellen. Jeder Mitarbeiter hätte in dieser Organisationsstruktur klare Zuständigkeiten, überschaubare Kommunikationswege und Arbeitsgruppen mit je nach Erfordernis wechselnden Gruppenstrukturen.[12] Das Leitungsmanagement hat die Rahmenbedingungen für erfolgreiche Arbeit sicherzustellen. Schall nennt folgende:

— Beachtung der Arbeitsziele Sozialer Arbeit: sie hat wirksame Dienstleistungen für ihre Klientel zu erbringen. Sie ist „... keine besondere Form von Selbstbestätigung und Sorge für das eigene Ich" der Mitarbeiter.

— „Trotzdem darf das Ergehen der Helfer nicht aus dem Blick geraten. So wenig Faulheit und Bequemlichkeit gute Ratgeber im Arbeitsfeld sind, so wenig dürfen Überforderung und Selbstausbeutung den Rahmen für die Arbeit abgeben."

— In der Sozialarbeit müssen verschiedene Berufe mit unterschiedlichen Qualifikationen zusammenarbeiten. „Diese Zusammenarbeit macht die Arbeit effektiv und beugt Übermüdung vor. Sie ist jedoch letztlich nur durch Moderation und Führung erreichbar."

Der für soziale Dienstleistungsorganisationen angemessene Leitungsstil muß für alle Mitarbeiter nachvollziehbar sein. Die beste Leitungskompetenz zeigt sich dadurch, daß sie auf Mitbeteiligung und Mitsprache setzt und den fachlichen Argumenten aller Mitarbeiter offen ist. Gutes Management zeichnet sich dadurch aus, daß es die Mitarbeiter ermutigt, innovativ zu denken und Verbesserungsvorschläge zu machen. Diese Vorschläge, die häufig aus der Unzufriedenheit mit bestehenden Zuständen und der Arbeit bestimmter Mitarbeiter geboren wurden und daher auch mit konkreter Kritik verbunden sind, gilt es zu fördern und positiv aufzunehmen – selbst dann, wenn die Kritik der Leitung gilt. Für solche Vorschläge, die die Arbeit der Einrichtung im Interesse der Klienten verbessern können, sollte ein angemessenes System von Belohnungen entwickelt werden. Nicht ermutigt werden darf üble Nachrede, sexuelle Belästigung und das Anschwärzen von

Kollegen zum Vollzug persönlicher Rache. Nach unseren Erfahrungen sind solche „Anschläge" auf den Ruf und die Würde von Kollegen mit einiger Praxis in der Leitung von fachlich begründeter Kritik deutlich zu unterscheiden. Die Einrichtung eines kollegialen Schiedsgremiums ist zu empfehlen.

Ein schlechtes Beispiel für das Umgehen mit Vorschlägen von untergebenen Mitarbeitern ist uns aus der Direktion eines größeren Elektrizitätswerkes bekannt. In diesem Falle hat sich ein Vorgesetzter jeweils die Ideen seiner Mitarbeiter berichten lassen und diese danach als seine eigenen dargestellt und weitergeleitet.[13]

Dies kam zutage, als eine Organisationsberatung die Frage untersuchte, warum so viele Mitarbeiter „innerlich gekündigt" hatten. Die „innere Kündigung" fand ihren Ausdruck darin, daß Mitarbeiter sagten:

„Ich erledige meine tägliche Routinearbeit, rege mich nicht mehr auf über das, was im Betrieb geschieht, erscheine pünktlich zur Arbeit und gehe vor allem pünktlich nach Hause und widme mich meiner Familie und meinem Hobby".[14]

Wir können nur bestätigen, daß dieses Verhalten nicht nur in großen Verwaltungen von Wirtschaftsunternehmen auftritt. Wir haben diese „innere Kündigung" in vielen Jugendhäusern festgestellt, in denen Sozialarbeiter sich nicht mehr wirklich dafür interessieren, ob ihre Angebote die eigentliche Klientel, für die diese Jugendhilfeeinrichtung bereitgestellt wurde, überhaupt erreichen oder ob diese sich als Streetgang längst ihrem Einfluß entzogen haben. Einige dieser Kollegen frönen mit Gruppenangeboten lediglich noch eigenen Hobbies. Es sind oft ausgebrannte Sozialarbeiter, die das Ende der Phase der Selbstorganisation in Jugendzentren verschlafen haben und keine Konzepte für neue Aufgaben entwickeln. In diesen Einrichtungen werden Honorarkräfte und Praktikanten im „offenen", angeblich nicht konzeptionell zu strukturierenden Bereich eingesetzt. Wer so lange in der Jugendarbeit steht, der muß eben auch beim Älterwerden eine professionelle Rolle einnehmen. Es ist ein grundlegender und laienhafter Irrtum zu glauben, daß nur junge Sozialarbeiter eine erfolgreiche Jugendarbeit machen können.

„Innere Kündigung" kann viele Gründe haben. Häufig ist sie die Folge von Kardinalfehlern des Managements. Zu solchen Führungsfehlern gehören:[15]

— die Ausgabe von Richtlinien, die bis ins einzelne gehen und keinen ausreichenden Gestaltungsspielraum zulassen

— schlechtes Informationsmanagement und zu geringe Transparenz, die das Vertrauensverhältnis unter den Mitarbeitern belasten

— die Aufstellung von Sollvorgaben, ohne vorher darüber mit den Mitarbeitern zu sprechen

— demotivierende Kontrolle und verletzender Tadel anstelle konstruktiver Kritik

— mangelnde Anerkennung vollbrachter Leistungen

— Desinteresse der Leitung an Ideen der Mitarbeiter

— Verärgerung bei Vorgesetzten, wenn Ideen der Mitarbeiter von den eigenen abweichen und vielleicht sogar besser sind

In Non-Profit- wie in Profit-Unternehmen ist die Mitarbeiter-Motivierung eine wichtige Aufgabe des Personalmanagements und der Personalführung. Diesen Aspekten werden wir uns im folgenden Abschnitt zuwenden.

Mitarbeiter-Motivierung / Belohnungssysteme

Wer beruflich Soziale Arbeit leisten will, wählt diesen Beruf und vorab das Studium, um „mit Menschen zu arbeiten", „zu helfen", „zur sozialen Veränderung beizutragen" oder „um sich selbst zu bestätigen". In einigen Fällen wird zumindest das Studium auch als „Selbsttherapeutikum" benutzt. Dieses Motivbündel, das den Beruf als eine Besonderheit gegenüber anderen ausweist, die ebenfalls mit einem Studium zu erreichen sind, hemmt gleichzeitig seine Professionalisierung. Außerdem verspricht der Beruf wenig gesellschaftliches Ansehen, Karriere und Geld. Auch das Sozialmanagement hat – wie bereits oben betont – im Interesse der Professionalisierung und der qualifizierten Personalentwicklung dafür zu sorgen, daß die bekannte „helfersyndromatische" Einseitigkeit der Berufswahl- und damit der Mitarbeiter-Motivation aufgehoben wird. Wenn wir uns mit der Frage der Motivation von Mitarbeitern in Einrichtungen der Sozialen Arbeit befassen und dies nicht nur vor dem Hintergrund der fragwürdigen Diskussion über die „hilflosen Helfer"[16] betrachten, so halten wir dies für legitim.

Im Personalmanagement müssen wir davon ausgehen, daß nicht wenige Mitarbeiter in der Sozialbranche eine bis ins Krankhafte gehende Helfermentalität besitzen. Andernfalls wäre die von einigen

Anstellungsträgern gewünschte Selbstaufopferung und Selbstausbeutung besonders in den Moralunternehmen nicht so groß. Vermutlich hätten manche dieser Träger große Schwierigkeiten, ihre Dienstleistungen aufrechtzuerhalten, wenn sie nicht mit dieser Tatsache rechnen würden. Es kann nicht unser Interesse sein, diese Haltung mancher caritativen Organisationen zu unterstützen. Wir wenden uns in erster Linie an jene Träger, sozialen Organisationen und Mitarbeiter der sozialen Dienste, die sich der notwendigen Professionalisierung und Effektivierung der sozialen Arbeit nicht widersetzen.

Eine der damit zusammenhängenden Thesen ist, daß qualitativ hochwertige, ausreichend effiziente und nachprüfbare soziale Dienstleistungen dann zu erwarten sind, wenn der Beruf des Sozialarbeiters als ein Beruf wie jeder andere aufgefaßt wird. Dies hat Konsequenzen für die Förderung der Arbeitsmotivation und der Belohnungssysteme. Die Grundannahme für die Entwicklung von Leistungsbereitschaft ist folglich die, daß die Mitarbeiter von sozialen Organisationen allgemein menschliche Bedürfnisse aufweisen. Maslow [17] spricht von einer Pyramide der Bedürfnisse, die er generell bei Menschen festgestellt hat. Diese Bedürfnisse sind hierarchisch aufgebaut. Wenn die Bedürfnisse auf der ersten Stufe befriedigt sind, treten die auf der nächsten Stufe in den Vordergrund.

Im Gegensatz zu Vertretern einer Soziologie des Wertewandels von materialistischen hin zu „postmaterialistischen" Werten in unserer Gesellschaft, vertreten wir die Auffassung, daß es aufgrund des Fortbestehens, ja sogar der Vermehrung von Armut und Verelendung keinesfalls angemessen ist zu behaupten, unsere Gesellschaft bewege sich mehrheitlich zu „höherwertigen" Zielen. Wir sehen mit vielen Praktikern, daß sämtliche von Maslow beschriebenen Bedürfnisebenen Geltung besitzen. Dies sind:

a) Physiologische Bedürfnisse: Hunger, Durst, Schlaf, Schutz vor Bedrohung, Sexualität, Entlohnung usw.

b) Sicherheit: Arbeitsplatz, Transparenz, relativ feste und verläßliche Beziehungen (privat und am Arbeitsplatz), Stabilität, Zukunftsorientierung usw.

c) Sozialität: Damit wird der Mensch als gesellschaftliches Wesen angesprochen, das kommunizieren möchte, ein angenehmes Verhältnis zu Lebenspartnern, zu Nachbarn, Freunden und Kollegen haben will, das Freundschaften und gegenseitige Hilfe ebenso pflegt wie Kampf, Konkurrenz und Feindschaften.

d) Wertschätzung: Sie bedeutet Anerkennung durch Mitmenschen, insbesondere durch wichtige Bezugspersonen und bezieht sich auf Leistungen im privaten und beruflichen Bereich.

e) Selbständigkeit: Zuerkannte Kompetenz, Entscheidungsfreiheit, große Handlungsspielräume im Beruf und im Privatleben, Beteiligung an Entscheidungen und Planung usw.

f) Selbsterfüllung: Möglichkeiten, eigene Fähigkeiten und Fertigkeiten zu entwickeln und einzusetzen.

Es ist nicht unwichtig, sich die Sozialarbeiter mit prinzipiell gleichen Bedürfnissen wie ihre Klienten vorzustellen. Dies hilft, die eigene Überheblichkeit abzubauen und Gemeinsamkeiten mit den Klienten zu entdecken. Für die Verbesserung der Motivation der Mitarbeiter erscheint der Rekurs auf die Maslowsche Bedürfnispyramide sehr sinnvoll. Im folgenden stellen wir die Hierarchie der Bedürfnisse von Mitarbeitern sozialer Dienste dar:

Physiologische Bedürfnisse

Sozialarbeiter beanspruchen eine bessere Entlohnung, die es ihnen ermöglicht, auch in Ballungsräumen eine Wohnung mindestens mittlerer Qualität zu bezahlen, sich und eine Familie angemessen zu unterhalten und dabei auch auf kulturelle Angebote und Urlaubsreisen nicht zu verzichten. Arbeitsentlohnung und Arbeitsbedingungen sollten auch die Aufrechterhaltung von Freundschaften ermöglichen. Zu den physiologischen Bedürfnissen zählt nach den Ergebnissen unserer Untersuchungen auch die Möglichkeit, die Arbeitskraft längerfristig zu erhalten, was durch Gestaltung der Arbeitsbedingungen, durch qualifikationsauffrischende Fortbildung und Supervision geschehen kann. Die Frage nach einem leistungsgerechten Lohn wird mit der weiteren Professionalisierung zunehmend akuter.

Sicherheit

Die Arbeitsplatzsicherheit ist formell meist gegeben, zumindest bei öffentlichen Trägern, bei denen dieses Prinzip sogar so weit getrieben worden ist, daß oft die Leistungsmotivation darunter leidet. Zur Sicherheit gehören jedoch auch die Sicherheit der eigenen Stellung im Betrieb, der Entscheidungsbefugnisse und Zuständigkeiten.[18]

Soziale Motive

Solidaritätsgefühle gegenüber den Klienten; ein angenehmes Verhältnis zu den Kollegen, Möglichkeiten zu Freundschaften und gegenseitige Hilfe bei der Arbeit.

Wertschätzung

Die Anerkennung der Arbeit und der eigenen Person durch Kollegen und Vorgesetzte und daraus folgend ein gutes Betriebsklima fördert die Arbeitsmotivation und die Corporate Identity. Das Selbst- und das Fremdbild der Sozialen Arbeiter sind erheblich verbesserungswürdig. Allein schon durch regelmäßige Einschätzungen der von der Einrichtung erbrachten Dienstleistungen und gemeinsam erarbeitete Außendarstellungen für die Medien kann an der Entstehung der eigenen Wertschätzung gearbeitet werden.

Selbständigkeit

Wesentliche Bedingungen für die Zufriedenheit am Arbeitsplatz sind die Anerkennung der fachlichen Autorität, fachliche Entscheidungsfreiheit, Beteiligung an der Zielsetzung, der Arbeitskonzeption der Einrichtung und an wichtigen Entscheidungen der Betriebsorganisation.

Selbsterfüllung

Hierzu gehört die in vielen Arbeitsbereichen durchaus gegebene relativ große Freiheit in der zeitlichen und organisatorischen Einteilung der Arbeit. Auch die vielfältigen Möglichkeiten der inhaltlichen und methodischen Gestaltung der konkreten Arbeit zur Unterstützung der Klienten sind ein großer Vorteil. Hinzu kommt, daß in kaum einem anderen Beruf die dort Tätigen ihre eigenen Fähigkeiten und Fertigkeiten in solch einem Maße umsetzen können.

Diese in Anlehnung an Maslow [19] formulierten Bereiche sind, wenn die erste Bedürfnisebene annähernd befriedigt werden kann, als nahezu gleichwertig zu betrachten. Wer – mit Recht – Leistung von Mitarbeitern einer sozialen Organisation erwartet, der sollte mit dazu beitragen, daß alle Bedürfnisebenen berücksichtigt werden.

Fort- und Weiterbildung

Weil die Problemlagen, mit denen es die Soziale Arbeit zu tun hat, einem ständigen Wandel unterliegen, gilt auch hier wie in den meisten anderen Berufen: was einmal im Studium gelernt wurde und möglicherweise bereits den Erfordernissen der Praxis angepaßt wurde, das reicht nicht für ein Berufsleben! Selbst dann, wenn der Arbeitsplatz lange Zeit nicht gewechselt wurde, kommen neue Aufgaben hinzu, alte werden weniger oder verändern ihre Substanz. Wer hat beispielsweise Anfang der 80er Jahre von der Aids-Problematik gewußt? Heute läßt sich keine Soziale Arbeit im Bereich der Jugendhilfe mehr denken, ohne daß Aids-Prävention mitdiskutiert werden muß. Ein anderes Beispiel ist die Schuldner-Beratung. Auch früher sind Menschen an Überschuldung zugrunde gegangen. Mit der gigantischen Ausweitung des Kredit-Wesens und der Verbreitung der neuen bargeldlosen Zahlungsmittel sind auch die Klientelen der Sozialen Arbeit davon betroffen, so daß viele Sozialarbeiter in unterschiedlichen Einrichtungen wenigstens etwas von der Schuldner-Problematik und dem Umgang damit wissen müssen, um die Klienten an die richtigen Stellen zu vermitteln.

Mag es im kommerziellen Weiterbildungsboom auch so manches überflüssige Angebot geben (wenn beispielsweise für die Mitarbeiter eines Allgemeinen Sozialen Dienstes – mancherorts noch „Familienfürsorge" genannt – Familientherapie angeboten wird), so sollten die Unternehmen der Sozialbranche ihren Mitarbeitern neben trägerinterner Fort- und Weiterbildung mindestens jedes zweite Jahr die Möglichkeit zur Teilnahme an einer externen Fortbildung geben. Im eigenen Interesse sollten sie nicht nur die Freistellung, sondern auch die Kosten dafür voll übernehmen.

Es ist unsere Absicht, die Professionalisierung der Sozialen Arbeit voranzutreiben und diesen Beruf auch karrierefähig zu machen. Ein Beruf ohne individuelle Aufstiegsmöglichkeiten motiviert nicht immer die für diesen Beruf qualifiziertesten Bewerber und trägt auch nicht genug zur kollektiven Aufwertung des Berufs bei. Jedenfalls werden derzeit bereits Stellen für Sozialarbeiter mit einer Zusatzausbildung im Sozialmanagement angeboten, die nach BAT IIa ausgeschrieben sind, eine Tarif-Gruppe, die von Sozialarbeitern bislang in aller Regel nicht erreicht wird.

5. Personalbedarf und Arbeitsmarktorientierung

Sowohl für Einrichtungen und Träger der Sozialbranche als auch für dort Beschäftigte oder Arbeitssuchende und die Absolventen der Hochschulen ist die Beobachtung der Personalentwicklung im nationalen und künftig auch im europäischen Rahmen von großer Bedeutung. Im ersten Abschnitt dieses Kapitels werden wir uns daher mit diesem für eine sinnvolle Personalplanung und -entwicklung wichtigen Gegenstand beschäftigen. Im zweiten Abschnitt wird das Verhältnis von Haupt- und Ehrenamtlichkeit behandelt. Im dritten Abschnitt kommen wir zu einer Besonderheit dieses Berufes, nämlich dem überwiegenden Frauenanteil. Im letzten Teil des Kapitels gehen wir der Frage nach, ob und in welchem Maße in der Sozialbranche eine Karriere möglich sein kann und soll. Dabei interessiert uns diese Thematik aus naheliegenden Gründen insbesondere hinsichtlich der Absolventen der Fachbereiche Sozialwesen.

Entwicklungen auf dem Arbeitsmarkt

Bis 1986 war noch eine wachsende Arbeitslosigkeit in sozialen Berufen festzustellen. 16 000 Bewerbern standen lediglich etwa 400 bei den Arbeitsämtern gemeldete offene Stellen gegenüber.[1] Nun mag man zu Recht Einwände gegen die Aussagekraft dieser Daten haben: einerseits krankt die bei der Bundesanstalt für Arbeit geführte Statistik daran, daß die Kategorien für die Berufsgruppen nicht eindeutig definiert sind, zum anderen werden gerade in Zeiten des Arbeitskräfteüberflusses sehr viele Stellen nicht über die Arbeitsämter vermittelt und tauchen deshalb in deren Statistik überhaupt nicht auf. Gerade besonders qualifizierte Positionen in der Sozialbranche werden, wie auch in anderen Wirtschaftszweigen, auf dem Markt ohne Hilfe der Arbeitsämter vermittelt.

Die Berufsfeldforschung gibt uns weitere Hinweise darauf, warum die Arbeitsmarktanalysen, die ja immer mit überholtem Zahlenmaterial arbeiten müssen, nur ungenaue Voraussagen machen können. Demnach sind zwei Ansätze der Arbeitskräfteplanung zu unterscheiden, die beide Einfluß auf den Arbeitsmarkt haben:

Der Angebotsansatz oder auch Social Demand Approach:

Hierbei wird versucht, die voraussichtliche Nachfrage nach Ausbildungsplätzen und quantitative Veränderungen im Bildungswesen zu schätzen. Dieses Modell der Bildungsplanung bestreitet den Zusammenhang zwischen Hochschule und Beschäftigungssystem.[2] Dennoch hat das Verhalten der Fachbereiche Sozialwesen an den Hochschulen, ihr Ausbau oder Studienplatzbeschränkungen einen erheblichen Einfluß auf die Entwicklung des künftigen Arbeitsmarktes. Die Einführung des Numerus Clausus an vielen Fachbereichen Sozialwesen hat vermutlich auch dazu beigetragen, daß sich die Lage auf dem Arbeitsmarkt für soziale Berufe deutlich entspannt hat.

Der Bedarfsansatz oder auch Manpower Requirement Approach:

Bei diesem Ansatz wird versucht, „ . . . den quantitativen Bedarf an Arbeitskräften je nach Vorbildung und die entsprechend erforderlichen Veränderungen im Bildungswesen zu ermitteln".[3]

Dies geschieht in fünf Untersuchungsschritten:

a) die Vorausschätzung der Entwicklung der Volkswirtschaft (Bruttoinlandprodukt = Summe des Wertes aller produzierten Güter und Dienstleistungen)

b) die Aufteilung des Bruttoinlandproduktes auf die einzelnen Wirtschaftsbereiche

c) die Vorausberechnung der Arbeitsproduktivität und des daraus folgenden Arbeitskräftebedarfs

d) die Vorausschätzung der Berufseinheiten und ihre Koppelung mit dem Arbeitskräftebedarf

e) die Ermittlung der Ausbildungsstruktur und ihre Einspeisung in das Modell, „ . . um den Bedarf an Arbeitskräften nach Wirtschaftszweigen, Berufen und Ausbildungsabschlüssen zu erhalten".[4]

Die hier vorgestellten Modelle sollen zum einen aufzeigen, wie einerseits kompliziert, andererseits ungenau auch solche aufwendigen wissenschaftlichen Studien zur Vorausschätzung der Entwicklung des Arbeitsmarktes sind. Das Modell enthält auf allen Ebenen Schätzungen. Bereits eine Fehlschätzung kann das gesamte Ergebnis unbrauchbar machen, ganz abgesehen von unvorhergesehenen politischen und wirtschaftlichen Ereignissen (zum Beispiel deutsche Einheit). Beide Modelle gehen wenig auf sozialen Wandel ein und berücksichtigen auch nicht das Phänomen der „Aktiven Professionalisierung". Es handelt sich hier um einen Prozeß, bei dem sich auf den Arbeitsmarkt drängende, frisch ausgebildete Angehörige einer Profession neue, bislang nicht in dieser Ausprägung vorhandene Berufe und Arbeitsplätze schaffen.

Ein gutes Beispiel für Aktive Professionalisierung sind die Psychologen, die durch geschickte Aktionen ihres Berufsverbandes in vielen Bereichen eine Nachfrage nach ihrer Fachlichkeit geschaffen haben und dadurch Arbeitslosigkeit abbauen konnten. Sie propagierten die Notwendigkeit einer umfassenden psychologischen Versorgung der Bevölkerung, behaupteten, daß 17 Prozent der Deutschen therapiebedürftig seien, versuchen in viele Bereiche der sozialen Arbeit vorzudringen und haben die meisten traditionellen Methoden der Sozialarbeit (Einzelfallhilfe und Gruppenarbeit) und fast alle individuumsbezogenen Beratungsansätze und Supervisionskonzepte besetzt. Dies hatte erhebliche Auswirkungen auf den Arbeitsmarkt.

Für die sozialen Berufe läßt sich diese Tendenz zur Eroberung neuer Arbeitsbereiche ebenfalls ausmachen, die jedoch nach unserer Einschätzung erst am Anfang steht. Ein Beispiel hierfür ist die Ausweitung der betrieblichen Sozialarbeit und das Eindringen der Sozialarbeiter in das Personalwesen von Wirtschaftsunternehmen, das in anderen europäischen Ländern bereits weiter vorangeschritten ist (siehe Niederlande).

Eine schrankenlose Öffnung und Erweiterung der Fachbereiche Sozialwesen ist jedoch nicht geboten. Zu einer Ausweitung der Arbeitsplätze kann es nur kommen, wenn

— gesellschaftlicher Bedarf vorhanden ist (davon kann man allerdings in der Tat in einer Zeit ausgehen, in der sich gewaltige soziale Krisenbereiche auftun),
— es gelingt, diesen gesellschaftlichen Bedarf auch soweit öffentlich und politisch wirksam darzustellen, daß zur Lösung dieser Probleme finanzielle Mittel bereitgestellt oder von Sponsoren eingeworben werden und
— öffentlich und politisch glaubhaft vermittelt wird, daß der eigene Beruf wesentlich zur Bearbeitung dieser Probleme beitragen kann.

Aktive Professionalisierung setzt eben auch einen hohen Standard an Fachlichkeit und Professionalität voraus, der mit schlechten Ausbildungsbedingungen und überfüllten Fachbereichen nicht in ausreichendem Maße zu erreichen ist. In Hessen hat die Fürsorge für die vielen Schulabsolventen mit Zugangsberechtigung zu den Hochschulen zu einem erhöhten Druck auf die Studiengänge Sozialwesen geführt. Die weitere Fürsorge galt den Studienbewerbern mit der Maßgabe, möglichst keine Zugangsbeschränkungen zu errichten. Wenn es auf die erforderliche Fachlichkeit nicht ankäme und hier lediglich Nachsozialisation für viele, die dies brauchen, betrieben würde, so würde die Überlast aus sozialen Erwägungen heraus zu tragen sein. Gilt unsere Fürsorge allerdings den in dieser Gesellschaft wirklich am Boden Liegenden, den künftigen Klienten unserer Absolventen, so müssen wir uns auch um die Qualität des Studiums kümmern, die mit einer hohen Überlastung nicht zu sichern ist. Nur diese Qualität der künftigen Sozialarbeiter führt auch zu einer qualifizierten Praxis, die wiederum öffentlich gemacht werden muß, sowie zu einem erhöhten Vertrauen der Gesellschaft in die Fähigkeiten der Sozialen Arbeit. Zudem werden nur hochqualifizierte Absolventen es schaffen, selbst Aktive Professionalisierung zu betreiben. Die Ausweitung des Angebots an Studienplätzen führt also nicht ohne weiteres zu einer erhöhten Zahl von Absolventen, weil Abbrüche in überfüllten Studiengängen zunehmen. Die Fülle in den Seminaren drückt oft auf die Qualität der Ausbildung, deren Absolventen die Aktive Professionalisierung nicht bewerkstelligen. Dies scheint ein Teufelskreis zu sein. Zulassungsbeschränkungen sind nach unserer Meinung notwendig. Die Zulassungskriterien müßten jedoch nach anderen Kriterien als nach Abiturnoten geregelt sein, wobei wegen der für Sozialarbeiter notwendigen Lebenserfahrung irgendeine Form von einschlägigem praktischen Jahr für diejenigen vorgeschrieben sein müßte, die direkt von der Schule kommen.

Die eingangs erwähnte Situation einer hohen Arbeitslosigkeit für Sozialarbeiter scheint nach neueren Absolventen-Befragungen [5] vorüber zu sein. Auch wenn derzeit nur punktuelle Untersuchungen vorliegen, scheinen die Chancen für eine feste Anstellung, zumindest nach einer Suchzeit von bis zu einem Jahr, zu steigen. Die für einige Fachbereiche vorliegenden Untersuchungen bestätigen unsere Erfahrungen bereits für den von Hanesch u. a. untersuchten Zeitraum von 1986/87. Wir müssen davon ausgehen, daß die qualifizierten und an einer Berufsausübung interessierten Absolventen der Fachbereiche Sozialwesen nach kürzerer Übergangszeit eine Anstellung finden. Ferner sind bei den Arbeitsämtern auch viele ausgebildete Sozialarbeiter registiert, die aus verschiedenen Gründen nicht oder nicht mehr in diesem Beruf arbeiten wollen. Dazu gehören Absolventen, die in Beschäftigungsinitiativen ohne festen Mitarbeiterstatus mitarbeiten, gleichwohl aber aus finanziellen Gründen als arbeitslos gemeldet sind. Absolventen in einer traditionellen Partner-, Ehefrauenrolle arbeiten nicht in ihrem Beruf.

Andere Absolventen studieren nach dem Examen in einem Zweitstudium und überbrücken die Zeit dazwischen mit Arbeitslosengeld, sofern sie dazu berechtigt sind. Kurz: es gibt eine ganze Reihe von Gründen, die an den beim Arbeitsamt vorliegenden Zahlen zweifeln lassen.

Seit der deutschen Einheit scheint sich der vorher noch vorhandene Engpaß an Arbeitsplätzen erheblich verbessert zu haben. Nicht wenige Sozialarbeiter aus den alten Bundesländern arbeiten inzwischen in den neuen Bundesländern, in denen die Studiengänge Sozialwesen erst aufgebaut werden müssen. Einrichtungen und Träger der Sozialbranche geraten damit in eine Situation, in der sie sich wieder verstärkt um qualifizierte Mitarbeiter bemühen müssen.

„Bewerber wollen umworben sein".[6] Damit ist die Aufgabe des Sozialmanagements angesprochen, dafür zu sorgen, daß die für die anstehenden Aufgaben richtig und qualifizierten Mitarbeiter zur richtigen Zeit auf dem richtigen Arbeitsplatz sein können. Wegen der bei jeder Arbeitsmarktlage bestehenden Knappheit an qualifizierten Mitarbeitern im Sozialwesen müssen sich Leitungen und Teams, die neue Kollegen einstellen wollen, besonders auch mit den Erwartungen, Hoffnungen und Befürchtungen der möglichen Bewerber auseinandersetzen. Sie sollten in Stellenanzeigen berücksichtigt werden. Offensichtlich reichen die im alten Stil verfaßten Stellenanzeigen dafür nicht aus. „Wir sind . . ., wir sehen . . ., wir erwarten . . ., wir bieten . . . – solche Anzeigen mögen viele Informationen transportieren; markante Merkmalsausprägungen über den Arbeitsplatz, sein betriebliches Umfeld und über den Geist dieses Betriebes vermitteln sie nur selten."[7]

Es ist ein Irrtum zu glauben, daß solche Informationen den Bewerbern egal seien. Qualifizierte Bewerber wollen wie Kunden umworben werden. Ganz offensichtlich ist es wichtig, eine gute Stellenanzeige zu verfassen. Deshalb werden wir an dieser Stelle etwas ausführlicher darauf eingehen. Mit Ernst Maudrich lassen wir einen ausgesprochenen Fachmann zu Worte kommen: Er formuliert fünf Regeln für die Abfassung erfolgreicher Anzeigen. Sie sollen demnach

— nicht chiffriert oder anonym gestaltet sein

— „nicht nur den Arbeitsplatz, sondern auch den Betrieb darstellen, und dabei nicht nur harte Fakten (Zahl der Mitarbeiter und Klienten) nennen, sondern auch weiche Elemente beschreiben (Führungsstil)"

— nicht nebulös oder pompös, sondern sachlich und konkret sein

— die Anforderungen so formulieren, daß sie realistisch und nachprüfbar sind

— das Leistungsangebot und das Anforderungsprofil klar umreißen und damit den „Eindruck vermitteln, daß der Stellenanbieter weiß, wer er ist, wo er steht und was er will."

Solange Unternehmen der Sozialbranche noch so wenig materielle Leistungsanreize, wie angemessenes Einkommen und Karriere-Möglichkeiten, anbieten können, sind die immateriellen Aspekte von Arbeitsplätzen in der sozialen Arbeit für die Anwerbung qualifizierter Mitarbeiter von besonders großer Bedeutung. Die Vermittlung einer positiven Corporate-Identity und eines positiven Images der Einrichtung oder des Trägers ist hier von Bedeutung. Außerdem sehen wir es als besonders wichtig an, daß die Moralunternehmen (vor allem die Kirchen und deren Träger) endlich von ihrer ideologischen Bevormundung von Mitarbeitern abrücken. Hohe Fachkompetenz der Mitarbeiter kann auch bei Fehlen der engeren Kirchenmoral weniger Schaden anrichten als umgekehrt, denn eine Verpflichtung auf ethische Grundwerte gehört ohnehin zur Professionalität.[8]

Dieses Buch dient nicht nur dem Management von Unternehmen der Sozialbranche, sondern auch als Handreichung für Mitarbeiter, die auf mittleren und unteren Ebenen der Hierarchien die unmittelbare Arbeit mit Klienten leisten. Gerade diese Leserschaft soll das Sozialmanagement durchschauen und seine Grenzen und Möglichkeiten erkennen.

Noch völlig offen ist bei dieser Diskussion die Frage geblieben, wie sich die Öffnung des deutschen Arbeitsmarktes für soziale Berufe nach Europa auswirken wird. Zwar wird die Sprache noch einige Zeit eine Barriere in beide Richtungen darstellen, jedoch können wir damit rechnen, daß zumindest aus den Niederlanden einige deutschsprechende Sozialarbeiter nach Deutschland kommen, um sich auf qualifizierte Stellen zu bewerben. Dafür sprechen die Zahlen: in den Niederlanden befanden sich 1985 26 400 Sozialarbeiter in der Ausbildung, gegenüber 37 000 in der alten Bundesrepublik Deutschland. Die sind, relativ gesehen, erheblich mehr; bei einem Viertel an Bevölkerung bilden die Niederlande drei Viertel so viele Sozialarbeiter aus. Nicht wenige der dort Ausgebildeten sind, wenn sie ausreichend deutsch sprechen, ernstzunehmende Konkurrenten für deutsche Sozialarbeiter.[10]

Ehrenamtlichkeit in der Sozialen Arbeit als Management-Problem

Ehrenamtlichkeit und Professionalität in der sozialen Arbeit haben kein unproblematisches Verhältnis. Viele soziale Einrichtungen würden derzeit ohne ehrenamtliche Helfer nicht auskommen. Schon sind in den alten, besonders aber in den neuen Bundesländern die Träger Sozialer Arbeit in großer Sorge, weil eine Stellenkürzung der über Arbeitsbeschaffungsmaßnahmen Beschäftigten droht. Noch größer werden die Bedenken für den Fall sein, daß durch Wegfall der Wehrpflicht die halbehrenamtliche billige Arbeitskraft der Zivildienstleistenden nicht mehr zur Verfügung stünde, die oft auch mit Aufgaben betraut werden, für die eine professionelle Qualifikation erforderlich wäre. Schon taucht das „Soziale Pflichtjahr" für alle jungen Frauen und Männer in der Diskussion auf, das insbesondere von feministischer Seite heftig abgelehnt wird.[11]

In einer Diskussion über Ehrenamtlichkeit und Professionalität werden derzeit viele Register gezogen. Mitunter glauben die für soziale Dienste Verantwortlichen, die selbst keine ausreichende Fachlichkeit besitzen oder aus politischen Gründen Selbsthilfe alternativ zur Professionalität propagieren, daß gerade nahe an der Lebenswelt der Klienten ansetzende soziale Dienstleistungen, die nicht spezialisiert sind, auch von Laien durchgeführt werden können, weil man angeblich dazu keine besondere Ausbildung braucht. Innerhalb der von universitären Kollegen geführten Diskussion wurde die Laiisierung der Sozialarbeit gefordert.[12] In völliger Verkennung der Leistungsfähigkeit von Selbsthilfepotentialen für eine gesellschaftliche Umgestaltung wurde dabei vergessen, daß sozial verelendete Bevölkerungsgruppen, also die klassische Klientel der Sozialen Arbeit, in aller Regel keine ausreichend ausgebildete Selbsthilfefähigkeit besitzen. Wäre dies anders, so wären sie nicht in Problemlagen geraten, in denen sie der

Unterstützung durch soziale Dienste bedürfen. Dies bedeutet aber auch, daß die professionelle Sozialarbeit von Selbsthilfepotentialen der einzelnen Klienten ausgehen muß, um dort methodisch im Sinne des „Non-Problem-Approaches" mit gemeinsamen Unterstützungsplänen oder im Sinne des Case Managements anzusetzen.

Um gerade dies mit Klienten gemeinsam zu leisten, ist eine hohe professionelle Kompetenz gefordert, die in aller Regel nur über eine Theorie-Praxis-bezogene Ausbildung erworben werden kann. Gerade Laien unterliegen einer besonderen Gefahr, eigene Probleme und Machtgefühle gedankenlos und ohne ausreichenden Abstand an den Klienten auszulassen.

Sicher ist die Kritik an den Fachleuten zu berücksichtigen, die von verschiedenen Seiten geäußert wird. Die ernsthafteste ist die von Illich, der die Herrschaft der Experten kritisierte, die ihre Klienten entmündigten. Die Kritik Illichs trifft eine hochspezialisierte Experten-Professionalität, die auch aus der Sicht der „Neuen Fachlichkeit" zu kritisieren ist.[13]

Diese „Expertenschaft" ist eine immer noch nicht überwundene starke Strömung, die glaubt, über Psychologisierung und Therapeutisierung gesellschaftliche Anerkennung und methodisch strukturierte Fachlichkeit zu entwickeln. Die Gefahr ist erkannt, jedoch noch nicht völlig gebannt. Je stärker sich die Soziale Arbeit jedoch auf ihr eigenes Feld[14] und damit auf sozialökologische Konzepte und Methoden konzentriert, die in der Lebenswelt der Klienten ansetzen, desto besser werden auch die Möglichkeiten, willkürliche Herrschaft von Sozialarbeitern gegenüber Klienten zu vermeiden.

Insgesamt zeigt bereits die von C. W. Müller[15] so eindringlich fortgeschriebene biblische Geschichte vom barmherzigen Samariter, daß unorganisierte und nicht geplante Hilfe ohne systematische Vorkehrungen nicht effizient sein kann. Diese muß nämlich einsetzen, wenn die mißliche Lage des Reisenden nicht nur ein Einzelfall bleibt, sondern häufig auftritt. Sozialstaatliche Vorsorge könnte schließlich vorbeugend wirken, so daß die Armen an der Handelsstraße keine reichen Kaufleute mehr überfallen müßten usw. Mit anderen Worten: Zur professionellen Sozialarbeit gibt es in der modernen Gesellschaft keine Alternative. Was professionelle Sozialarbeit leistet, kann nicht in dieser Qualität von anderen Berufsgruppen oder gar Laien geleistet werden.

Dennoch gebietet der Selbsthilfegedanke, daß auch Laien in der Sozialen Arbeit ihren Platz haben. Sozialarbeiter müssen auch in der Lage sein, mit Laien gut zusammenzuarbeiten und diese in ihrer Arbeit zu unterstützen.

Ehrenamtlichkeit und Selbsthilfe sind hierbei zu unterscheiden. Ehrenamtliche Mitarbeiter sozialer Einrichtungen sind Bürger, die unentgeltlich mitarbeiten und ihre Kenntnisse aus anderen Berufsausbildungen und ihre Lebenserfahrungen in die Arbeit einbringen. Solche ehrenamtlichen Helfer arbeiten zum Beispiel in der christlichen Gemeindearbeit oder in der Bewährungshilfe mit und leisten dort teilweise wichtige Beiträge zur Gesamtleistung dieser Träger.

Selbsthilfe geschieht in vielen Selbsthilfegruppen, etwa der Behinderten, der Alten, der Eltern drogenabhängiger Kinder usw. Hier haben sich Betroffene zusammengefunden und gegenseitige Unterstützung organisiert. Selbsthilfegruppen sind grundsätzlich für alle, auch Angehörige der sozioökonomisch Schwachen, offen, die bereit und in der Lage sind hier mitzuarbeiten. Dadurch wird jedoch in der Regel eine unbeabsichtigte Zugangsbarriere für diejenigen errichtet, die sich weder mündlich gut ausdrücken noch in solchen Gruppen durchsetzen können. Dies kann dazu führen, daß diese Kreise ausgeschlossen werden, besonders dann, wenn Unterschichtsangehörige nicht in gleichem Maße eigene Leistungen erbringen können, wie sie sie in Anspruch nehmen oder wenn sie durch ihr Verhalten andere abstoßen. Wir warnen also vor einer Selbsthilfe-Euphorie, wie sie immer noch durch die Fachliteratur geistert.[16]

Haupt- und ehrenamtliche Mitarbeiter in sozialen Diensten sind darauf angewiesen zusammenzuarbeiten. Dies belegen bereits die Zahlen der haupt- und ehrenamtlichen Mitarbeiter in den sozialen Diensten.

Für den Umgang mit Ehrenamtlichkeit sehen wir folgende Möglichkeiten:

— Ehrenamtliche Mitarbeit wird nicht nur aus Kapazitätsgründen, sondern auch deshalb als notwendig angesehen, weil hierdurch Kompetenzen in die Arbeit eingebracht werden können, die anderen Alltagserfahrungnen und anderen Berufsausbildungen entstammen, als sie Sozialarbeiter gemeinhin haben.

— Ehrenamtliche Mitarbeiter sind zu motivieren, indem sie Dank für ihre Arbeit erfahren, sich als Angehörige der Organisation betrachten und am positiven Außenbild der Einrichtung teilhaben können. Dies gilt in besonderem Maße für Freizeiten und kulturelle Veranstaltungen, die von der Einrichtung für die Mitarbeiter durchgeführt werden.

— Angesichts einer strukturellen Knappheit qualifizierter Mitarbeiter könnte ein besonderes Qualifikationsprogramm in der Fort- und Weiterbildung für diejenigen ehrenamtlichen Mitarbeiter entwickelt werden, die sich langfristig professionalisieren wollen. Dies kann eventuell in Zusammenarbeit mit Fachhochschulen geschehen, die berufsbegleitende Fort- und Weiterbildungs-Studiengänge möglichst mit Zertifikat anbieten. Teilprofessionalisierende Fortbildung könnte auch für solche ehrenamtlichen Mitarbeiter notwendig und reizvoll sein, die weiterhin unentgeltlich tätig sein wollen.

— Die Aufgabenverteilung zwischen haupt- und ehrenamtlichen Mitarbeitern sollte eindeutig geregelt sein.

— Hauptamtliche Mitarbeiter sollten ehrenamtliche in ihrer Arbeit ohne Bevormundung unterstützen.

— Ehrenamtliche Mitarbeiter sollten nicht selbständig für Aufgaben eingesetzt werden, die nur von ausgebildeten Sozialarbeitern erfüllt werden können. Die Klienten könnten dadurch Schaden nehmen, und die notwendige Professionalisierung würde langfristig erschwert.

Nach neuesten Erkenntnissen scheint sich die Diskussion um ehrenamtliche und hauptamtliche Mitarbeit und um Selbsthilfe etwas zu entspannen. Demnach stellen ehrenamtliche Mitarbeiter heute keine „Jobkiller" mehr dar. Zudem das Ehrenamt oft eine Durchgangsphase für Frauen ist, die in die Berufstätigkeit zurückwollen. Die oben vorgeschlagenen Qualifizierungsprogramme können diesen Wunsch fördern und dem Beruf über längere Sicht qualifizierte und lebenserfahrene Mitarbeiter zuführen. Die Gegnerschaft zwischen unbezahlten und bezahlten Mitarbeitern kann durch Zusammenarbeit überwunden werden. Nicht unwichtig ist für alle traditionellen Träger, daß sie mit kleinen und ehrenamtlich organisierten Trägern besser zusammenarbeiten.[17] Dazu gehört nicht nur Fachwissen, sondern auch Einfühlungsvermögen und die Fähigkeit zum partnerschaftlichen Dialog.

Frauen in sozialen Organisationen und im Management

Wegen der Nähe der traditionellen sozialen Arbeit zum hergebrachten Frauenselbst- und Fremdbild in dieser Gesellschaft ist es nur verständlich, daß Soziale Arbeit noch überwiegend ein Frauenberuf ist. Das Heilen, Helfen und Pflegen als Ausdruck echt weiblicher Tugenden entspricht der These von der „Mütterlichkeit als Beruf".[18] Rommelspacher hat betont, daß viele Frauen in sozialen Berufen nach Feierabend unbezahlt genau die Tätigkeit verrichten, die sie tagsüber beruflich und bezahlt durchgeführt haben.

Es besteht also noch immer eine Wesensverwandtschaft der Sozialen Arbeit zum traditionellen Frauenbild, an dem die familiären Strukturen und die sozialisierenden Einflüsse der Mütter nicht unbeteiligt sind. Haushalts- und Erziehungsarbeiten verrichtende Männer werden immer noch mit Zweifel an ihrer Männlichkeit belächelt, das Thema „Männerwirtschaft" beschert volle Kinokassen. Beruflich erfolgreiche Frauen wiederum gelten ebenfalls als „aus der Art geschlagen", besonders wenn sie in Konkurrenz zu Männern in Leitungspositionen aufgerückt sind. Es ist nach unserer Beobachtung nicht einfach, ohne sozialdarwinistische Verhaltensweisen Karriere zu machen.[19]

Studienanfänger in den Ausbildungsgängen Sozialwesen nennen bei Befragungen immer noch deutlich geschlechtsspezifisch unterschiedliche Motive für die Studienwahl, die sich bis in die Praxis als berufliche Identität fortsetzen. Studentinnen wählen dieses Studium überwiegend, weil sie „mit Menschen arbeiten" oder „etwas Nützliches tun" wollen, „. . . und dies alles in einem möglichst emotional geschützten Arbeitsfeld ohne die in der übrigen Arbeitswelt vermutete Ellenbogen- und Konkurrenzgesellschaft".[20] Männliche Studenten, für die der soziale Beruf noch viel öfter ein Mittel für sozialen Aufstieg darstellt, äußern hingegen viel mehr arbeitsmarktbezogene Motive.

Für uns bestätigt sich auch hier unsere These, daß die Professionalisierung der Sozialen Arbeit nicht über die Schiene des hergebrachten Frauenbildes laufen kann. Wer in seiner Berufstätigkeit zwischenmenschliche Wärme sucht, verstellt sich den Blick auf die harte gesellschaftliche Wirklichkeit. Es entsteht der Wunsch, Klienten gegenüber nur Gutes tun zu wollen, um ihnen das von der Gesellschaft ohne eigenes Zutun angetane Leid zu lindern. Klienten wären nach diesem Bild durchweg gute Menschen, wenn man sie nur ließe. Dabei wird leicht übersehen, daß Klienten aus der sozialen Unterschicht im Kampf ums Überleben oft harte Bandagen entwickelt haben.

Aus Scheu vor dieser Klientel, so unsere Vermutung, streben insbesondere Studentinnen in „weiche" Arbeitsbereiche, wie zum Beispiel Beratung, Kinderarbeit oder in solche mit „weißem Kragen".

So verstehen wir auch die Darstellung von Rommelspacher, wonach Frauen in sozialen Berufen so ziemlich genau das machen wollen, was sie privat unentgeltlich auch tun: mütterlich fürsorgen. Demnach sind Frauen im sozialen Beruf mit zwei widerstreitenden Normensystemen konfrontiert:

— das traditionelle Frauenbild erfordert die mütterliche Sorge und das „für andere Da-Sein"

— das Gebot der Professionalität erfordert, soziale Hilfe qualifiziert, methodisch abgesichert und öffentlich anerkannt zu leisten.[21]

Sehr oft wird dieses Dilemma, das von der Autorin als „weibliche Doppelmoral" bezeichnet wird, zugunsten der tief verankerten und nur schwer der rationalen Kontrolle zugänglichen Festlegung auf traditionelle Weiblichkeit und Mütterlichkeit entschieden.

Für Frauen in der sozialen Arbeit bedeutet dies, daß sie einerseits die „Beziehungsarbeit" (ein für die Profession und die Verbesserung der Frauenrollen in sozialen Berufen schädlicher Begriff), also die direkte Arbeit mit den Klienten der verwaltenden oder leitenden Tätigkeit vorziehen. Sie mögen die „kalten Sozialmanager" nicht und keine überwiegende Bürotätigkeit. Dies ist *ein* wesentlicher Grund, weshalb selbst dort, wo Sozialarbeiter Karriere machen können, es überwiegend nicht die Frauen sind, denen dies gelingt.

Neben dieser weitgehend auch selbstgestellten Behinderung für eine Karriere von Frauen in der Sozialen Arbeit bestehen, wie oben angesprochen, noch weitere gesellschaftliche Behinderungen für ihren beruflichen Aufstieg, die auch in anderen Wirtschaftszweigen gelten und meist mit ihrer privaten Mutter- und Hausfrauenrolle zu tun haben. Es gibt einen Zusammenhang zwischen der Dauer der Berufstätigkeit und dem beruflichen Aufstieg. Wer wie die Frauen als Mütter von kleinen Kindern des öfteren zu Hause bleibt und dann im Dienst zumindest weniger an Fortbildungen teilnimmt, der hat nur eine geringe Aussicht auf eine Karriere auch in der Sozialbranche.

Folglich verwundert es auch kaum, wenn Frauen als leitende Sozialarbeiterinnen im Allgemeinen Sozialen Dienst (ASD, früher Familienfürsorge im Jugendamt), gerade noch in den mittleren Positionen als Abteilungsleiterinnen anzutreffen sind, ganz selten jedoch als Leiterinnen von Trägern, Einrichtungen und ganzen Dienststellen.

Karriere im Sozialwesen für Frauen und Männer

Soziale Arbeit wird immer noch sehr stark von dem Gedanken an eine tätige Nächstenliebe beherrscht, in der die Herrschaft von Menschen über Menschen sowohl zwischen Sozialarbeitern und Klienten als auch zwischen Kollegen fremd erscheint. Eine vergleichsweise herrschaftsfreie Arbeit mit Menschen und eine gewisse „Erfüllung" im Beruf sind doch für die Berufs- und Studienwahl vieler entscheidend. Daher scheint der Gedanke an Karriere im Sozialwesen befremdlich. Denn Karriere setzt doch Hierarchie voraus, und diese beißt sich mit den egalitären, paritätischen und herrschaftsfreien Ideen innerhalb der Sozialbranche.[22] Wir haben gesehen, daß diese Haltung vor allem bei Frauen in diesem Beruf verbreitet ist. Wäre dies anders, so würde für viele die Motivation für die Wahl eines sozialen Berufes wegfallen.

Doch aufopfernde Liebe ist eine problematische Voraussetzung für diesen Beruf, wenn diese nicht eindeutig methodisch und damit rational überprüft und bewertet wird. Schließlich gilt, was Giddens über menschliches Handeln sagte, daß das von uns intendierte Handeln immer auch die gegenteilige Wirkung haben kann, weil das Handeln im Zusammenhang des Handelns von anderen Subjekten geschieht und diese komplexen Handlungssituationen nicht ohne weiteres steuerbar sind. Kurz: unser Handeln kann gegenteilige Wirkungen haben. Dies geschieht besonders leicht, wenn nur der gute Wille unser Ratgeber ist, wenn unser Handeln nicht aufgrund gesicherter Informationen systematisch geplant, durchgeführt und dokumentiert wird, sich also methodisch vollzieht und – dies ist besonders wichtig – auf seine Wirkungen hin überprüft wird. Letzteres geschieht, um Fehler zu erkennen und künftig nach Möglichkeit zu vermeiden.

Diese Form notwendiger Professionalität wird jedoch von solchen Kolleginnen abgelehnt, für die die Soziale Arbeit die Mütterlichkeit als Beruf ist, also „Beziehungsarbeit". Birgit Rommelspacher erklärt den Karriereverzicht von Frauen in sozialen Berufen mit drei Widersprüchen der „weiblichen Doppelmoral":

— „In der privaten Moral mütterlicher Fürsorge geschieht Helfen kraft der eigenen Persönlichkeit gegenüber dem professionellen Helfen mit Hilfe von Wissen, Methoden und Macht. Der mütterliche Typ des Helfens sucht im Grunde immer nach einer natürlichen, spontanen Kommunikation und Beziehung. Alles Künstliche, erst Hergestellte ist von Übel."

— „Der zweite Widerspruch liegt im Helfen um des betreffenden Menschen selbst willen oder im Helfen für Geld. Das Idealbild mütterlichen Helfens würde sagen: Alles, was ich tue, tue ich nur für dich um deiner selbst willen ohne jede Bedingung. Professionelle Hilfe kann nicht entgeltlos erfolgen, sie ist Lohnarbeit und muß vergütet werden."

— „Das private Helfen gewinnt seine Bedeutung hauptsächlich aus der Besonderheit der Beziehung, während die professionelle Interaktion dadurch gekennzeichnet ist, daß im Prinzip beide, die Helfende ebenso wie die Klienten, ersetzbar sind."[23]

Je weiter die Professionalisierung voranschreitet, desto mehr wird es darauf ankommen, daß Frauen sich von den Elementen der traditionellen Mütterlichkeit befreien. Dies gilt gleichermaßen für die Weiterentwicklung der Fachlichkeit, wie auch für die eigene Qualifizierung für Führungspositionen; denn diese sind nur dann zu erreichen und auszufüllen, wenn Frauen sich die Personalführung auch zutrauen und ihnen diese auch von anderen Kollegen zugetraut wird. Personalführung bedeutet zwar kein autoritäres Verhalten im Umgang mit Untergebenen, aber die Anerkennung hierarchischer Verteilung von Pflichten und Rechten und eigenverantworteten Entscheidungen über die Karriere anderer. Dies kann nur dann gelingen, wenn die eigene Kuschelecke verlassen wird und der gerade in dieser Branche notwendige Wirklichkeitssinn zum Tragen kommt.

Nach einer Untersuchung amerikanischer Psychologen sind Führungsqualitäten bei Männern und Frauen in gleichem Maße vorhanden. Möglicherweise ist dies wegen der auch in den Berufswahlmotiven zum Ausdruck kommenden Besonderheit der Mitarbeiter in sozialen Berufen etwas zu relativieren. Dorothee Lippenmeier fordert daher besondere Fortbildungsprogramme für Frauen in Leitungsfunktionen sozialer Dienste, um diese Hindernisse für Führungsaufgaben zu überwinden.[24]

Nach Hoefert[25] ist das Sozialwesen zwar durch eine besondere Ideologie gekennzeichnet, die einer Karriereorientierung im Wege steht, dennoch ist das Sozialwesen keine Insel. Auch die Sozialbranche unterliege den allgemeinen gesellschaftlichen Trends und Normen. Wer nicht an Karriere orientiert sei, gelte nicht als kulturangepaßt. Sicher sind Karrieremöglichkeiten im Sozialwesen noch nicht so weit entwickelt wie in anderen Wirtschaftsbereichen, zumal diese vom Beamtenrecht und den Tarifen im Öffentlichen Dienst gebremst werden. Soziale Arbeit im Personalwesen von Wirtschaftsunternehmen jedoch wird auch heute schon weit außer- und damit übertariflich bezahlt. Welchen Wert solche Unternehmen (beispielsweise Großbanken und Automobilhersteller) auf die Gewinnung qualifizierter betrieblicher Sozialarbeiter legen, ist bereits an den großräumigen und attraktiven Stellenangeboten (leistungsgerechte Bezahlung, Dienstwagen usw.) in überregionalen Tageszeitungen zu erkennen.

Auch innerhalb der Unternehmen der traditionellen Sozialbranche sind Führungspositionen zu besetzen. Diese werden bislang noch überwiegend von Angehörigen anderer Berufe besetzt. In kommunalen sozialen Diensten sind dies überwiegend noch Juristen oder Angehörige anderer Nachbarberufe (Psychologen, Soziologen, Mediziner), die solche Positionen innehaben, bei Freien Trägern sind es Psychologen, Diplom-Pädagogen oder Pfarrer. Sozialarbeiter müssen sich hier erst durchsetzen. Dies hängt sicher einerseits von der weiteren Professionalisierung und besseren öffentlichen Anerkennung der Sozialen Arbeit ab, andererseits aber auch vom Selbstbild und dem Vertrauen in die eigene Leistungsfähigkeit, wenn die Bewußtseinsbarrieren weggeräumt sind, die der Übernahme von Leitungspositionen im Wege stehen.

Auch die Fort- und Weiterbildung im Sozial-Management erhält für die Eröffnung weiterer Karrierechancen für Sozialarbeiter eine herausragend wichtige Aufgabe.

6. Ressourcen-Management angesichts knapperer finanzieller Mittel

Angesichts ihrer angespannten Finanzlage müssen sich viele Träger überlegen, wie sie ihre Aufgaben mit verringerten sachlichen und personellen Mitteln erfüllen können. Gleichzeitig gibt die Mangelsituation Gelegenheit, darüber nachzudenken, welche Arbeiten zur Erfüllung dieser Aufgaben erforderlich sind und welche nicht. Wir setzen bei der Klärung dieser Frage ein verantwortliches Verhalten der Träger und Einrichtungen voraus, zumindest jedoch eine von Verantwortung für die Dienstleistungsbezieher und die Mitarbeiter geprägte Absicht.

Lean Management heißt das Stichwort. Dieser Begriff kommt aus dem Bereich der Wirtschaft und bedeutet zunächst allgemein, daß die Produktion von Gütern und Dienstleistungen mit einem hohen Grad an Effizienz und Effektivität erfolgt. Mit sparsamem Einsatz von Material- und Personalkosten sollen qualitativ hochstehende Produkte in quantitativ hohem Umfang produziert werden. Was im Profit-Bereich gilt, das soll nun auch im Non-Profit-Bereich gelten. Wir wollen an dieser Stelle nicht die Frage klären, ob die sozialen Dienstleistungen oder der Gesundheitsbereich zu teuer und nicht mehr bezahlbar sind. Das Problem liegt eher in der notwendigen Reorganisation aller sozialen Vorsorgebereiche. Im Interesse einer Verbesserung der Effizienz und Effektivität geht es um die Zusammenlegung von sozialpolitischen Bereichen zur Absicherung der sozialen Unterstützungsleistungen bei kurz- und längerfristiger Arbeitslosigkeit, der Renten, des Gesundheits-, Ausbildungs- und des Umschulungswesens. Diese Bereiche und die sozialen Dienste gilt es umzustellen: verbesserte und erhöhte Anstrengungen in der Vorbeugung ersparen Mittel in der Problembearbeitung. Wie das Beispiel Schweden nach wie vor zeigt, kann eine umfassende Arbeitsmarktpolitik, gekoppelt mit einem umfassenden System von Ausbildungs-, Umschulungs- und Wiedereingliederungsmaßnahmen viele Sozialfälle verhindern.

Für unsere Argumentation bedeutet dies: Prävention vor der Bearbeitung von Folgeproblemen unsozialer Zustände ist humaner und kostet letztlich in menschlicher, sozialer und finanzieller Hinsicht weniger. Lean Management darf daher die Ziele der Dienstleistung in qualitativer und quantitativer Hinsicht nicht aus dem Auge verlieren. Lean Management, wie wir es verstehen, ist somit keinesfalls mit Rationalisierung gleichzusetzen. Wenn man das Ziel aus den Augen verliert, dann verkommt Sozialmanagement überhaupt zu einem blinden und schädlichen Werkzeug kurzfristiger Rentabilitätserwägungen. Wichtig: die Qualität der erforderlichen Dienstleistungen darf nicht leiden, und, ebenso wichtig, die fachlich bestimmte Klientel darf nicht aus Rationalitätsgründen vernachlässigt oder ausgetauscht werden, weil eine andere leichter zu erreichen oder einfacher zu betreuen ist. Keinesfalls darf also Lean Management dazu benutzt werden, sinnvolle und notwendige soziale Dienstleistungen abzubauen.

Lean Management bedarf, wie jede Neuerung, besonders wenn sie einschneidend ist und eine größere Umstellung der Praxis von Mitarbeitern auf allen Ebenen einschließt, nicht nur der Zustimmung, sondern auch der Unterstützung aller betroffenen Kollegen.

Wir verweisen hierbei auf die seit längerem bekannten Theorien der partizipatorischen Planung.[1] Letztlich ist ein fachlich zu verantwortendes Ressourcen-Management ohne eine gründliche Organisationsdiagnose (siehe Kapitel 13) nicht zu bewerkstelligen. Wie bei der Organisationsentwicklung ist auch die Organisationsdiagnose nur in einer Zusammenarbeit der Organisationsmitglieder auf allen Ebenen zu erreichen. Deshalb benötigt, wer Lean Management in einer sozialen Organisation durchführen will, verläßliche Informationen über folgende Bereiche:

— das konzeptionelle Selbstverständnis des Trägers der Einrichtung

   (zu erheben mittels Analyse von Selbstdarstellungen und Konzeptpapieren)

— das Verständnis der Mitarbeiter auf allen Ebenen vom Gesamtkonzept und von ihrer eigenen Arbeit

   (zu erheben mit qualitativen Interviews, Survey-Feedbackanalyse, Methoden werden im Rahmen der Organisationsentwicklung dargestellt)

— die Nutzer (Klientel) der betreffenden Einrichtung und ihre besonderen Problemlagen

   (zu erheben mit Hilfe der Berufsfeldanalyse, siehe Arbeitshilfen)

— die Dienstleistungen für die Klienten
(zu erheben mit Durchlaufstudien, Assessments, Analyse der
Arbeitsprozesse mit Hilfe des Selbstreflexiven Arbeitskonzepts)
— die Arbeits- und Entscheidungsabläufe in der Einrichtung
(mit dem Survey-Feedback-Verfahren)
— den Arbeitszeitaufwand für unterschiedliche Falltypen
(zu erheben mit qualitativer Zeitbudget-Analyse)
— die Dienstleistungen aus der Sicht der Klienten
(Befragung)

Es ist offensichtlich, daß diese vielschichtigen Informationen ohne die
Mitwirkung der Mitarbeiter nicht zu erhalten sind.

Wir warnen ausdrücklich vor unseriösen Firmen, die für viel Geld
Organisationsberatung versprechen, Mitarbeiter von sozialen Einrichtungen oder solchen des Gesundheitswesens mit unprofessionellen
Erhebungen von der Arbeit abhalten und letztlich an der Aufgabe
scheitern oder vor solchen, die nur eine schlichte Rationalisierung und
Finanzeinsparung leisten können, ohne die spezifischen Inhalte der
untersuchten sozialen Organisationen anzustreben.

Im Zuge der Gesundheitsreform und der damit verbundenen Effektivierung der Arbeit von Krankenhäusern ist uns ein besonders drasti-
sches Beispiel für dilettantische Unternehmensberatung begegnet,
über das wir hier kurz berichten wollen.[2]

In einem großen Krankenhaus war eine Unternehmensberatungsfirma
mit einer Wirtschaftlichkeitsprüfung beauftragt worden. Dies geschah,
obwohl bereits ein längerfristiges Forschungsvorhaben lief, das den
größten Teil der Absichten verfolgte, die mit der neuen Untersuchung
erreicht werden sollten. Hier wurden in wöchentlichen Fragebogen
die Aktivitäten der Mitarbeiter und der dafür erforderliche Zeitbedarf
erhoben (Zeitbudget-Studie).

Die Unternehmensberatung erhob nun mit einer Fülle von Erhe-
bungsinstrumenten alle möglichen Daten, deren inhaltlicher Zusammenhang den Befragten nicht ersichtlich war. Über die relative Wert-
losigkeit von Daten, die von ungeschultem Personal erhoben werden,
hat unlängst David Boulton einen wichtigen Beitrag zur soziologischen Forschungsdiskussion geleistet. Es sollte zu denken geben,
wenn überlastete Krankenschwestern Befragungen durchführen und
dabei Erhebungsbögen ausfüllen, die ganz unterschiedliche Ausle-
gungsmöglichkeiten zulassen. Viele Mitarbeiter (Schwestern, Ärzte,

Verwaltungskräfte) fragten sich, was die Unternehmensberatung mit diesen Daten anfangen wollte. Im weiteren Verlauf zeigte sich die weder personell ausreichend ausgestattete, noch fachlich angemessen qualifizierte Firma nicht mehr in der Lage, so der Autor im Ärzteblatt, die Untersuchung dem Auftrag entsprechend zu beenden und die nutzlosen Datenberge auszuwerten. Ein qualifizierter Sachverständiger und ein Subunternehmer stiegen aus, weil die Qualität der Untersuchung vor allem wegen des durch die rasche Abfolge der Erhebungsschritte entstandenen Zeitdrucks nicht zu gewährleisten war. Dieser unzulässige Zeitdruck war bereits den befragten Mitarbeitern aufgefallen und hatte zu großem Ärger Anlaß gegeben. Am Ende wurde das vom Auftraggeber – der Krankenkasse – gewünschte Ergebnis hergestellt, das nach Meinung des Autors bereits vorher festgestanden hatte: die Einsparung von Krankenhausbetten. Die zum Teil sinnlosen, überwiegend nicht ausgewerteten Datenberge sollten nur die Absicht der Krankenkasse „untermauern".[3]

Wir erleben gegenwärtig einen Boom von unseriösen Consulting-Firmen, die angesichts leerer Kassen und der dadurch erforderlichen Einsparungen ihre Dienste anbieten und ohne Fachwissen und den erforderlichen Apparat die „schnelle Mark" zu machen suchen. Wir raten daher jedem, der Management-Beratung für soziale Organisationen sucht, sich zunächst von einem unabhängigen und wissenschaftlichen Kriterien verpflichteten Fachgremium unterstützen zu lassen.

Deutlich wird an diesem Beispiel aber auch, daß rein betriebswirtschaftlich denkende und arbeitende Unternehmen zur Überprüfung und Herstellung von Effizienz in einer Einrichtung denkbar ungeeignet sind, die soziale Dienstleistungen erbringen soll. Wenn sie den besonderen Arbeitsaufwand, den besonders schwierige Klientelen dem Sozialarbeiter abverlangen, vernachlässigen, können sie durch ihre Empfehlungen sogar die Existenz einer sozialen Einrichtung in Frage stellen. Aus diesem Grunde werden wir bei der Frage des angemessenen Einsatzes von personellen und sachlichen Ressourcen größten Wert auf ihre Verbindung zu den Fragen nach Aufgaben und Arbeitsinhalten legen. Denn es handelt sich bei den Dienstleistungen um solche, die unmittelbar mit der Menschenwürde der Klienten verbunden sind. Hier treten im Falle eines rein wirtschaftlichen Denkens ähnliche ethische Probleme auf wie beim Handel mit Organen und Blutkonserven im medizinischen Bereich. Eine aus Gründen der Verbesserung der Wirtschaftlichkeit abgelehnte Annahme eines Klienten kann ebenso schwere Folgen zeitigen wie eine aus Kostengründen abgelehnte medizinische Behandlung. Der Rückzug eines Teils der Sozialarbeiter auf „Mittelschichtsklientel" in „white collar"-Beratungseinrichtungen kann auch als eine Art von Hilfeverweigerung für diejenigen angesehen werden, die die Unterstützung durch Sozialarbeiter am dringendsten benötigten.

Die Verknüpfung des Ressourcen-Managements mit den Inhalten der jeweiligen Einrichtung geschieht nach unseren Vorstellungen folgendermaßen:

Präzisierung der Aufgaben der Einrichtung

Dies ist erforderlich, da die Bestimmung, was eine Einrichtung gegenüber welchen Klientelen zu leisten habe, oft nicht sehr genau definiert ist. Entweder dienen allgemein gehaltene Konzeptbeschreibungen nur der Außendarstellung, um Geld für die Arbeit zu erhalten und um erst einmal ein eigenes Konzept zu erarbeiten oder um höheren Förderungskriterien zu entsprechen. So nennen sich viele Kinderheime „therapeutisch", weil sie dann höhere Pflegesätze kassieren können, ohne daß sie wirklich therapeutisch arbeiten, was auch bei sogenannten „Sozialisationsstörungen" keineswegs erforderlich wäre.

Zielgruppenbestimmung

Die Aufgabenpräzisierung ist nicht ohne eine Zielgruppenbestimmung vorzunehmen. Hierbei wird eine Zielgruppenanalyse notwendig. Es könnte sein, daß die bei Gründung der Einrichtung vorgenommene Zielgruppenorientierung inzwischen überholt ist, weil eine demographische Veränderung stattgefunden hat. Es könnte auch sein, daß Organisation und Arbeitsmethoden dazu geführt haben, daß sich die Klientel einer Einrichtung seit ihrer Gründung verändert hat. Insbesondere Beratungsstellen, die für Unterschichts-Klientel eingerichtet wurden, geraten leicht in die Gefahr, ihre eigentliche Zielgruppe zu verlieren, wenn sie nach Einrichtung und Arbeitsweise an eine typische psychotherapeutische Praxis erinnern. Eine weitere Aussonderung ergibt sich, wenn die Arbeitsmethode hauptsächlich aus „reden" besteht und von den Klienten gar erwartet wird, daß sie „ihre Probleme" im inner- oder intrapsychischen Bereich beschreiben sollen. Die große Mehrzahl der klassischen Klientel Sozialer Arbeit ist dazu schon sprachlich nicht in der Lage; viele sind es auch leid, wenn anstelle von praktisch wirksamer Hilfe schon wieder geredet wird. Außerdem ist die Bereitschaft, über persönliche Schwierigkeiten oder

Partnerprobleme zu sprechen, weitgehend bildungsabhängig. Insbesondere Männer in der Unterschicht sprechen nicht gerne über Beziehungsprobleme. Hierbei fühlen sie sich den Frauen unterlegen. Wer also mit Unterschicht-Familien arbeiten will, muß dies berücksichtigen. Organisation und Methode können den Ausschluß der Klientel bedeuten, für die unsere Gesellschaft Soziale Arbeit veranstaltet.

Untersuchung der Zugangswege der Klienten

Die Frage, wie die Klienten zur Einrichtung gelangen, ist von großer Bedeutung für die Arbeit. Zum einen haben die Klienten auf ihrem Weg durch soziale und andere staatliche Agenturen bereits eine bestimmte Sozialisation als Klient hinter sich, sie haben gelernt, sich den Spielregeln der Einrichtungen anzupassen und unter Umständen auch Sozialarbeiter gegeneinander auszuspielen. Andererseits führt eine effiziente Arbeit nur über eine Koordinierung der Aktivitäten unterschiedlicher Einrichtungen mit einer Klientengruppe (Familie) oder einzelnen Klienten. Diese Koordination im Sinne des Case Managements ist die erste Maßnahme, auch im Sinne der situationsangemessenen Ressourcen-Zuordnung, weil sich durch das Assessment herausstellt,

— welche Unterstützungsleistung die Klienten wirklich benötigen,
— welche Klienten in der eigenen Einrichtung Dienstleistungen erhalten können,
— welche Dienstleistungen von Mitarbeitern und welche möglicherweise von anderen Einrichtungen erbracht werden, wobei dann noch die Frage zu klären ist,
— welcher Mitarbeiter in welcher Einrichtung das Case Management übernimmt.

Durchlaufstudie über die Erbringung der klientenbezogenen Dienstleistungen

Als vierten Schritt sehen wir die „Durchlaufstudie" an. Wir sehen diesen Schritt bewußt noch vor einer Organisations-Strukturanalyse, weil erst der Prozeß der Erbringung der einrichtungsspezifischen Dienstleistungen Aufschluß darüber gibt, wie in einer sozialen Agentur Entscheidungen sowohl auf der formellen als auch auf der informellen Ebene getroffen werden und zwar wenn es darauf ankommt. „Wer entscheidet in der Kaffeepause?" fragten einst Dechmann und Ryffel und zeigten am Beispiel eines Allgemeinen Sozialen Dienstes (ASD), wie Mitarbeiter mit Entscheidungen des formellen Leiters umgingen und welchen Einfluß ein anderer Kollege auf die Arbeit hatte, mit dem sie in der Mittagspause ihre Arbeit besprachen. Eine Durchlaufstudie wird sich auf die einzelnen Klienten beziehen und dabei folgende Fragen klären:

— Nach der Frage, wie die Klienten an diese Einrichtung gelangt sind, muß in einem Assessment die genaue soziale Problemlage festgestellt werden, gekoppelt mit der Frage, woher der Auftrag zum Handeln kommt und wer der eigentliche Auftraggeber ist (eine andere Dienststelle, die Klienten selbst; wer ist der eigentliche Klient? Die Eltern, ein Kind, ein Jugendlicher, Nachbarn oder Schularzt bzw. Lehrer, Erzieher in der Kindertagesstätte?)

— Im Assessment muß ferner geklärt werden, welche konkrete Dienstleistung nachgefragt wird, ob sie in der Dienststelle oder anderswo erbracht werden und welche Mitarbeiter-Gruppe die weitere Arbeit in der Einrichtung übernehmen soll. Für diese Klärung bietet sich in der größeren Dienststelle die Einrichtung einer eigenen Intake-Gruppe (Aufnahme-Gruppe) an, die nach gründlichen Erstgesprächen entscheidet, welche Kollegen in der Einrichtung oder welche anderen Einrichtungen die weitere Zusammenarbeit mit dem Klienten leisten sollen.

Beispiel und Schlußbemerkung

Eine Stockholmer Sozialstation in einem sozialen Brennpunkt mit hohem Ausländeranteil hat sich beispielsweise folgende Struktur gegeben: Die Intake-Gruppe prüft, welche Arbeitsgruppe die weitere Arbeit übernimmt. Ist allein finanzielle Unterstützung erforderlich, so übernimmt diese Arbeitsgruppe die weitere Arbeit (oft nur für ganz kurze Zeit). Wird Schul- und Ausbildungshilfe erforderlich, so übernimmt die entsprechende Gruppe. Im Falle des Verdachts auf Kindesmißhandlung oder -mißbrauch wird die Investigation-Group beauftragt, um die Sachlage zu klären. Eine andere Abteilung ist für Pflegefamilien zuständig. Die größte Gruppe ist die der sozialen Einzelhilfe, die nur dann in Aktion tritt, wenn eine intensive und längerfristige Arbeit mit einer Familie oder einem einzelnen Klienten erforderlich ist. Diese Gruppe müßte im Sinne des Case Managements die Koordinierung der Hilfe – falls erforderlich – zwischen den Unterabteilungen und mit anderen Dienststellen übernehmen. Da das Case Management dort noch nicht bekannt war, fehlte leider dieser wichtige Schritt. Die Gesamtorganisation des ASD Tensta in Stockholm stellte jedoch bereits einen wichtigen Fortschritt gegenüber den Organisationsformen der uns bekannten Sozialstationen dar, in der Sozialarbeiter „unsortiert" alle „Fälle" auf den Tisch bekommen, wenn diese in die nach Wohnort/Straßen bezogene Zuständigkeit fallen. Die dort arbeitenden Sozialarbeiter beklagen sich ständig über Arbeitsüberlastung und haben nicht selten keine fachlich haltbaren Gesichtspunkte für ihre Prioritätensetzung. Folge: sie kommen aus dem Streß nicht heraus und halten diesen für unabwendbar. Eine unprofessionelle Organisation fördert unprofessionelle Arbeit.

— Wird ein Vertrag mit den Klienten geschlossen, in dem die von der Einrichtung und den Mitarbeitern einerseits und die vom Klienten andererseits zu erbringenden Leistungen festgehalten sind?

— Werden Service-Pläne erstellt, in denen Umfang, Personaleinsatz, Zeitdauer und weitere Ressourcen der sozialen Dienstleistung angegeben sind?

— Wie werden solche Service-Pläne in ihrem Ablauf überwacht? Enthalten sie Kriterien zur Überprüfung der erreichten Ziele?

— Wie wird die Beendigungsphase definiert? Unter welchen Umständen kommt es zu einer Wiederaufnahme des Falles?

Wenn die Arbeit mit jedem einzelnen Klienten derart geplant und aufgezeichnet wird, wie dies in jeder professionellen Sozialarbeit der Fall sein sollte, dann wird sich allein durch die bessere Organisation der Fallarbeit nach einer Eingewöhnungsphase eine bessere Ressourcen- und -nachweisorganisation ergeben, die noch wesentlich begünstigt werden kann, wenn die Organisation der Einrichtung auf die von ihr zu erbringenden Dienstleistungen zugeschnitten wird. Was über Lean Management gesagt wurde, kann nur dann einsetzen, wenn – wie hier aufgezeigt – eine inhaltlich richtige und fachlich qualifizierte Arbeit gesichert bleibt oder zuvor hergestellt wurde.

7. Social Marketing und Social Sponsoring

Die Verschuldung der öffentlichen Haushalte und die nicht immer von Erfolg gekrönten Versuche der sinnvollen Einsparung öffentlicher Mittel beschäftigen zur Zeit viele Bürger in diesem Land. Seit den sich immer dramatischer darstellenden Kosten der deutschen Einheit und – auch damit verbunden – der ersten gravierenden Rezession der deutschen Wirtschaft seit längerer Zeit werden derzeit selbst in so steuerreichen Kommunen wie Frankfurt am Main drastische Kürzungen vorgenommen, so daß manches wichtige Projekt auf der Strecke zu bleiben droht, zumal die Arbeitsverwaltung gleichzeitig Stellen der Arbeitsbeschaffungsmaßnahmen kürzt.

Angesichts dieser bedrohlichen Finanzknappheit kommen immer mehr kleine soziale Initiativen auf die Idee, sich nach privaten Förderern umzusehen. Zwar ist die Ertragslage vieler Firmen unbefriedigend, jedoch sind Aufwendungen zur Förderung gemeinnütziger Vereine durch Steuereinsparungen (zum Beispiel Spenden) weitgehend kostenneutral. Social Sponsoring verspricht nach den Doping-Skandalen im Sport ein neues wichtiges Feld mit hoher Werbewirksamkeit zu werden. Hier getätigte Ausgaben der Firmen sind keine Spenden, sondern in der Regel Werbemittel, die ohnehin dafür bereitstehen.

Es erscheint sinnvoll, Social Sponsoring auch im engen Zusammenhang mit Öffentlichkeitsarbeit zu sehen, und zwar im doppelten Sinne für Sponsoren und Empfänger. Soziale Einrichtungen und Träger, die gesponsort werden sollen, müssen ihre spezifische soziale Dienstleistung in der Öffentlichkeit bekannt machen. Bürger sollen die Arbeit der Einrichtung positiv bewerten; dafür sollen die Eigenwerbung und die dafür eingespannten Medien sorgen. Der mögliche Sponsor muß sich eine Werbewirksamkeit von der Verbindung seines Namens, seiner „Unternehmensphilosophie", mit dem der sozialen Einrichtung versprechen. Gleichzeitig sind die einzelnen Einrichtungen nicht nur Konkurrenten um Sponsoren. Sie betreiben damit auch Werbung für die Sozialbranche insgesamt.

Jeder zusätzliche zustandegekommene Sponsorenvertrag kann – unter der Voraussetzung, daß „Unternehmensphilosophie" des Sponsors

und die sozialen Ziele der Einrichtung miteinander vereinbar sind –
eine Werbung für die Sozialbranche insgesamt sein.

Social Marketing

Social Marketing bedeutet die generelle Verknüpfung sozialer Dienstleistungen mit den Gesichtspunkten einer Marktorientierung. Sie
ergibt sich aus einer Konzeption, bei der Klienten zu Kunden sozialer
Dienste werden können, das heißt, sie können ihre soziale Dienstleistung unter Berücksichtigung eines Leistungsvergleichs auswählen.
Diese Auswahl kann nun zwischen kommunalen und privaten Einrichtungen im Non-Profit-Bereich stattfinden, zwischen Einrichtungen
des Non-Profit-Bereichs und profitorientierten und zwischen Einrichtungen, die auf privaten Gewinn ausgerichtet sind.

In der aktuellen Diskussion wird von einem „Wohlfahrtsmix" gesprochen.[1] Nach Evers bedeutet dieser Begriff, „. . . Gewicht und Funktion
von vier fundamentalen Bereichen von Sozialpolitik und sozialer Versorgung angesprochen: Die des Staates, des Marktes, des intermediären Bereichs freier Träger und des informellen Bereichs, in dem
Haushalte, Familien und soziale Unterstützungssysteme eine zentrale
Rolle spielen."[2]

Nach unserer Auffassung ist das Eindringen marktförmiger Elemente
in den Bereich sozialer Dienstleistungen nicht unbedingt abzulehnen
und zu bekämpfen, wie dies von Sozialarbeitern und Vertretern
scheinbar non-profitabler Wohlfahrtsorganisationen aus ideologischen
Gründen lange Zeit geschah. Wir sind uns darüber im klaren, daß aus
der antikapitalistischen oder caritativ-moralischen Sicht jede Diskussion von Marktelementen für soziale Dienstleistungsunternehmen
abgelehnt wird und daß noch weitverbreitete Vorurteile unter
Beschäftigten in Non-Profit-Unternehmen bestehen. Dabei wird das
Argument einer abstrakten, gegen Argumente der Wirtschaftlichkeit
und des Wettbewerbs im sozialen Dienstleistungsbereich gerichteten
Haltung mit dem vermeintlich gefährdeten Wohl sozio-ökonomisch
schwacher Klientelen begründet, obwohl oft auch die Angst, sich auf
Neuerungen einstellen zu müssen, dahinterstehen mag.

Wir stehen dieser neuen Entwicklung, die beinahe revolutionären
Charakter für die Soziale Arbeit haben kann, keineswegs unkritisch
gegenüber. Wir wollen uns jedoch nicht die Sicht von vornherein ver-
stellen, wenn es darum geht, Chancen und Gefahren dieser Entwick-

lung zu prüfen. Diese Entwicklung hat doch längst begonnen! Deshalb müssen wir diese Entwicklung an konkreten Projekten untersuchen und detailliert argumentieren, um dort, wo die Fallen lauern, Hilfen bereitzustellen und Lotsendienste anzubieten.

Die Finanzierung sozialer Einrichtungen ist zunehmend auf unterschiedliche Geldquellen angewiesen. Zähringer nennt am Beispiel der offenen Altenhilfe verschiedene Finanzierungsmöglichkeiten solcher Dienste. Da viele Initiativen die Form eines gemeinnützigen eingetragenen Vereins als Organisation wählen, was Steuervorteile verschafft, sind die Mitgliedbeiträge eine oft kleine, aber verläßliche Einnahmequelle. Eine gewisse Kontinuität ist mit Mitteln öffentlicher Hände zu erreichen, die oft den größten Teil der Haushaltsmittel ausmachen. In Zeiten großer Ebbe in öffentlichen Kassen sind hier jedoch erhebliche Einnahmeverluste zu befürchten. Öffentliche Finanzquellen können sein: Gemeinde, Stadt, Landkreis, Land, Bund und – seit einiger Zeit auch – die Europäische Gemeinschaft. Zuwendungen aus Stiftungen, Spenden, Bußgeldern, Verkaufserfolge aus Basaren usw.[3] sowie Einnahmen aus Anzeigen in eigenen Publikationen können hinzukommen, sind jedoch selten langfristig kalkulierbar. Dies gilt auch für die neueste Finanzierungsquelle: Sponsorengelder, die wir im letzten Teil dieses Kapitels besonders behandeln. Zähringer schlägt die Aufstellung eines nach Kostengruppen geordneten Kostenplanes vor, den wir in der Folge abdrucken.

Kostenplan nach Zähringer: [4]

AUSGABEN

1. Organisationskosten
— Sachmittel für Porto, Papier, Telefon usw.
— Miete
— Mietnebenkosten (Energiekosten, Wasser usw.)
— Werbeaufwand

2. Personalkosten
— Löhne und Gehälter (Achtung: Beschäftigte dürfen sich nicht besserstellen als vergleichbare Bedienstete des Landes.)
— Lohnnebenkosten (vom Autor vergessen) (Arbeitgeberanteile an der Kranken-, Renten-, Arbeitslosen- und demnächst auch Pflegeversicherung)
— Honorare

— Nebenkosten: Reisekostenerstattungen, Aufwandsentschädigungen

= GESAMTSUMME ALLER AUFWENDUNGEN

Diesem Ausgabeplan steht der Finanzierungsplan gegenüber, der alle Einnahmen enthält, nach Herkunft der Mittel gegliedert.

EINNAHMEN

1. Eigenmittel

2. Zuwendungen

— EG

— Bund

— Land

— Kommune (Stadt, Gemeinde, Landkreis)

3. Einnahmen von Dritten

— Spenden

— Bußgelder

— Sponsorengelder

— Erstattungen von Kassen (zum Beispiel bei Gesundheitsmaßnahmen)

— gesetzliche Leistungen (zum Beispiel nach dem Arbeitsförderungsgesetz)

= GESAMTSUMME DER EINNAHMEN

Da die meisten kleineren Einrichtungen nicht auf eine langfristig gesicherte Finanzierung bauen können, erscheint es ratsam, die Aufgabe der Sicherung der Finanzmittel als ständige strategische Aufgabe anzusehen und damit einen qualifizierten Mitarbeiter zu betrauen. Es muß hierbei darauf ankommen, über Social Marketing, Öffentlichkeitsarbeit und ständige gute Kontakte, auch mittel- und längerfristig die Bereitschaft von Geldgebern zur Förderung zu erhalten.

Social Marketing bedeutet die Entwicklung von konkreten Strategien einer Marktanalyse und Marktbeeinflussung. Nach Arnold steht hierbei die Einsicht im Zentrum, daß die marktzielorientierte Planung und Ausführung von Austauschprozessen zwischen Individuen und Organisationen zu ihrem erfolgreichen Verlauf beiträgt. Dies setzt ein Verständnis von Sozialer Arbeit als soziale Dienstleistung voraus, die mit größter Effizienz und Effektivität an die Kunden gebracht werden soll.

Öffentlichkeitsarbeit

Nicht nur zur Sicherung der Finanzen einer Einrichtung ist Öffentlichkeitsarbeit (auch Public Relations genannt) auch in der Sozialbranche von herausragender Bedeutung. Öffentlichkeitsarbeit kann ein wichtiges Mittel zur Bekanntmachung und zur Durchsetzung von Zielen sein. Einrichtungen, Träger und Initiativen müssen Öffentlichkeit herstellen, um ihre Bedeutung, ja sogar Unentbehrlichkeit ins öffentliche Bewußtsein zu tragen. Für die langfristige Existenzsicherung muß die Existenzberechtigung und die Kostenwürdigkeit der sozialen Arbeit ständig erneut bekannt gemacht und nachgewiesen werden. Unterstützt wird sowohl von staatlichen wie auch privaten Geldgebern schließlich nur das, was im öffentlichen Interesse als unterstützenwert angesehen wird. Neben die ständig erforderliche finanzielle Sicherung tritt auch eine allgemein politische Absicherung, wo Initiativen aufgrund ihres Arbeitsauftrages im Brennpunkt der Öffentlichkeit stehen oder in besonders kritischen Bereichen arbeiten (wie in der Aids-Hilfe oder Drogenberatung). Die Notwendigkeit der Rückendeckung durch öffentliche (Teil-)Meinungen wird noch gravierender, wenn durch die Arbeit empfindliche Rechtsbereiche berührt sind und Gesetze entsprechend ausgelegt werden müssen (wie bei der Neuregelung des § 218 StGB nach dem Urteil des Bundesverfassungsgerichts oder der Frage nach der Rechtmäßigkeit fachlich gerechtfertigter Dienste zur Debatte steht: wie zum Beispiel „Druckräume" für Junkies).

Öffentlichkeitsarbeit braucht vermittelbare Außendarstellungen und zwingt dadurch auch zum Nachdenken über die eigene Arbeit.[5] Konzeptionen, Zielvorstellungen, Organisation, Leistung und Management müssen gründlich (neu) bedacht, „Sprachlosigkeit der Sozialarbeit" überwunden werden. Das Nachdenken über die eigene Arbeit und ihre Darstellung in der allgemeinen und der Fachöffentlichkeit kann auch der Herausbildung einer Corporate Identity dienen.

Nach Thorun bedeutet Öffentlichkeitsarbeit in der Sozialbranche ein „. . . bewußtes, dauerhaftes Bemühen, für die sozialen Belange Verständnis und Vertrauen in der Öffentlichkeit aufzubauen und zu pflegen".[6]

Große Verbände und Träger Sozialer Arbeit betreiben oft unter Einsatz von Massenmedien wirksame Öffentlichkeitsarbeit, um die ungünstige Wirkung von Skandalen in der breiten Öffentlichkeit zu bekämpfen und Schadensbegrenzung zu leisten (die Diskussion über den Einsatz professioneller Werberkolonnen für das Rote Kreuz in verbandeigenen Uniformen oder den Handel mit Blutkonserven). In diesen Fällen bleibt in der Öffentlichkeit nur etwas von den Skandalen hängen, weil sie es versäumten, besser „... über ihre tagtägliche Arbeit zu informieren und damit auch ein Stück gesellschaftliche Verantwortung zu dokumentieren".[7] Pfannendörfer fordert „... der Sozialarbeiter habe das Recht und die Pflicht, den Regierenden und der Öffentlichkeit ins Bewußtsein zu bringen, auf welche Weise das Handeln der Regierung, der Gesellschaft oder sozialer Organisationen zum Leid beiträgt oder seine Verringerung verhindert".[8] Damit wäre Öffentlichkeitsarbeit jenseits von geschönten Außendarstellungen ein Mittel zur Schaffung und Beeinflussung von sozialpolitischem Bewußtsein bei politischen und professionellen Entscheidungsträgern, aber auch bei dem „Normalbürger".

Nach Hubert kann die Imagepflege von sozialen Verbänden und Trägern auch zum Abbau von Vorurteilen gegenüber bestimmten Klientelen beitragen. Der „Normalbürger" kann durch Öffentlichkeitsarbeit mit den Problemlagen von in Not geratenen Menschen bekannt gemacht werden.[9] Öffentlichkeitsarbeit kann Sympathien und Verständnis gegenüber sozial randständigen Minderheiten wecken helfen, wenn sie professionell betrieben und auf ihre möglichen Wirkungen hin überprüft wird. Schlecht gemachte PR-Arbeit kann auch das Gegenteil bewirken, dann nämlich, wenn über bestimmte Formen öffentlichkeitswirksamer Aktionen (gewaltsame oder schockierende Demonstrationen) Angst und Aggression bei Bürgern verbreitet wird. Öffentlichkeitsarbeit muß auf die Erzeugung von Verständnis und Sympathie für die Klientel abzielen, die andernfalls noch weiter ausgegrenzt zu werden droht.

Die öffentlichen Medien sind bedeutende Zielgruppen für die verbandseigene Öffentlichkeitsarbeit. Kontakte zu ihnen müssen auf Dauer und intensiv gepflegt werden, damit die Berichte über die Einrichtung in der Presse und in Rundfunk und Fernsehen korrekt sind und freundlich gestimmt erfolgen. Eine langfristig gute Presse-, Rundfunk- und Fernseh-Berichterstattung über eine Initiative fördert auch die Bereitschaft der Geldgeber, bei Etatverhandlungen die Belange der Einrichtung zu berücksichtigen. Öffentlichkeitsarbeit kann auch der Professionalisierung der Sozialen Arbeit dienen, wenn sie deren Berufsfelder attraktiv darstellt. Sie kann darüber hinaus auch wichtige

Informationen an die Leistungsempfänger transportieren, die ihnen die Teilhabe an den sozialen Dienstleistungen erst ermöglichen.

In einer demokratischen Gesellschaft sorgt Öffentlichkeitsarbeit dafür, daß informierte Bürger an der politischen Regelung ihrer Angelegenheiten teilhaben. Am richtigen Demokratie-Verständnis kann man mitunter zweifeln, wenn Kommunalpolitiker über Angebote und Dienstleistungen einer Kommune nicht informieren oder überhaupt alle möglichen politischen Pläne hinter verschlossenen Türen behandeln, um unliebsames Engagement von Bürgern, unter Umständen auch gegen bestimmte Projekte, zu unterbinden. Öffentlichkeitsarbeit ist in der Politik oft zu einem Instrument der Falschinformation, des Lügens und der Verschleierung verkommen. Auch in der kommerziellen Werbung oder bei Wirtschaftsunternehmen hat Öffentlichkeitsarbeit einen schlechten Beigeschmack erhalten. Es ist daher nicht erstaunlich, wenn soziale Initiativen der Öffentlichkeitsarbeit Hemmungen und Widerstände entgegenstellen.

Andererseits wissen wir auch, daß gut gemachte Werbung, und auch sie ist eine Art von Öffentlichkeitsarbeit, höchst wirkungsvoll sein kann. Werben muß jede Initiative, sei sie eine politische oder eine soziale. Deshalb sind wir der Auffassung, daß auch der Einsatz professioneller Werbemethoden zu rechtfertigen ist, wenn die Öffentlichkeit dadurch über die Ziele und Praxis einer nützlichen sozialen Initiative erfährt, dies dazu beiträgt, die Einrichtung finanziell zu unterstützen und wenn die Werbemethoden nicht gegen den allgemeinen und eigenen Ethik-Code des Berufs verstoßen. Der Einsatz von Werber-Kolonnen (Drückern) in Uniformen des Deutschen Roten Kreuzes wäre unter diesen Vorgaben nicht als legitim zu betrachten. Eine Organisation, die – wenn auch in bester Absicht – zu solchen Mitteln greift, verspielt unnötig öffentliche Glaubwürdigkeit.

Social Sponsoring

Im Bereich von Kultur, Kunst und Sport hat das Mäzenatentum bereits eine längere Tradition. Es handelt sich hierbei noch nicht um Sponsoring, sondern um Spenden, die in der Regel ohne konkrete Gegenleistung gegeben werden. Spenden sind also Geschenke. Jedoch ist eine „freiwillige" Gegenleistung hierbei nicht ausgeschlossen.[10]

Sponsoring wird als junges Kommunikationsinstrument bezeichnet, das in den USA bereits seit einigen Jahren eingesetzt wird, weil dort die öffentliche Förderung von sozialen Einrichtungen noch weitaus geringer ist als in Deutschland. Gefördert werden Gesundheitseinrichtungen, Opernhäuser und Hochschulen.[11] Der Sponsor erhält für seine Förderung eine konkrete Gegenleistung. Sponsoring bedeutet ein Geschäft auf Gegenseitigkeit.

In der Regel vollzieht sich Sponsoring über Werbung und ist in die langfristige Unternehmenspolitik des Sponsors eingebunden. Erst seit den 80er Jahren gibt es bei uns ein professionelles Sponsoring, das zuerst im Bereich des Sports einsetzte (Trikot-Werbung). Es wurden planvoll Förderer gesucht, Sponsoring in die Werbepolitik von Unternehmen eingebunden.[12]

Neben Sport, Kultur und Wissenschaft ist seit einiger Zeit der Bereich des Umweltschutzes als Sponsoring-Bereich entdeckt worden, der in den letzten Jahren einen hohen Stellenwert zumindest in der öffentlichen politischen Diskussion erhalten hat und bei vielen Bürgern einen guten Klang hat.

Social Sponsoring ist als neues Feld entstanden. Unter Sozialarbeitern und Sozialpädagogen, die sich im Rahmen der Öffentlichkeitsarbeit ihrer Einrichtungen damit auseinandersetzen müssen und wollen, herrscht noch eine gewisse Unklarheit über das Thema.[13] Die geringe Popularität des Social Sponsoring war vor allem mit gewissen Berührungsängsten der Unternehmen mit den Klienten der sozialen Einrichtungen begründet. Behinderte, Gebrechliche, „Berber" (Nicht-Seßhafte) und Drogenabhängige schienen dem Image der Firmen abträglich. Hier sieht Hubert eine wichtige Aufgabe der aktiven Sponsoren-Werbung: Social Sponsoring kann zu einem Instrument der Öffentlichkeitsarbeit und zu einer Lobby für die Ziele, Konzepte und Nutzen sozialer Aktivitäten werden und sie den Wirtschaftsunternehmen näherbringen. Damit wäre auch den Zielgruppen in der Öffentlichkeit gedient. Bei aller Kritik: die „Aktion Sorgenkind" und die „Goldene Eins" der Medien sind äußerst wirkungsvolle PR-Maßnahmen, um die gesellschaftliche Akzeptanz der Klientel zu erhöhen. Nicht zu vergessen die Arbeit der zahlreichen Selbsthilfe-Gruppen der Betroffenen.

Gegenüber anderen Formen des Sponsorings sind laut Hubert beim Social Sponsoring vor allem zwei Unterschiede festzustellen:[14]

a) Für den Sponsor steht der Fördergedanke im Vordergrund. Sponsorship wird also nicht nur aus Werbezwecken betrieben. Das

Unternehmen muß sich vielmehr auch mit den Zielen und Inhalten der Organisation identifizieren und dies auch öffentlich tun. Es geht also nicht „nur um die Bewältigung sozialer Aufgaben unter Marktgesichtspunkten (...), sondern auch um das neue Produkt Mitgefühl".[15]

b) Es werden ausschließlich nichtkommerzielle Organisationen gefördert. Die meisten sozialen Organisationen sind noch nicht kommerziell, erzielen keinen Gewinn, stellen jedoch auch als Non-Profit-Unternehmen einen erheblichen Wirtschaftsfaktor dar.

Aus der Sicht der Gesponsorten liegen die Gründe auf der Hand: es geht angesichts knapper werdender öffentlicher Mittel darum, neue Finanzquellen aufzutun, wie wir dies bereits zum Beginn des Kapitels zur Finanzierung sozialer Einrichtungen verdeutlicht haben. Die mangelnde staatliche Finanzierung zwingt die Unternehmen der Sozialbranche nicht nur zur Einwerbung aller Arten von Mitteln, sondern erzeugt bei ihnen auch einen Professionalisierungsschub im Sinne der Verbesserung ihrer Leistung und deren öffentlich wirksamer Darstellung. Eine wichtige Folge ist der Zwang, sich ökonomischem Denken zu öffnen, das bislang immer als Fremdkörper im Sozialwesen gegolten hat. Damit werden aber auch unterschiedliche und teilweise sich widersprechende, gegensätzliche Systembereiche dieser Gesellschaft zusammengefügt. Im Non-Profit-Bereich der sozialen Dienstleistungen werden schließlich ein Gutteil der Opfer des profitorientierten Wirtschaftens betreut, versorgt und (wieder-)angepaßt.

Die bei Angehörigen der (noch unterbezahlten) sozialen Berufe bestehenden Vorbehalte gegenüber allem, was aus der Sphäre der Wirtschaft kommt, sind also nicht völlig unverständlich. Schließlich gehen die sozialen Non-Profit-Unternehmen beim Sponsoring-Prozeß eine Verbindung und Geschäftsbeziehung mit Profit-Unternehmen ein, die eine systemische gegenseitige Beeinflussung voraussetzt und zur Folge hat. Um Sponsoren-Gelder zu erhalten, muß der Sponsor umworben werden, müssen Einblicke in Arbeit, Organisation und Finanzierungsquellen der sozialen Einrichtung gewährt werden. Wirtschaftlichkeitsgesichtspunkte dürfen nicht abgewehrt werden und Durchschaubarkeit ist erforderlich. Dies wird von den Mitarbeitern häufig als problematisch angesehen werden, ist aber für die Verbesserung der Organisation und letztlich auch für die Qualität der Dienstleistungen von Vorteil. Sponsoren hingegen müssen für soziale Fragen empfänglich gemacht werden. Sie müssen ihre Unternehmensphilosophie überdenken und werden dennoch konkurrenz-kapitalistischen Gesetzmäßigkeiten unterworfen bleiben, weshalb sich ihre Öffnung gegenüber sozialen Werten und Erfordernissen in Grenzen halten wird. Insgesamt geht in unserem Gesellschaftssystem mit seinen beherrschenden wirtschaftlichen Strukturen immer ein stärkerer Einfluß von der wirtschaftlichen zur sozialen Sphäre aus. Dies müssen Gesponserte wissen.

Nach Ansicht von Fachleuten kann es den typischen Sponsorenvertrag nicht geben, weil diese Geschäftsvereinbarungen zu viele Details berühren können, die von Fall zu Fall anders aussehen. Dennoch lassen sich einige Hauptmerkmale aufführen, die einen Sponsorenvertrag rechtlich absichern.

Was sollte in einem Sponsorenvertrag geregelt sein?

— Namen und Adressen der Hauptbeteiligten

— Grund des Sponsorships (zum Beispiel die Förderung eines konkreten Vorhabens oder einer bestimmten Maßnahme)

— Festlegung der Leistungen und Gegenleistungen (zum Beispiel finanzielle, sachliche und organisatorische Leistungen und Verpflichtungen) unter Angabe von Zeitpunkt und Umfang. Bei der Gegenleistung im sozialen Bereich sollten auch solche immaterieller Art möglichst genau beschrieben werden

— Vereinbarungen, die die Erbringung von Leistung und Gegenleistung betreffen (zum Beispiel Zahlungsweise und Dauer der Geldleistungen, Veröffentlichungsmodalitäten usw.)

— Ergänzungs- und Änderungsklauseln

Diese Regelungen betreffen einen Standard-Werbevertrag. Daneben sind nach Bruhn [16] auch Sponsoringvereinbarungen möglich, bei denen ein Arbeitsvertrag geschlossen wird, wenn der Sponsor Mitarbeiter, also Personalkosten finanziert, oder ein Lizenzvertrag, wenn der Sponsor bestimmte Logos der Einrichtung zu Werbezwecken nutzen soll.

Auch Schenkungsverträge, Mietverträge, Mitgliedschaftsverträge sind möglich.

Ein Schaubild von Hubert [17] soll die vertraglichen Beziehungen der Teilnehmer an einem Sponsorship verdeutlichen.

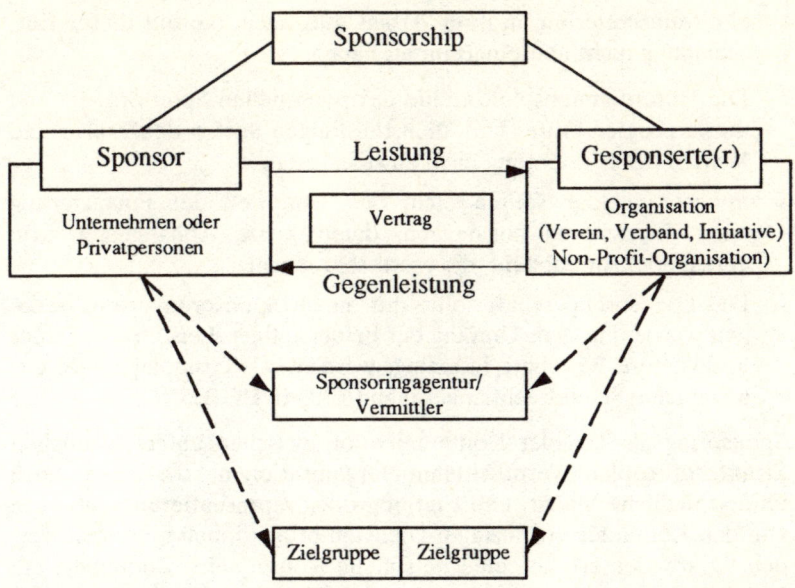

Die nun folgende Problematik zeigen wir nicht mit der Absicht auf, soziale Einrichtungen und Träger vor dem Sponsoring zu warnen. Aus systemtheoretischer Sicht ist es nicht unvernünftig, wenn Subsysteme auch Strukturen entwickeln, die sie innerhalb von beherrschenden Gesamtsystemen überlebensfähig machen. Wir verweisen lediglich auf Problembereiche, die zu beachten sind, wenn sich solche Einrichtungen auf Sponsoring einlassen.

— Die von der jeweiligen Einrichtung verfolgten sozialen Ziele, die Auswahl der Klientel und die Arbeitsmethoden müssen allen Mitarbeitern deutlich bewußt sein, damit sich nicht eine schleichende Veränderung durch den Einfluß des Sponsors ergibt.

— Alle Mitarbeiter einer sozialen Einrichtung sollten die Gelegenheit erhalten, sich an der Diskussion über die Vor- und Nachteile eines Sponsorships zu beteiligen und eine eigene Meinung darüber zu bilden, ob und mit welchem Sponsor ein Vertrag abgeschlossen werden soll. Die Entscheidung muß nicht einstimmig getroffen werden. Dies kann auch vom Management der Einrichtung entschieden werden. Die Entscheidung muß in jedem Fall transparent gemacht werden und dadurch nachvollziehbar sein, damit auch solche Mitarbeiter sie in ihrer Arbeit mittragen, die mit dieser Entscheidung nicht übereingestimmt haben.

— Die Unternehmensphilosophie des potentiellen Sponsors, die von ihm erzeugten Güter und Dienstleistungen dürfen den Zielen und Werten der Einrichtung nicht zuwiderlaufen.

— Sponsorengelder sollten nicht den Hauptteil der Finanzierung einer Einrichtung ausmachen, damit keine Abhängigkeit von einem Sponsor entsteht, die erpressbar macht.

— Das Sponsorengeschäft sollte mit einem Sponsorenvertrag besiegelt werden, in dem Umfang der beiderseitigen Leistungen, Dauer und weitere Beteiligte festgelegt werden. Als Grundlage wird das allgemeine Schuldrecht angesehen (§ 305 ff. BGB).

Sponsoring als Teil der Kommunikation zwischen unterschiedlichen Strukturprinzipien verpflichteten Organisationen, die auch noch unterschiedliche Macht- und Einflußgrößen repräsentieren, muß auch von den Kontaktern in sozialen Diensten professionell betrieben werden. Das bedeutet auch eine personelle Konsequenz: Zumindest ein Mitarbeiter sollte sich in die Materie (Finanzierungsmöglichkeiten, vertragsrechtliche Angelegenheiten, PR, Werbetechniken) einarbeiten und dies über längere Zeit betreiben. Sponsoring als Teil der Außenkommunikation ist in enger Verbindung zum Social Marketing und zu Public Relations (PR) zu sehen und sollte daher auch im Zusammenhang mit diesen Bereichen betrieben werden.

Die Ausweitung des Sponsoring wird von Haunert [18] auf bis zu 200 Millionen DM jährlich bis zum Jahr 1995 beziffert. Mit enormen jährlichen Zuwachsraten ist zu rechnen. Als Grund führt der Autor an, daß Profit-Unternehmen zunehmend gesellschaftliche und soziale Verantwortung übernehmen und das Sponsoring werbewirksam für ihre Umsatzsteigerung einsetzen wollen (derzeit besonders beim Öko-Sponsoring festzustellen). Sozial-Sponsoring hat hier noch aufzuholen und wird teilweise mit dem Sport-, Öko- und Kultur-Sponsoring konkurrieren. Dies hängt aber auch vom Wachstum der Gesamtbranche des Sponsorings ab. Auch wird die Kommunikationswirtschaft mit dem Marketing-Instrument Sponsoring erfolgreich expandieren, wodurch die Konkurrenz unter den Gesponserten etwas entschärft würde. Linke gibt dem Social Sponsoring in dieser Konkurrenz zwar eine geringere Expansions-Chance als dem Öko-Sponsoring, da sich jedoch auch aufgrund der Dopingskandale das Sport-Sponsoring in einer Krise befindet, werden sich die Möglichkeiten für das Social-Sponsoring verbessern.[19]

Wie groß das Wachstum in der Sponsoring-Branche ist, kann auch am Entstehen von Sponsoring-Agenturen abgelesen werden, die derzeit wie Pilze aus dem Boden schießen. Einige davon arbeiten professionell und sind auch in ihrer sozialverträglichen „Unternehmensphilosophie" als empfehlenswert zu bezeichnen. Andere sind nicht geeignet, schon deshalb, weil sie sich nicht ausreichend in der empfindlichen Materie des Social Sponsoring auskennen. Wie immer sich auch soziale Einrichtungen entscheiden: ob sie überhaupt die Unterstützung einer Agentur in Anspruch nehmen oder diese Arbeit einem Mitarbeiter übertragen, der ohnehin für die Öffentlichkeitsarbeit zuständig ist, wir führen noch einige Argumente auf, die diese Entscheidung erleichtern helfen.

Vorteile für die Inanspruchnahme der Dienste einer Agentur:

— Agenturen haben Kenntnisse über den Sponsoring-Markt und können dadurch fachlich qualifiziert und realistisch beraten, ob und mit welchem Sponsor Geschäftsbeziehungen eingegangen werden sollten,

— die Fachleute in den Agenturen haben Zeit und einen Vorsprung an Know-how und Erfahrung über Öffentlichkeitsarbeit und Sponsoring,

— Agenturen und Berater haben die erforderlichen Kontakte zu Medien, um Öffentlichkeit herzustellen,

— Agenturen können Kontakte zu Sponsoren aufbauen, mit denen sie bereits aus anderen Zusammenhängen Geschäftsbeziehungen unterhalten (zum Beispiel Werbung). Sie übernehmen damit auch eine Vermittler-Aufgabe.

Einige Nachteile, die das Einschalten einer Sponsoring-Agentur mit sich bringt, sollten mitbedacht werden:

— die Zusammenarbeit mit Agenturen verursacht zusätzliche Kosten, die zunächst einmal gedeckt werden müssen. Es steht ja bei Abschluß eines Beratervertrages nicht fest, ob diese Kosten angemessen durch Sponsoring wieder hereingeholt werden können,

— gerade bei kleinen sozialen Initiativen kann es zu einer starken einseitigen Abhängigkeit von den Agenturen kommen, die sich unter Umständen Exklusivrechte vertraglich absichern lassen.[20]

8. Selbstmanagement in der Sozialen Arbeit

In diesem Kapitel bewegen wir uns auf der unmittelbaren Ebene des beruflichen Handelns in der Sozialen Arbeit, der wir unser Hauptaugenmerk widmen, weil sich in deren Produktivität jegliches Management in sozialen Organisationen ausweisen muß. Sonst wird es zur bloßen Spielerei für die Führungsebene (nicht selten von Diplom-Pädagogen), deren Interesse am Sozialmanagement immer auch kritisch betrachtet werden muß. Unsere Fürsorge gilt dabei nicht in erster Linie den Sozialarbeitern und Sozialpädagogen, sondern den Klienten und damit verbunden den Arbeitsbedingungen, Handlungsspielräumen und dem Handwerkszeug der Praktiker.

Fest steht für uns: In aller Regel besteht zwischen den Anstellungsträgern und den Sozialarbeitern, die die fachlich gebotenen Unterstützungsleistungen festlegen und die Interessen der Klienten zum Ausdruck bringen, ein Interessenkonflikt. Sozialarbeiter haben kein „doppeltes Mandat", wie Böhnisch und Lösch dies einmal formuliert haben;[1] sie sind zunächst Angestellte des Trägers und haben daher einen Auftrag. Die Klienten haben sie zunächst nicht beauftragt, irgend etwas für sie zu tun. Ein abweichender Auftrag der Sozialarbeiter entsteht aus ihrer professionellen Fachlichkeit unter Bezug auf die gegensätzlichen Interessenlagen der Träger, die auch die Gesellschaft repräsentieren, die mitverantwortlich dafür ist, daß Bürger zu Klientelen von Sozialarbeit werden, und der Klienten-Interessen, deren Anspruch auf wenigstens durchschnittliche Teilnahme am öffentlichen Leben und Wohlstand nicht erfüllt wird.

In dieser Zwischenposition ist von den Sozialarbeitern strategisches Ausnutzen aller Handlungsspielräume zugunsten ihrer fachlich geforderten Interessenwahrnehmung und ihrer professionellen Praxis gefordert. Der Berufskonflikt der Sozialarbeit ist nach keiner Seite hin aufzulösen, weder durch Aufgabe fachlicher Anforderungen und Willfährigkeit gegenüber dem Anstellungsträger noch durch Einnahme einer wirklichkeitsfremden Position der Interessengleichheit mit den Klienten. Wir gehen davon aus, daß dieser strukturell gegebene Konflikt und die sich daraus ergebenden konkreten Berufskonflikte von den Sozialarbeitern ausgehalten werden müssen.

Das hier geforderte strategische Verhalten[2] ist erlernbar, so daß Berufskonflikt-Planspiele in manchen Studiengängen Sozialwesen und in der Fortbildung einen festen Platz haben.[3] Wir haben Berufskonflikt-Planspiele seit 14 Jahren zum Standardprogramm an unserem Fachbereich gemacht und in zahlreichen Fortbildungsseminaren mit Berufspraktikern und Hochschullehrern eingesetzt. Dabei haben wir eine Variante mit besonders konfrontativen Rollenspielelementen entwickelt, bei der die personale Handlungsebene mit der Ebene des Handelns in Organisationen und politischen Handlungsfeldern verknüpft wird und Strategien im Umgang mit typischen Berufskonflikten deutlich werden.[4] Dies wurde zu einer Zeit entwickelt, als unerfahrene Sozialarbeiter zum Teil mit völlig unrealistischen politischen Forderungen reihenweise scheiterten. Auch fachliche Inkompetenz wurde mitunter ein Grund zum Mißerfolg, der dann in einer politischen Aufwertung als ein Beweis für die Unterdrückung durch staatliche oder private Träger umgemünzt wurde. Wir haben das an einem in der Öffentlichkeit viel diskutierten Fall der Ausländerberatung in einer Stadt im Rhein-Main-Gebiet mit intensiven Recherchen nachgewiesen.[5]

Berufskonflikt-Planspiele sind also eine Möglichkeit, in Studium und Fortbildung Kompetenzen für ein professionelles Handeln in solchen Konflikten zu erwerben.

Selbstmanagement des professionellen Alltagshandelns in der Sozialen Arbeit; Einführung des Selbstreflexiven Arbeitskonzepts (SAK)

Die oft geringe Effizienz Sozialer Arbeit und das dadurch geprägte Bild in der Öffentlichkeit wird nach unserer Meinung nicht nur durch professionelle Inkompetenz bewirkt. Oft wird von der Sozialarbeit mehr erwartet, als sie wirklich unter oft einengenden Rahmenbedingungen leisten kann. Es ist aber auch eine Aufgabe sozialer Dienste, realistische Arbeitsziele zu entwickeln, diese in der Öffentlichkeit zu vertreten und politische Aufgaben im Hinblick auf die Verbesserung der Lebensbedingungen der Klientel zu definieren, wo die eigene Praxis ihre Grenzen findet.

Darüber hinaus braucht die Praxis Sozialer Arbeit auch endlich in einem doppelten Sinne „ganzheitliche" Konzepte und Methoden.

— Zum einen müssen diese auf die ganze Person/Gruppe in ihrer sozialen Nahumwelt gerichtet sein und die Komplexität dieser

Lebenswelten berücksichtigen und nach ausgewiesenen Regeln soweit reduzieren, daß Handlungsfähigkeit entsteht.

— Zum anderen müssen diese Konzepte und Methoden nicht nur die Interaktionen und Verhältnisse zwischen den Sozialarbeitern und den Klienten organisieren, sondern auch all jene Tätigkeiten im Berufsalltag miteinbeziehen, die einen Beitrag zur Verwirklichung der Arbeitsziele leisten: die Hilfebereitstellung für die Klienten; die Herstellung von verbindenden Beziehungen zwischen beiden, wozu auch die Förderung von Selbsthilfefähigkeiten der Klienten zur Bearbeitung von Problemlagen gehört.

Und dies verweist einen Teil der Verantwortung für nicht gelingende Praxis auch auf die Hochschulen zurück, die verstärkt an der Entwicklung praxistauglicher Konzepte und Methoden arbeiten müssen, indem sie diese gemeinsam mit den Sozialarbeitern in deren Praxis entwickeln, ihre Umsetzung wissenschaftlich begleiten und Auswirkungen für die Klienten erforschen.

Das Selbstreflexive Arbeitskonzept haben wir in Zusammenarbeit mit Praktikern aus unterschiedlichen Arbeitsfeldern entwickelt und sowohl in Fortbildungsveranstaltungen als auch mit Teams aus der Praxis mehrfach erprobt.[6] Es wird von den Praktikern als wichtiges Handlungskonzept zum Selbstmanagement sowohl einzelner Sozialarbeiter als auch von Teams eingeschätzt.

Wir sind bei der Praxisentwicklungsarbeit mit diesem Konzept auf strukturelle, organisatorische und kulturelle Bedingungen gestoßen, die – in der Regel – eine Organisationsentwicklung der Einrichtung erforderlich gemacht haben. Dies kann immer geschehen, wenn innovative Konzepte von Sozialarbeitern erprobt werden. Die Veränderungsfähigkeit einer Organisation wird gefordert. Wir stoßen hierbei an Managementbereiche, die die gesamte Einrichtung betreffen. Insofern kann konzeptionelles und methodisches Arbeiten auch ein Politikum sein, wo die Fachlichkeit der Sozialen Arbeit auf politische Vorgaben und strukturelle Bedingungen von Organisationen stößt.

Im Sinne des fachbegründeten strategischen Handlungsgebots sollten sich Sozialarbeiter nicht zu schnell entmutigen lassen, wenn sie auf zähe Strukturen und nur an Machterhalt interessierte Positionsinhaber stoßen. Hier greifen moderne Management-Ansätze, die sich langfristig auch gegen Widerstände durchsetzen können, da sie einen großen Teil der vorgeschobenen Argumente (finanzieller oder personeller Art) oder angebliche Sachnotwendigkeiten entkräften helfen.

Wenn Sozialarbeiter an wirklich nicht innovationsfähige Organisationen und Personen stoßen, so sind sie wenigstens in der Lage, fachlich qualifiziert die Hemmnisse zu benennen, die eine professionelle Arbeit be- oder verhindern. Sie müssen sich dann bewußt und mit fachlicher Begründung entscheiden, ob sie eine Reduktion ihrer Handlungsziele vornehmen können und wollen, ob sie im Interesse ihrer Fachlichkeit eine längerfristige Konfliktstrategie zur Erweiterung ihres Handlungsspielraums wählen oder ob sie – im ungünstigsten Falle – die Arbeitsstelle aufgeben.

Selbstmanagement mit dem Selbstreflexiven Arbeitskonzept (SAK)

Selbstmanagement in der Praxis Sozialer Arbeit muß sich mit folgenden Gesichtspunkten befassen, die in einem systematischen Zusammenhang stehen mit

— den politischen, rechtlichen, strukturellen und organisatorischen Rahmenbedingungen der Arbeit und damit auch des Trägers der Einrichtung und des Arbeitsplatzes und den dadurch bereitgestellten Spielräumen für das berufliche Handeln

— dem daraus entstehenden Arbeitsauftrag, Konzeptionen der Einrichtung und des Trägers und den Aufgabenstellungen für die Sozialarbeiter, andere Mitarbeiter und Führungskräfte, den formalisierten und informellen Zielvorgaben und den fachlich begründeten möglicherweise abweichenden Zielsetzungen für die Arbeit

— den personellen, finanziellen, sachlichen und räumlichen Ressourcen und Arbeitsmitteln, die bereitstehen oder gebraucht würden

— der effizienten Arbeitsorganisation der Interventionsvorbereitung oder -unterstützung, der professionell erforderlichen Datensammlung und -bearbeitung (Aktenführung, Gesprächsprotokollierung, Karteiorganisation), der Kommunikation mit Kollegen und anderen Dienststellen

— der konzeptionellen Zielbestimmung der Sozialen Arbeit, der Arbeitsmethoden und -techniken als planbare systematische und an Dritte vermittelbare Arbeitsweisen

— der hinreichend validen Überprüfung und Beurteilung der Arbeitsergebnisse

— der Vermittlung der Arbeitsergebnisse an die interessierte Öffentlichkeit

Diese hier aufgeführten Aufgaben des SAK stellen die Verbindung zwischen dem Selbstmanagement der einzelnen Sozialarbeiter oder Teams zur Ebene des Gesamtmanagements einer sozialen Organisation her. Sie sollen die „Voraussetzungen für die Arbeit klären helfen" und die „Gestaltung des Handlungsspielraums" vorbereiten.[7]

Die wesentliche Aufgabe des SAK liegt jedoch in einer Unterstützung des methodischen Handelns von Sozialarbeitern in ihrer Alltagspraxis und soll sämtliche Tätigkeiten in der sozialen Arbeit umfassen, ausdrücklich auch solche, die nicht den unmittelbaren Kontakt mit Klienten betreffen, wenn diese mit der Dienstleistung gegenüber den Klienten konzeptionell verbunden sind.

Das SAK setzt den Schwerpunkt jedoch auf den Bereich des konzeptorientierten methodischen Handelns von Sozialarbeitern in ihrer beruflichen Alltagspraxis. Als ein großrahmiges Handlungskonzept soll es das Selbstmanagement der Sozialarbeiter anleiten. Praktiker sind, wenn wir Rückmeldungen aus der Praxis vertrauen, mit Hilfe der SAK in der Lage, sämtliche Tätigkeiten, die zu ihrer Dienstleistung gegenüber Klienten gehören, methodisch zu organisieren und zu überprüfen. In eindeutiger Frontstellung zur Psychozentrierung traditioneller Methoden der Sozialen Arbeit [8] ist es mit den sozialräumlichen Methoden Case Management, Environment-Aktivierungs-Methode und Milieuarbeit vereinbar und damit lebensweltlich orientiert. Darüber hinaus werden eben nicht nur die Interaktionen zwischen Sozialarbeitern und Klienten oder Klienten-Gruppen organisiert, sondern auch Büro-Tätigkeiten wie Aktenführung, Protokollierung, Beantragung von Mitteln für die eigene Arbeit und die Unterstützung der Klienten bei Antragstellungen und Kontakten zu anderen Behörden etc., alle Interaktionen der Sozialarbeiter mit Kollegen und anderen Dienststellen sowie auch handwerkliche Tätigkeiten und vieles mehr, was nachweislich dem gesetzten Ziel dient.

Das SAK entspricht folgenden aus der Handlungsforschung entlehnten Strukturmerkmalen:

a) nach einer gründlichen Berufsfeldanalyse (BFA, Instrument in den Arbeitshilfen) und Zielplanung

b) erfolgt ein reflektiertes Handeln mit Selbstevaluation, das heißt Praktiker sind in einem bestimmten Maße auch Forscher

c) wonach sich die Phasen und Arbeitsschritte mit neuen Inhalten und – gegebenenfalls auch – Methoden nach einem Feed-Back wiederholen (Iteration).

Im folgenden stellen wir die einzelnen Arbeitsschritte des Selbstreflexiven Arbeitskonzeptes (SAK) dar:

Erster Arbeitsschritt: Bezugnahme und/oder Formulierung von berufsfeldspezifischen, noch relativ allgemeinen Zielen

In diesem ersten Schritt geht es darum, einen Ethik-Code – wir schlagen in Ermangelung eines auf nationaler Ebene anerkannten deutschen den der British Association of Social Workers (BASW) vor [9] – auf eine bestimmte Zielgruppe Sozialer Arbeit zu beziehen. Der Ethik-Code geht, wie oben beschrieben, von den in jeder demokratischen Verfassung aufgenommenen Menschenrechten aus und formuliert für die Soziale Arbeit allgemeine Handlungsziele und sich daraus ergebende Pflichten und Rechte der Sozialarbeiter und zum Teil auch Klienten. Da der allgemein gehaltene Ethik-Code jedoch keine Angaben über die besonderen Lebensumstände einer Klientel und deren Rechte enthält, muß dieser Bezug hergestellt werden durch die Frage, in welcher Weise die betroffene Klientel zunächst allgemein in ihrer Menschenwürde eingeschränkt wurde.

Zu fragen ist also: was wissen wir über diskriminierende oder in anderer Weise einschränkende Lebenslagen von ausländischen Mitbürgern oder von Sozialhilfeempfängern und was bedeuten die festgestellten Beeinträchtigungen ihrer Teilhabe an gesellschaftlich durchschnittlichen Lebensmöglichkeiten für die Soziale Arbeit als Beruf?

Diese allgemeine Zielbestimmung soll in Teams erfolgen oder in fachorientierten Arbeitsgruppen mit Teilnehmern aus verschiedenen Einrichtungen. Sie dient auch der Erklärung der professionellen Standards und Werte und der möglichen Angleichung durch die Diskussion. Bewährt hat sich hierfür und für die Evaluationsphase (6. Arbeitsschritt) das von uns entwickelte „Rating Assessment" (RA) [10], das wir im Anschluß an das SAK darstellen.

Das Beispiel, Teil 1:

Die Sozialarbeiterin einer Sozialpädiatrischen Einrichtung zur Früherkennung und -förderung von Behinderungen bei Kindern tritt neu in die Einrichtung ein. Sie wird sich umgehend mit den Zielsetzungen der Arbeit, den Klienten, den Mitarbeitern und den Arbeitsmitteln bekanntmachen. Dieser Prozeß ist im Arbeitsschritt 2 vorgesehen. Bereits vor der Bewerbung setzt sie sich mit der Lage behinderter Menschen, insbesondere Kindern, in dieser Gesellschaft auseinander.

Sie weiß, daß Behinderte in unserer Gesellschaft nicht annähernd so behandelt werden, daß ihre Menschenrechte voll gewahrt würden. Diese Problematik stellt sich sicher in anderen Gesellschaften noch viel schärfer. Gemessen am insgesamt vorhandenen Reichtum dieser und anderer europäischer Gesellschaften, müßten die allgemeinen Lebensbedingungen Behinderter bei uns besser sein. Aufgrund ihrer Auslandserfahrungen weiß sie zum Beispiel, mit welchen Bemühungen in den Niederlanden und in Schweden versucht wird, den Behinderten die volle Teilhabe am gesellschaftlichen Leben zu ermöglichen und zwar nicht nur punktuell durch besondere Aktivitäten einiger Projekte und Einrichtungen, sondern generell und strukturell:

— angefangen bei öffentlichen Wegen, Verkehrsmitteln und Gebäuden, die rollstuhlgerecht angelegt sind,

— weiter bei der Vielzahl von ambulanten Hilfen,

— der personellen und technischen Unterstützung, damit behinderte Kinder am Unterricht der Normalschule und Erwachsene am Arbeitsleben teilnehmen können.

Sie weiß, daß sich die hiermit beschriebene Randstellung von Behinderten verschärft, wenn sie aus Familien der einkommens- und bildungsschwachen Schichten stammen. Und schließlich ist ihr darüber hinaus bewußt, daß es behinderte Kinder, besonders aus Familien in einer sozioökonomischen Randlage in einer Gesellschaft, die keine kinderfreundlichen Lebensbedingungen bereit hält, noch einmal schwerer haben.

Sie wird sich also als allgemeine Zielformulierung für ihre Arbeit mit behinderten Kindern und deren Eltern überlegen, welchen Beitrag sie in ihrer Arbeit innerhalb der Sozialpädiatrie dazu leisten kann, der Diskriminierung ihrer Klienten entgegen zu arbeiten und welche Unterstützung sie und ihre Kollegen den betroffenen Kindern und Familien geben können.

Diese an der Ethik Sozialer Arbeit anknüpfende Diskussion muß in jeder Einrichtung unter allen Mitarbeitern geführt werden, um bei der notwendig zu entwickelnden professionellen Distanz nicht in Zynismus zu verfallen, eine bei helfenden Berufen nicht selten auftretende Abwehrhaltung als Schutz vor zu starkem Engagement.

Aus dieser allgemeinen Zieldiskussion, die wir mit dem unten dargestellten Instrument des Rating Assessment (RA) in Gang bringen würden, lassen sich später konkrete Ziele für die Einrichtung und für die einzelnen Mitarbeiter-Gruppen entwickeln. Selbstverständlich können die grundlegenden Lebensbedingungen bestimmter Klientelen, also auch der behinderten Kinder und ihrer Familien, in dieser Gesellschaft durch die eigene Sozialarbeit und medizinisch-therapeutische Hilfe in der Regel nicht soweit verändert werden, daß die Klienten wirklich voll an dieser Gesellschaft mit ihren Möglichkeiten teilhaben können. Deshalb müssen im Arbeitsschritt 3 des SAK in der Arbeit erreichbare Ziele formuliert werden. Die gemeinsame Diskussion der Grundorientierung der Mitarbeiter ist jedoch wichtig für die Entwicklung einer Corporate Identity der Einrichtung, der professionellen Orientierung Sozialer Arbeit, für Prävention und ein weitgehendes politisches Engagement.

Zweiter Arbeitsschritt: Sammlung von Informationen über das Berufsfeld und den Arbeitsplatz

Hier geht es um die systematische Sammlung von Informationen über methodische Datenerhebung und über praktische Recherchen, um soviel wie irgend möglich über die Klientel der Einrichtung, ihre besonderen Lebenslagen und Lebensstrategien und -entwürfe zu erfahren. Dies gilt gleichermaßen für kommunale und politische Strukturen der Wohn- und Lebensbereiche, der „Soziotope" und der Problemlagen.

Ferner betrifft die Informationssammlung den Träger, die Einrichtung (Auftrag, rechtliche und organisationelle Struktur) und die Mitarbeiter sowie deren Zusammenwirken (auch Organisationskultur). Schließlich sind auch die Arbeitsressourcen und -mittel wichtig. Für diese Informationssammlung haben wir das bereits eingangs erwähnte Instrument der Berufsfeld-Analyse entwickelt (siehe Arbeitsblätter). Das Berufsfeld-Analyse-Instrument enthält die Abschnitte:

I Struktur des Arbeitsplatzes

II Soziales und politisches Umfeld

III Berufliches Handeln der Sozialen Arbeiter

Diese Abschnitte der Berufsfeld-Analyse enthalten differenzierte Kategorien nicht nur über den Träger und den Arbeitsplatz, sondern auch über die Lebensbedingungen und sozialen Räume der Klienten. Im Bereich der Arbeitsplatzkategorien sind auch Einflüsse unserer Praxis der Organisationsentwicklung und im Bereich der Umfeldanalyse solche der Soziotop-Analyse enthalten.

Es handelt sich also bei der Berufsfeld-Analyse nach unserem Instrumentarium um eine umfangreiche und längerfristige Arbeit, die nicht schnell abgehakt ist. Praktiker, die hiermit erfolgreich arbeiten, sehen die Berufsfeld-Analyse als einen längerfristigen Prozeß an. Es ist sinnvoll, bei Beginn der Arbeit so viele Informationen wie möglich über die Bereiche I und II zu sammeln, damit eine professionelle Arbeit beginnen kann. In allen drei Bereichen wird der Prozeß der Informationssammlung im Grunde nie abgeschlossen. Dies liegt daran, daß die gesellschaftlichen Teilbereiche, in denen Soziale Arbeit geleistet wird und ihre Einrichtungen sich in einem ständigen Wandel befinden.

Eine solche Berufsfeld-Analyse ist also keinesfalls nur am Anfang einer Einrichtung oder für neue Mitarbeiter notwendig, sondern nach bestimmten Zeitabständen auch für bestehende soziale Dienstleistungsunternehmen. Kaum zu glauben: wir sind im Zuge unserer Praxisforschung auf nicht wenige, zum Teil große und öffentliche Einrichtungen gestoßen, deren Mitarbeiter weder wußten, was eine Berufsfeld-Analyse ist, noch jemals ein Arbeitskonzept erstellt hatten.

Das Beispiel, Teil 2:

Die allgemeine Zieldiskussion wird also geführt, d. h. in unserem Beispiel macht sich die neue Sozialarbeiterin zunächst einmal ihre eigenen Gedanken. Wenn ein Team neu anfängt, so geschieht dies unter allen Mitarbeitern. Um Praxisentwicklung und wissenschaftliche Begleitung gebeten, haben wir das Nachdenken über Ziele angeregt. Gemeinsam gelang es uns, zunächst den bereits in der Einrichtung arbeitenden Kollegen, einen Sozialpädagogen, für diese Diskussion zu gewinnen. Die Abklärung der Grobziele erfolgte etwa entlang der von uns oben angerissenen Diskussion über die soziale Lage von behinderten Kindern und deren Familien, insbesondere aus der Unterschicht. Wir wollten nicht ein allgemeines Lamento, das die Ohnmacht der Sozialen Arbeit nur verstärkt, sondern eine Besinnung auf weitergehende sozial- und gesellschaftspolitische Bestimmung Sozialer Arbeit und ihrer Berufsethik, die im Alltagsgeschäft in der Gefahr steht, vergessen zu werden.

Die neue Sozialarbeiterin arbeitet mit unserem Berufsfeld-Analyse-Bogen. Sie weiß, daß es sich bei dem Träger um einen selbständigen, aber stadtnahen Verein mit weiteren unterschiedlichen Abteilungen für soziale Dienstleistungen handelt. An der Spitze steht ein Vorstand, dem die Vertreter des städtischen Jugendamts angehören und ein hauptamtlicher Geschäftsführer.

Der Sozialpädiatrische Dienst, in dem sie arbeitet, hat den Auftrag, psychische und physische Behinderungen bei Kindern möglichst früh zu erkennen und zu behandeln, soweit dies in der Einrichtung geleistet werden kann, oder andere Einrichtungen einzuschalten. Finanziert wird die Arbeit zu einem großen Teil von den Krankenkassen und zu einem kleineren Teil mit Zuschüssen der Kommune.

Der Sozialpädiatrische Dienst (SPD) wird von einem Arzt geleitet (medizinische Diagnostik). Weitere Mitarbeiter: eine Psychologin (Psychodiagnostik und -therapie), zwei Logopäden (Sprachtherapie), zwei Ergotherapeuten, ein Heilpädagoge, eine Verwaltungsangestellte und zwei Sozialarbeiter.

Die Lage der Einrichtung, im Stadtteil einer größeren Kommune mit hohem Ausländeranteil, ist nicht zufällig. Als sie vor zehn Jahren gegründet wurde, gab es auch ein Konzeptpapier, in dem diese Lage mit der Absicht begründet wurde, ihre Dienste besonders ausländischen und deutschen Unterschichtsfamilien anzubieten, die bis dato unterversorgt waren. Mit dieser Begründung wurde auch eine Abteilung „Soziale Arbeit" angeschlossen. Von Anfang an wurde die Zusammenarbeit mit diesen Familien als schwierig, aber dennoch besonders wichtig angesehen.

Dies waren die ersten Informationen, die die neue Sozialarbeiterin erhielt. Schnell wurde ihr auch der Arbeitsablauf im Sozialpädiatrischen Dienst deutlich:

Die Kinder wurden von Kinderärzten überwiesen. Die betroffenen Familien wurden zu einem diagnostischen Erstgespräch eingeladen, das der Arzt durchführte. Wurde der Verdacht des Kinderarztes bestätigt, so entschied der Arzt, welche Behandlung zu folgen hatte und welche Mitarbeiter damit beauftragt wurden. Dies geschah auch dann, wenn er feststellte, daß eine Psychodiagnostik erforderlich war. Die Sozialarbeiter wurden eingeschaltet, wenn bestimmte Familien nicht kooperierten, Termine nicht einhielten oder wenn der Arzt aus dem Gespräch oder der Aktenlage feststellte, daß besondere soziale Problemlagen vorhanden waren. In einigen Fällen geschah dies auch auf Veranlassung der therapeutischen Mitarbeiter, die aufgrund ihres Arbeitsauftrags und ihrer Zeitvorgaben beispielsweise keine Hausbesuche durchführen konnten. Auch wenn Fachkenntnisse im Bereich des Sozialhilfe- und des Jugendhilferechts oder wenn Kontakte zu anderen Einrichtungen (Jugendamt, Sozialamt, Familienhilfe, Krankenkassen) erforderlich waren, dann wurden die Sozialarbeiter beauftragt zu intervenieren.

In unserer Entwicklungsarbeit mit Hilfe des SAK haben wir vereinbart, daß wir auf dem Wege zu einem Selbstmanagement zunächst jeden Arbeitsauftrag mit einer Klienten-Familie nacheinander einzeln bearbeiten, um mit einer Zeitperspektive von einem halben Jahr eine fachlich ausgewiesene professionelle Arbeitsorganisation zu entwickeln.

Jeder Sozialarbeiter hat eine Intensivbetreuung von etwa zehn Familien gleichzeitig zu leisten. Da bislang überhaupt keine systematisch fachlich ausgewiesene Arbeit bestanden hatte, weder bei der neuen noch bei der länger dort arbeitenden Fachkraft, war es notwendig, zunächst jeweils die Arbeit mit neuen Klienten-Familien Schritt für Schritt neu zu gestalten.

Wie in der folgenden Übersicht dargestellt, ist das SAK ein Konzept für den Gesamtarbeitsbereich eines Sozialarbeiters oder eines kleinen Teams, das gemeinsam mit Klienten oder Klein-Gruppen arbeitet. Innerhalb des Gesamtarbeitsbereichs wird nun auch die systematische und planvolle Arbeitsorganisation der einzelnen „Fallbearbeitungen" vorgenommen, wobei sozial-räumlich greifende Methoden, wie die Sozialbiographische Analyse (SOA), das Case Management (CM) und die Environment-Aktivierungs-Methode (EAM), eingesetzt werden können, die mit dem SAK kompatibel sind.

Ablaufskizze:

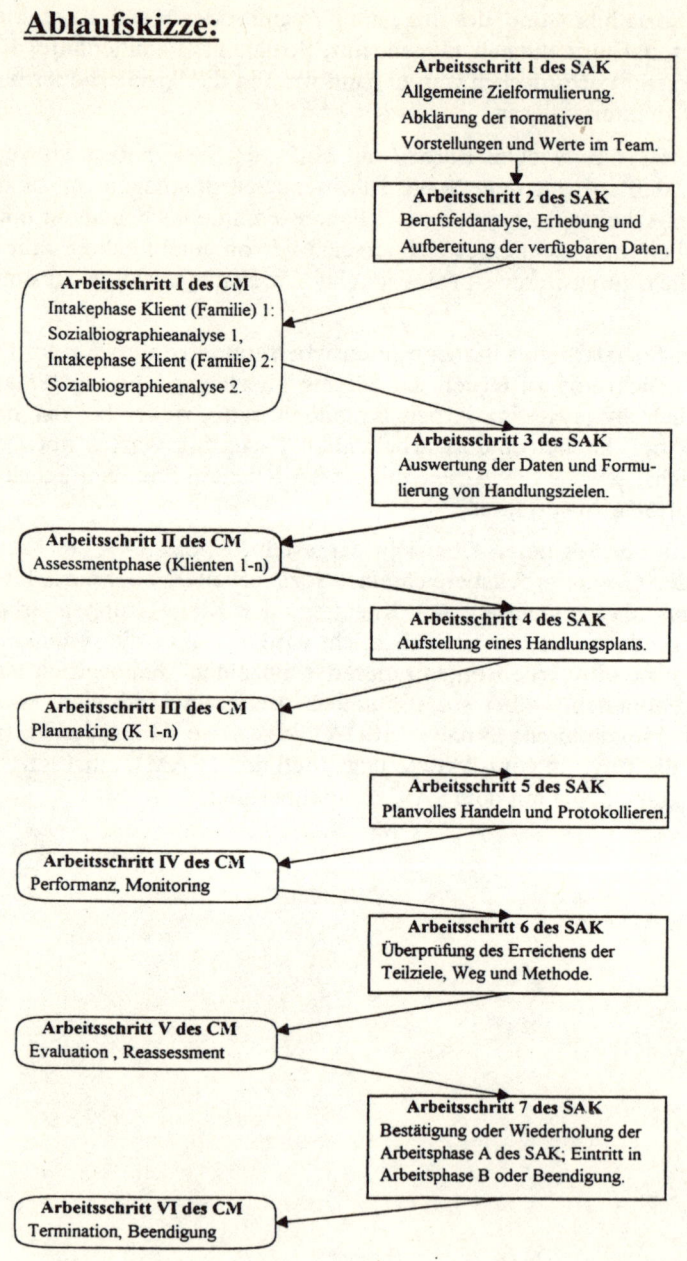

Arbeitsschritt 1 des SAK
Allgemeine Zielformulierung.
Abklärung der normativen
Vorstellungen und Werte im Team.

Arbeitsschritt 2 des SAK
Berufsfeldanalyse, Erhebung und
Aufbereitung der verfügbaren Daten.

Arbeitsschritt I des CM
Intakephase Klient (Familie) 1:
Sozialbiographieanalyse 1,
Intakephase Klient (Familie) 2:
Sozialbiographieanalyse 2.

Arbeitsschritt 3 des SAK
Auswertung der Daten und Formulierung von Handlungszielen.

Arbeitsschritt II des CM
Assessmentphase (Klienten 1-n)

Arbeitsschritt 4 des SAK
Aufstellung eines Handlungsplans.

Arbeitsschritt III des CM
Planmaking (K 1-n)

Arbeitsschritt 5 des SAK
Planvolles Handeln und Protokollieren.

Arbeitsschritt IV des CM
Performanz, Monitoring

Arbeitsschritt 6 des SAK
Überprüfung des Erreichens der
Teilziele, Weg und Methode.

Arbeitsschritt V des CM
Evaluation , Reassessment

Arbeitsschritt 7 des SAK
Bestätigung oder Wiederholung der
Arbeitsphase A des SAK; Eintritt in
Arbeitsphase B oder Beendigung.

Arbeitsschritt VI des CM
Termination, Beendigung

Weiter mit dem Beispiel Teil 2.

Da war die Familie A. mit ihrem Sohn (8 Monate), überwiesen von einem Kinderarzt, der aufgrund der Reaktionen des Jungen einen Fall von Autismus vermutet. In einer ausführlichen Diagnose durch den Arzt des Sozialpädiatrischen Dienstes hat sich die Vermutung des Kinderarztes bestätigt.

Die Sozialarbeiterin wird damit beauftragt, die Diagnose den Eltern mitzuteilen, sie in dieser für die Familie schwierigen neuen Situation zu begleiten und zu unterstützen. Vor dem Gespräch sieht sie sich die Anamnese-Akte der Familie an.

Sie erfährt über die Familie, die noch ein Mädchen im Alter von 8 Jahren hat, daß der Ehemann (28) als Lagerarbeiter den größten Teil des niedrigen Familieneinkommens verdient, und daß die Mutter (26) mit einer Halbtagstätigkeit als Putzfrau immerhin die Miete der Sozialwohnung dazuverdient. Die Familie A. hat damit ein Einkommen knapp über dem Sozialhilfesatz und kommt mit einem Wohngeldzuschuß gerade so über die Runden. Im Gespräch mit dem Arzt betonen sie, daß es sie Mühe gekostet hätte, das Wohngeld zu beantragen, und daß sie niemandem auf der Tasche liegen wollen.

Konzeptgemäß sammelt die Sozialarbeiterin zunächst alle Informationen über die Familie, die sie noch vor ihrem ersten Kontakt mit dieser bekommen kann. Aus den Akten weiß sie, daß die Familie in einer Zweieinhalbzimmer-Sozialwohnung lebt. Die Wohnsiedlung gehört einer gemeinnützigen Wohnungsbaugesellschaft, die die Häuser 1970 erbaute.

Das Wohngebiet wird auf einer Seite von einem Industriegelände, auf der zweiten von einer Autobahn und auf der dritten Seite eines Dreiecks von amerikanischen Kasernen eingeschlossen. Geschäfte und öffentliche Gebäude sind zu Fuß kaum erreichbar.

Weitere Informationen will sie von der Familie selbst einholen, da sie sich dagegen entschieden hat, hinter dem Rücken der Familie über sie zu recherchieren.

Sie legt sich konzeptgemäß eine Diskette an. (Wer noch nicht mit Computern umgehen kann, soll sich eine Akte anlegen. Wir raten jedoch dringend, den Umgang mit Computern zu erlernen. Ohne moderne Datenverarbeitung und -verwaltung ist eine sinnvolle und rationelle Arbeitsorganisation nicht möglich).

Dritter Arbeitsschritt: Die Auswertung der Daten und die Formulierung vorläufiger Arbeitsziele

In dieser Phase werden die allgemeineren Ziele für die jeweilige Arbeit mit einer bestimmten Klientel vor Ort konkretisiert. Es werden längerfristige, mittelfristige und Nahziele unter der Angabe von Zeiträumen formuliert und operationalisiert, indem die angestrebten Zustände und Verbesserungen für eine Klientel unter der Angabe von Indikatoren, die für eine Zielerreichung sprechen, möglichst genau beschrieben werden. In der Praxisentwicklungsarbeit mit Sozialarbeitern haben sich folgende Fragen als sinnvoll erwiesen:

— Was soll zuerst geschehen, welche Schritte sollen folgen?

— Was müßte in der Lebens-, Wohn- und Arbeitssituation geändert werden, um ihre Lage zu verbessern?

— Wie können Selbsthilfepotentiale aktiviert werden, um Selbsthilfeprozesse zu ermöglichen?

— Wie könnten Environments (siehe folgendes Kapitel) aktiviert werden, um diese Prozesse zu stützen und Handlungsräume zu erweitern?

— Welche Umstände (soziale, politische, lokale usw.), welche Strukturen in der Gemeinde, Viertel, Nachbarschaft, der Einrichtung, des Trägers, welche Personen und Gruppen behindern angestrebte Verbesserungen in den Lebenslagen der Klienten?

— Welche sind dafür förderlich?

— Welche Mittel auf welchen Ebenen stehen mir als Sozialarbeiter und Bürger zur Verfügung, um dem Gesamtziel näherzukommen?

Das Beispiel, Teil 3:

Die Sozialarbeiterin überlegt sich, wie sie ihren Auftrag, also zunächst die Mitteilung der Diagnose in einem Gespräch, erfüllen kann, ohne den Eltern mehr als notwendig Schmerzen zuzufügen und damit gleichzeitig eine Ausgangsbasis für eine weitere Zusammenarbeit zu erhalten. Sie weiß, daß Autismus auch erblich bedingt ist und daß dadurch Schuldgefühle bei den Eltern entstehen können. Sie weiß gleichzeitig, daß eine autistische Störung auch schwer zu therapierende Folgen haben könnte, die durch entsprechende Förderung lediglich abgemildert werden können. Ihr ist auch bewußt, daß auf die Familie A größte Belastungen physischer, psychischer und nicht zuletzt finanzieller Art zukommen, die vorhandene Lebensentwürfe und -pläne über den Haufen werfen können.

Sie überlegt sich weiter, in welchem Rahmen das Gespräch ablaufen soll. Die größte Sicherheit haben die Eltern, wenn dies bei einem Hausbesuch in ihrer eigenen Wohnung geschieht. Sie verwirft diesen Gedanken, weil allein die unvorbereitete Verabredung eines Hausbesuchs einen Schock für die Eltern bedeuten würde, die bislang offensichtlich jeglichen Umgang mit Sozialarbeitern vermeiden konnten. Sie entscheidet sich dafür, die Eltern in den Sozialpädiatrischen Dienst zu bitten, weil dies der sachlichste und unbelastetste Ort ist. Sie wählt ein Besprechungszimmer und stellt eine freundliche Atmosphäre her (Kaffee und Gebäck, Gesprächsmöbelgruppe).

Sie teilt den Eltern die Diagnose behutsam mit und bietet sich gleichzeitig als Gesprächspartner und unterstützende Betreuerin an, damit die Familie merkt, daß sie mit ihrem Los nicht alleingelassen ist. Familie A zeigt sich zwar traurig und enttäuscht über die Behinderung ihres Sohnes, scheint jedoch die volle Härte dieser Tatsache noch nicht zu begreifen. Der Sozialarbeiterin ist dies nicht unlieb. Aus ihrer Erfahrung mit ähnlichen Situationen in ihrer früheren Praxis weiß sie, daß den Eltern erst zu Hause in vollem Maße bewußt wird, was ihrem Sohn und ihnen bevorsteht und daß der Schmerz erst dann unerträglich wird. Deshalb vereinbart sie für ein paar Tage später einen Hausbesuch.

Inzwischen stellt sie Überlegungen über ihre Handlungsziele an, die sie ebenfalls aufzeichnet:

Fernziele für die Arbeit mit Familie A.

In Anlehnung an ihre Zielsetzungs-Überlegungen von Schritt 1 überlegt sie, was diese Zielsetzung der Aufhebung gesellschaftlicher Benachteiligung für die Familie A bedeutet. Das behinderte Kind soll die bestmöglichen Chancen haben, später ein weitgehend „normales", das heißt von fremder Hilfe unabhängiges, selbstbestimmtes und in gesellschaftliche Prozesse integriertes Leben führen können. Damit ist gesagt, daß das Kind die bestmögliche Förderung erhalten soll, die mit öffentlich zugänglichen Hilfen erreichbar ist, damit die massive Kontaktaufnahmestörung sich möglichst nicht weiter verstärkt, sondern therapeutisch abgebaut werden kann (Überwindung des Eingeschlossenseins und systematische, die Entwicklung des Kindes begleitende Förderung der Wahrnehmungs- und Mitteilungsfähigkeiten). Der Anfang einer Therapie kann nach einer gründlichen Testphase bereits im Sozialpädiatrischen Dienst gemacht werden. In dieser Phase braucht das Kind auch zu Hause intensive Betreuung, müssen die

Eltern aber auch bereit sein, sich zeitweilig vom Kind zu trennen, damit es in einer Spezialschule weiter gefördert werden kann. Lange Zeit, wenn nicht lebenslang, wird der Sohn Betreuung brauchen.

Für die Eltern würde eine längerfristige Zielsetzung bedeuten, daß sie trotz der erforderlichen Umstellung ihres Lebens wenigstens soweit sozial integriert und selbstbestimmt und ohne Diskriminierung leben können, daß sie lernen, ihr Kind nicht übermäßig zu beschützen und, wenn für seine Entwicklung erforderlich, auch zulassen, daß es in einer Internatsschule weitergefördert wird, notfalls auch längerfristig und trotzdem eine soweit irgend möglich enge Beziehung aufrechterhalten.

Diese Fernziele gilt es, in erreichbare Teilziele zu übersetzen. Sie formuliert also die ersten Nahziele für die soziale Arbeit mit Familie A.

— Aufbau einer Arbeitsbeziehung mit den Eltern. Die Bereitschaft zur Zusammenarbeit will sie in einem ersten Schritt über ein Gespräch (s. o.) in der Einrichtung erreichen, in dem sie den Eltern behutsam die Diagnose des Arztes mitteilt und erläutert. Mit diesem Gespräch will sie den Eltern gleichzeitig zeigen, daß die Einrichtung und sie selbst unterstützend weiter helfen können und der Familie mit Rat und Tat zur Seite stehen. Da sie sich bewußt war, daß die Eltern diese für sie schockierende Mitteilung nicht sofort voll begreifen können, will sie den Aufbau einer Arbeitsbeziehung (entspricht der Intake-Phase des Case Managements, wie in diesem Band beschrieben) mit einem Hausbesuch fortsetzen.

— Mit dem Hausbesuch verbindet sie eine weitere Zielsetzung: sie will sich ein realistisches Bild von den Lebensumständen der Familie machen und damit sorgfältig und vorsichtig in die Lebenswelt der Familie „eindringen", weil das Unterstützungsmanagement an den realen Lebensbedingungen der Klienten ansetzen muß.

— Das allgemeine Ziel Sozialer Arbeit, Hilfe zur Selbsthilfe zu leisten und dabei die Selbstbestimmungsrechte der Klienten zu wahren und deren Realisierung zu fördern, will sie auch mit der Strategie erreichen, der Familie beim nun erforderlichen Umgang mit Behörden Hilfe anzubieten. Es stellt sich heraus, daß die Familie noch wenig Erfahrungen im Umgang mit Ämtern hat und sich die vorhandenen Hilfsquellen nicht allein erschließen kann. Es müssen nämlich hierfür Kontakte aufgenommen und Anträge gestellt werden bei der Krankenkasse, beim Jugendamt, beim Sozialamt etc.

Hierbei beschließt die Sozialarbeiterin, konsequent nur das zu tun, wozu die Eltern allein nicht in der Lage sind und ihre Unterstützungsleistungen immer so knapp wie möglich zu halten, um dadurch den Klienten möglichst viel Eigenleistungen abzuverlangen.

— Die Sozialarbeiterin beabsichtigt (nach dem Case Management und der Netzwerk-Sozialarbeit) herauszufinden, ob es in der weiteren Familie, im Freundeskreis und der befreundeten Nachbarschaft Personen oder Gruppen gibt, die die Familie in ihrer Problemlage unterstützen könnten. Bei der weiteren Nachbarschaft im Haus will sie über Gespräche für Verständnis werben, um eine mögliche Diskriminierung der Familie zu verhindern.

— Behördenkontakte schätzt sie nach dem Hausbesuch als erforderlich ein, um die wirtschaftliche Lage der Familie zu sichern, da die Frau ihre Halbtagsstelle aufgeben will, um das Kind zu betreuen. Hierfür wird ein Antrag auf Hilfe zum Lebensunterhalt und eine Reihe einmaliger Hilfen zu stellen sein. Mit Sozialarbeitern des Jugendamts ist zu verhandeln, welche Fördereinrichtungen später in Frage kommen, mit der Krankenkasse wegen der Kostenübernahme für medizinische Leistungen (Therapie, Medikamente, weitere Untersuchungen, geeignete Ausstattung eines Zimmers), mit dem Wohnungsamt, um eine größere Wohnung zu erhalten.

— Falls in der Beziehung der Eltern oder der Eltern zum gesunden Kind Probleme auftreten, wie dies oft der Fall ist, wenn ein Kind behindert ist, müßte, wenn sie die lebensweltlich gehaltene Beratung der Sozialarbeiterin überfordern, eine geeignete psychologische Beratung organisiert werden.

— Um die Situation der mittelfristig (solange das Kind noch bei den Eltern ist) nicht berufstätigen Mutter, die als Pflegeperson und Hausfrau an das Haus gebunden ist, zu verbessern, will sie dafür sorgen, daß eine Pflegeperson mehrmals wöchentlich in das Haus kommt.

— Sie will den Kontakt zu den Eltern zu einer Selbsthilfegruppe herstellen, damit sie wissen, daß sie in ihrer Problemlage nicht allein dastehen und von den Erfahrungen anderer Eltern mit autistischen Kindern Nutzen ziehen können. Sie hofft durch den Erfahrungsaustausch auch die Bereitschaft der Eltern zu erhöhen, ihr Kind später eventuell in eine Fördereinrichtung gehen zu lassen, ohne es dorthin für immer abzuschieben.

Sie weiß, daß es Eltern in einer sozio-ökonomischen Randlage und mit niedriger Schulbildung sehr viel schwerer haben, mit der Behinderung eines Kindes umzugehen. Nicht zufällig setzen sich Selbsthilfe-Gruppen überwiegend aus Angehörigen höherer Bildungsschichten zusammen, die gelernt haben, sich selbst zu helfen und auch auf schwierige Lebenslagen einzustellen. Deshalb muß die Selbsthilfefähigkeit der Familie A systematisch aufgebaut werden, ohne sie zu unter- oder überfordern. Dies wird das methodische Vorgehen der Sozialarbeiterin bestimmen.

Als vorläufiges Ziel definiert sie, daß die Familie durch die Behinderung ihres Kindes nicht mehr als notwendig in ihrer Lebenslage beeinträchtigt wird, daß sie sich stabilisiert und in ihrer Alltags-Situation ohne professionelle Unterstützungsleistungen zurechtkommt, Behördenkontakte selbständig hält und soziale Dienste nur noch in besonderen Situationen in Anspruch nimmt.

Damit wäre nach dem SAK und dem Case Management die Arbeit in diesem Fall erfolgreich abgeschlossen.

Vierter Arbeitsschritt: Die Aufstellung eines Handlungsplanes

Der aufzustellende Handlungsplan sollte im ganzheitlichen Sinne alle Tätigkeiten und Handlungen enthalten, die zur Erreichung meiner Ziele wichtig sind: also auch alle Beantragungen von Mitteln, Kontakte und Telefonate, Aktivitäten in und außerhalb der Einrichtung, alle kommunikativen Aktivitäten mit den Klienten, Kollegen und mit anderen Einrichtungen und Behörden, Selbsthilfegruppen usw. Hier erfolgt auch die Entscheidung über mein methodisches Vorgehen, das heißt die Wahl der adäquaten Methoden (etwa in der Einzelhilfe: Case Management oder Environment-Aktivierung für einzelne und Gruppen). Wir haben hier den Überschneidungsbereich zwischen dem Selbstmanagement-Konzept (hier dem SAK) und den Arbeitsmethoden professioneller Sozialarbeit. Generelle Forderung für die Eigenaktivierung und Selbsthilfeförderung muß auch hier sein: Sozialarbeiter müssen ständig überlegen, welche Leistungen und konkreten Aktionen von den betroffenen Klienten selbst erbracht werden können und bei welchen Sozialarbeiter stärker unterstützend agieren müssen, denn Selbsthilfefähigkeit kann von Klienten nur über zugemutete, allerdings abgesicherte Selbsthilfeversuche gelernt werden.

Das Beispiel, Teil 4:

Der Handlungsplan ist in unserem Fall leicht aufzustellen, da die Ziel-formulierungen bereits einige Aktivitäten und Vorgehensweisen der Sozialarbeiterin enthalten. Wichtig sind an dieser Stelle zwei Arbei-ten:

Die o. a. formulierten mittelfristigen und Nahziele sind bereits – jedenfalls ungefähr – in einer chronologischen Reihenfolge dargestellt worden. Nun gilt es, diese Etappenziele in eine Zeitplanung zu brin-gen. Dies ist wichtig, da die einzelnen Phasen einer Methode (z. B. das Case Management) in überschaubaren Zeitabschnitten beendet sein sollen. Dies gilt auch für den definierten mittelfristigen Abschluß einer Arbeit. Jede professionelle Methode oder Konzept geht davon aus, daß die Arbeit zu einem übersehbaren Zeitpunkt abgeschlossen ist. Eine auf Dauer angelegte Hilfe ist definitionsgemäß nicht von Sozialarbeitern zu leisten.

Die bis zum dritten Arbeitsschritt gesammelten Informationen über den ersten bearbeiteten Fall machen die Auswahl der Arbeitsmethode möglich. Im vorliegenden Beispiel liegt es nahe, die Methode des Case Managements (CM) zu wählen, da es sich um eine Klienten-Familie handelt, die in ihrer Problemlage Unterstützung erfahren soll. (Nähe-res zum Case Management siehe Kapitel 11.)

Die Sozialarbeiterin in unserem Beispiel stellt nach dem Case Mana-gement-Konzept von Ballew und Mink (1991) einen Unterstützungs-plan auf, nach dem sie vorgehen will. (In den Arbeitshilfen ist ein von uns entwickeltes Formular für einen Unterstützungsplan abgedruckt.)

Als ersten Schritt nach dem Gespräch im Sozialpädiatrischen Dienst, in dem sie den ärztlichen Befund mitgeteilt hat, macht sie den verein-barten Hausbesuch. Sie macht sich vorher eine Aufstellung der Gesichtspunkte, auf die sie beim Besuch achten will:

— Eindruck vom Haus, von der Wohnung hinsichtlich ihrer Eignung für die Heimpflege des Sohnes der Familie A (Größe und Schnitt der Räume, Lichtverhältnisse, Übersichtlichkeit des Kinderzim-mers vom Arbeitsplatz der Mutter, mögliche Gefahrenpunkte usw.)
— Verhalten der Eltern im Umgang miteinander und mit dem Kind
— Ängste und Befürchtungen der Eltern
— Stärken und Schwächen der Eltern, Selbsthilfefähigkeit
— wirtschaftliche Lage der Familie

Die Sozialarbeiterin will auf die gemeinsam mit den Eltern vorzunehmende Erstellung eines Unterstützungsplans hinarbeiten. Sie vermutet, daß sie beim ersten Hausbesuch noch mehr Trost spenden und sich als unterstützende Hilfe darstellen muß, um die Bereitschaft des gemeinsamen Krisenmanagements zu fördern.

Die Erstellung eines Kooperationskontrakts und des Unterstützungsplans will sie erst beim zweiten Hausbesuch in Angriff nehmen.

Fünfter Arbeitsschritt: Planvolles Handeln und Protokollieren

Nur über weitgehend systematisches Protokollieren der Aktivitäten der Sozialarbeiter und der Aktionen der Klienten ist eine spätere fachliche Aufarbeitung und Auswertung möglich. Dies betrifft die Einführung einfacher Protokollierungs- und Sozialanalyseverfahren in der Intake- und Assessment-Phase der jeweiligen Methode.

Bei aller gebotenen Vorsicht und Absicherung gegen Mißbrauch und nicht fachlich begründeten Kontrollabsichten gegenüber Klienten und Sozialarbeitern gehört hierzu auch die Aktenführung. Ohne diese Dokumentierung der eigenen Praxis und ihrer Wirkungen auf die Klienten kann die Soziale Arbeit sich nicht als Beruf weiterentwickeln und zu einem lernenden System werden, können Sozialarbeiter nicht voneinander lernen und Berufsanfänger auf dem Stand der wissenschaftlichen Diskussion anleiten. Um diese Protokollierungsarbeiten zu vereinfachen, haben wir hierfür eine Reihe von praktischen Arbeitshilfen entwickelt oder aus den Sozialwissenschaften übernommen (z. B. die Ökokarte, siehe Anhang).

Das SAK weist an dieser Stelle einen deutlichen Unterschied zu den Handlungsmethoden der Sozialen Arbeit auf. Als Rahmenkonzept für die fachliche Gesamtorganisation des beruflichen Handelns eines Sozialarbeiters oder eines kleinen Teams bietet es Hilfen für die Berufsfeldanalyse der Einrichtung und damit ihrer Klientel, bevor die Praktiker nach dem Case Management oder der Einvironment Aktivierungs-Methode weiterarbeiten. Es beschreibt die allgemeine Zielfindungsphase vor der Entwicklung von Handlungszielen für den Einzelfall. Und nicht zuletzt – darauf kommt es uns an dieser Stelle besonders an – bezieht es sämtliche beruflichen Handlungen eines Sozialarbeiters in die methodische Gestaltung des Arbeitsprozesses mit ein. Darüber hinaus wird jegliche fallspezifisch erforderliche PR-Arbeit, wie sie in den meisten, auf gute Nachbarschaft oder Behördenbeziehungen (Polizei) angewiesenen Einrichtungen erforderlich ist, nach methodischen Gesichtspunkten gestaltet. Und das bedeutet für diesen Arbeitsschritt, daß alle diese Tätigkeiten zur Erreichung der Handlungsziele ebenfalls sorgfältig dokumentiert werden müssen.

Das Beispiel, Teil 5:

Die Sozialarbeiterin bespricht den Fall mit ihrem Kollegen und hält dessen Einschätzung der Situation in der Arbeitshilfe um den Unterstützungsplan für die Familie A fest.

Sie legt nach dem Erstgespräch mit der Familie ein Protokoll mit dem Erstgesprächsbogen und nach dem Hausbesuch einen Bogen über dabei erhaltene Informationen, Verlauf und Ergebnisse an (siehe Beispiel unten).

Sie notiert sämtliche Telefonate und Gespräche mit Kollegen und dokumentiert alle Schreiben und Eingaben an andere Dienststellen nach folgendem Muster:

Name des Bearbeiters, des Adressaten/Gesprächspartners, Datum, Zweck/Anlaß des Kontakts, Inhalte des Kontakts, gewünschtes/ erreichtes Ergebnis, Verhältnis zum Etappenziel, Konsequenzen/weitere Aktivitäten.

Das fachliche Selbstmanagement macht erforderlich, daß sämtliche berufliche Aktivitäten des Sozialarbeiters mit Bezug zum Arbeitsplan/Unterstützungsplan dokumentiert werden.

Protokoll über einen durchgeführten Hausbesuch
Datum:
Name der(s) KlientIn:
Adresse: Tel:
SozialarbeiterIn:
Wie ist der Hausbesuch zustandegekommen, vorbereitet worden?
Beobachtete Besonderheiten?
Neue Informationen?
Form und Inhalte des Handelns des Sozialarbeiters:
Form und Inhalte des Handelns der(s) KlientIn:
Ergebnis:
Weiteres erforderliches Handeln:

Sechster Arbeitsschritt: Überprüfung der Arbeitsweise und der Teilziele

Nicht nur die Erreichung operationalisierter Teilziele (vgl. SAK) wird hier überprüft, sondern auch die Angemessenheit der Teilziele für die längerfristige Zielsetzung, für die Möglichkeit der Klienten, der Sozialarbeiter und der Einrichtung, diese zu erreichen. Aber auch die Arbeitsweisen und die professionelle Kompetenz werden überprüft: aus Fehlern lernen.

Als Instrument bietet sich hierbei neben der Auswertung protokollierter Handlungen und Rahmendaten auch das Rating Assessment (RA, siehe Kapitel 9) an, um das professionelle Handeln von Sozialarbeitern zu evaluieren.

Das Beispiel, Teil 6:

Für das Beispiel der Sozialarbeiterin mit der Familie A wird dies nur für das allererste Handlungsziel verdeutlicht, denn es folgen in den Kapiteln über das methodische Handeln nach dem CM und der EAM weitere Beispiele.

Das Nahziel war bekanntlich, der Familie A über ihren Schicksalsschlag hinwegzuhelfen, dabei durchaus in der Nähe zum Seelsorgerischen auch Trost zu spenden und mögliche Schuldgefühle abzubauen. Außerdem wollte die Sozialarbeiterin auf eine nicht vorbelastete Weise einen Hausbesuch durchführen und dazu die Zustimmung der Eltern erhalten. Während des Hausbesuchs wollte sie das Gespräch mit den Eltern fortsetzen und ihnen dabei auch erklären, welche weitere Unterstützung sie vermitteln kann. Die Bereitschaft der Eltern für einen Arbeitskontrakt wollte sie erreichen. Dies alles setzte die Entwicklung einer professionellen Beziehung voraus.

Als Kriterien für die Ziel-Erreichung führte sie auf:

— die Bereitschaft der Eltern, sie in ihrer Wohnung zu empfangen

— die Art des Empfangs bei Beginn und am Ende (konnte sie Vorbehalte gegenüber sozialen Diensten abbauen?)

— die Qualität und Quantität der von den Eltern gegebenen Informationen über familiäre Dinge, aber auch über mögliche unterstützende Personen und Einrichtungen (z. B. Kirche) aus dem sozialen Netzwerk der Familie (wird in einer „Öko-Karte" dokumentiert, siehe Anhang)

— die Bereitschaft der Familie, Verantwortung zu übernehmen und einen Unterstützungsvertrag einzugehen, auch wenn der Abschluß des Vertrages noch nicht beim ersten Hausbesuch zu erwarten ist, zumal die Sozialarbeiterin die erhaltenen Informationen zunächst einmal verarbeiten muß. Darüberhinaus wird sie sich – mit Einverständnis der Familie – um weitere Informationen über Fördermöglichkeiten bei den Versicherungsträgern und Ämtern holen. Dieses Einverständnis der Familie ist ein starkes Indiz für die Erreichung des Teilzieles

Sie kann danach feststellen, was sie erreicht und was sie nicht erreicht hat, und sie kann sich nach den Gründen fragen.

Siebter Arbeitsschritt: Bestätigung oder Neuformulierung des Arbeitsplanes

Diese Phase stellt den Abschluß einer professionellen Handlungsfolge dar.

Das Motto: Aus Fehlern in der Zielformulierung, der Situationsanalyse und des konzeptbezogenen Handelns kann mindestens so viel gelernt werden wie aus Erfolgen, wenn sie nachvollziehbar und feststellbar sind und dann reflektiert werden. Wichtig: Fehler im Berufshandeln nach diesem Konzept sind in der Regel nicht so schwerwiegend, als wenn die Sozialarbeiter nach dem einfachen Grundsatz von „trial and error" handelten und jeder immer wieder von vorne beginnen müßte. Dies gilt besonders, wenn man bedenkt, daß nach diesem Konzept eine gegenseitige Supervision und damit eine kollegial begleitete Praxis möglich ist.

In dieser Phase heißt es also: entweder wird die Arbeit bestätigt und ein neuer Prozeß führt weiter, oder es werden Ziele nicht erreicht und Fehler festgestellt, dann muß der Prozeß mit einer neuen Datensammlung und Zielformulierung von neuem beginnen (ab Schritt 2). Sonst wird der Prozeß ab Schritte 3 in einem neuen wiederholenden Verfahren fortgesetzt. Da sich Lebensumstände und institutionelle Bedingungen verändern, ist auch die Datenerhebung (Schritt 2) nach einem jeweils zu bestimmenden Zeitrahmen neu vorzunehmen.

Nach unserer eigenen Arbeit in der Praxis-Entwicklung mit Sozialarbeitern haben wir die Erfahrung gemacht, daß ein Selbstmanagement nach dem SAK möglich ist, wenn Praktiker gelernt haben, mit den zur Verfügung gestellten Arbeitshilfen umzugehen. Das bedeutet für uns: Innovationen in der Praxis laufen dann besser, wenn die Implementation von neuen Konzeptionen gleichzeitig mit organisiert wird. Die

Nachfrage von Sozialarbeitern nach Konzeptberatung und konkreten Arbeitshilfen ist derzeit sehr groß.

Diese große Resonanz und Akzeptanz des SAK bestärkt uns in der Hoffnung, daß die Professionalisierung gegenwärtig eine neue Stufe erreicht und daß die „Sprachlosigkeit" der Sozialarbeit zu schwinden beginnt.

Burkhart Müller [11] hat einen Beitrag zur Diskussion der Professionalisierung der Sozialpädagogik geleistet, indem er vor der Orientierung an der Medizin warnt. Wir haben diese Warnung auch, aber nicht nur auf die Psychologie und Pädagogik ausgeweitet, deren Bestrebungen, ihr spezielles Theorie- und Methodenverständnis der Sozialen Arbeit überstülpen, für diese nur schädlich sein kann. Die Zeiten, in denen dies noch mangels eigenständiger Theorien der Sozialen Arbeit möglich war, sind vorbei. Gemeinsam mit der wissenschaftlichen Pädagogik haben wir uns dagegen gewandt, Soziale Arbeit als Therapie zu verstehen. Nun ist es an der Zeit, auch die Vereinnahmungsversuche von Erziehungswissenschaftlern abzuwehren, die ihre Studiengänge, arbeitsmarktpolitisch konkurrent, gegenüber denen der Fachhochschulen zu verteidigen haben. Sowohl Thiersch [12] als auch Burkhart Müller vereinnahmen die Soziale Arbeit als Teil der Sozialpädagogik, die sie wiederum als Teil der Erziehungswissenschaft betrachten. Damit werden die Problemlagen der Klientel sozialer Arbeit zwar nicht mehr als von Psychologen zu behandelnde Krankheit oder Fehlentwicklung betrachtet, aber eben doch noch als Folge einer fehlgeschlagenen Erziehung oder nicht abgeschlossener Bildungs- und Reifungsprozesse, die eine Resozialisierung oder eine Art öffentlicher Ersatzerziehung erforderlich machen. Sicher hat es Soziale Arbeit auch mit dieser Problematik zu tun, sie beschränkt sich aber nicht darauf.

Kurzum: Sozialpädagogik und Soziale Arbeit sind eng miteinander verbunden, jedoch ist Sozialpädagogik immer nur ein Teil der Sozialen Arbeit, die nämlich auch alle direkten und indirekten sozialen und materiellen Unterstützungsleistungen umfassen muß, einschließlich des aktiven Netzwerks bis zum „social engineering". Als reflektierte Pragmatiker sehen wir auch auf diese Richtung nicht von oben herab, wenn sie wirklich zu einer Verbesserung der Lebenssituation der Klienten beiträgt.

B. Müller hat uns mit Blick auf das SAK vorgeworfen, wir würden mit der Forderung, Soziale Arbeit müsse wirkliche Verbesserungen der

Lage der Klienten erzielen und diese dabei in ihrer Menschenwürde achten usw., gleichzeitig jedoch die Komplexität gesellschaftlicher Situationen für die Praxis Sozialer Arbeit unter Erhaltung ihrer Struktur ausreichend reduzieren, um die Praktiker handlungsfähig zu machen. Damit würden wir lediglich die „klassische" Liste sozialpädagogischer Ethik und Methode reproduzieren, also keine neue Lösung anbieten. Eigentlich gar keine, wenn man es näher betrachtet, denn wir hätten nicht bedacht, daß das Strukturprinzip des ethisch gesteuerten Handelns dem des methodischen Handelns in den Niederungen der Alltagspraxis strukturell entgegenstünde.[13] Antwort:

— Das SAK ist ein neues Konzept. Jedenfalls lautet so die Rückmeldung aus der Praxis und von Fachkollegen, denn ein Management-Konzept für den gesamten Arbeitsbereich eines Sozialen Arbeiters, in dem das berufliche Handeln systematisiert, planbar und evaluierbar wird, lag bislang noch nicht vor.

— Es hat sich in der Praxis vieler Sozialarbeiter bewährt, kein Wunder, denn es ist mit Praktikern gemeinsam entwickelt worden und nicht nur ein Produkt wissenschaftlicher Phantasie.

— Es vermittelt zwischen der Ebene der Zielsetzung (Ethik sozialer Arbeit) über ein nachvollziehbares Verfahren (Rating Assessment) und der konkreten Nahzielplanung. Es handelt sich also keineswegs um ein „Herunterdeklinieren" allgemeiner ethischer Grundsätze, denn es gehen in die Nahzielformulierung Informationen aus den realen Handlungsbedingungen in die Zielkonkretisierungen mit ein.

— Idealvorstellungen der Gesellschaft und von Klienten nutzen wenig für das praktische Handeln. Vor dieser Erkenntnis stehen alle Wissenschaften und Berufe, die gegenüber der Gesellschaft verantwortlich handeln müssen. Sozialarbeiter haben hier keine Wahl. Sie müssen täglich praktische Entscheidungen treffen und unter Problemdruck handeln ohne die Muße, mit Distanz darüber nachdenken zu können. Und schließlich ist ein praktisches Handeln nur möglich aufgrund getroffener Entscheidungen in einer hochkomplexen sozialen Situation. Deshalb taugt ein Handlungskonzept nur dann etwas, wenn es hilft, Komplexität auf ihre Grundbestandteile zurückzuführen. Das SAK kann das leisten. Es taugt als Log-Buch für die Praxis der Sozialarbeiter sowie Kompaß und Sextant für tiefe und flache Gewässer, wenn dieses Bild aus der Seefahrt erlaubt ist.

Selbstmanagement und Arbeitstechnik

Nach weiteren Rückmeldungen von Sozialarbeitern, die mit dem vorgestellten fachlichen Selbstmanagement-Konzept gearbeitet haben,
sind wir mehr denn je überzeugt, mit diesem Rahmenkonzept für die
Organisation der eigenen Praxis unter fachlich methodischen
Gesichtspunkten eine praktisch brauchbare Arbeitshilfe entwickelt zu
haben. Wer jedoch erwartet hat, hier Techniken der Büroorganisation
zu erfahren, den mußten wir mit unserem Anspruch etwas enttäu-
schen. Unser Anliegen war aber auch ein anderes: wir wollten Hilfen
für die Selbstorganisation der Sozialarbeiter auf der Ebene ihrer praktischen Interaktionen mit und für Klienten bereitstellen. Damit wollten wir Selbstmanagement sowohl von der Ebene der esoterischen
Techniken (wie beim positiven Denken etc.) abgrenzen, als auch von
der rein technischen Fragestellung: wie organisiere ich mein Büro?
Soweit dies von der fachlichen Fragestellung abgelöst betrachtet wird,
so verweisen wir auf die Fachleute für Büroorganisation und -kommu-
nikation. Sie bieten ausreichende technische und methodische Hilfen
sowie Fortbildungen an, in denen z. B. die Moderation von Gruppen-
diskussionen oder die Arbeit mit der Metaplan-Technik erlernt werden kann. Wir halten diese kommunikationstechnischen Fertigkeiten
nicht nur für Manager aus der Wirtschaft, sondern auch für Sozialarbeiter für äußerst wichtig und würden daher allen Kollegen dazu
raten, an solchen Fortbildungen teilzunehmen, die für die Alltagspraxis hilfreicher sind als z. B. Fortbildungsveranstaltungen in therapeutischen Verfahren und ausgefeilten Psychotechniken.

Wir ersparen uns auch die Vorstellung von „Zeitplanern", also besseren Taschenkalendern, die sich ohnehin jeder nach dem eigenen
Geschmack auswählen wird.

Eine allerdings äußerst sinnvolle Arbeitstechnik zum Selbstmanagement wollen wir unseren Lesern jedoch nicht vorenthalten. Martin
Ochsner hat ein Verfahren vorgestellt, um den Umgang mit der Zeit
besser planen zu können.[14]

Nach unserem Einblick in die Arbeitsweise vieler Sozialarbeiter in
unterschiedlichen sozialen Diensten halten wir solche Arbeitshilfen
für unentbehrlich. Ochsner schlägt vor, daß sich jeder, wenn er an den
Arbeitsplatz kommt, vier Fragen stellt und sie beantwortet, bevor er
sich auf seine Arbeit stürzt. Er empfiehlt, sich diese Fragen auf einen
Zettel zu schreiben und sie vor jeder Aktivität zu lesen.

a) „Ist diese Arbeit nötig?"

Er vergleicht den arbeitswütigen Menschen mit einem hungrigen Tier. Das Tier beginnt zu fressen, sobald es zum Futterplatz kommt. Ochsner nennt dies das „Schweinetrogsyndrom". Man soll sich daher zunächst fragen:

„—Was soll das Resultat dieser Arbeit sein?

— Wer honoriert meine Leistung?

— Was passiert, wenn ich diese Arbeit nicht tue?"

b) „Muß ich diese Arbeit selbst tun?"

Ochsner führt an, daß viele Menschen – zu Recht oder Unrecht – glauben, daß sie etwas selbst tun müßten, damit es richtig getan würde. Solche Menschen bleiben Sachbearbeiter, Spezialisten oder geplagte Einzelkämpfer, die die Dinge richtig tun. Wenn sie die richtigen Dinge täten, wenn sie in die Delegation von Aufgaben und Kompetenzen Zeit investierten, hätten sie mehr Zeit für ihre eigentliche Arbeit. Der anfänglich höhere Aufwand zahlt sich später um so mehr aus.

c) „Muß ich diese Arbeit sofort tun?"

Kluge Zeitmanager erledigen das Wichtige vor dem Dringlichen.

Was dazu beiträgt, die eigenen Ziele oder die der Organisation zu erreichen, ist wichtig. Man kann vielleicht zum Dringenden nein sagen, ohne Schaden zu verursachen. Man schafft sich Zeitreserven und erlangt Gelassenheit, wenn man öfter das Wichtige vor dem Dringlichen tut.

d) „Tue ich diese Arbeit optimal?"

Wenn eine Arbeit nötig ist, wenn ich sie selbst und sofort tun muß, ist noch zu überprüfen, ob die eingesetzten Mittel und Methoden richtig sind. Zu fragen ist:

„Habe ich die richtigen Arbeitsmittel am Schreibtisch (Personal-Computer, Faxgerät, Telefon, Ablagefächer, Schubladen, Handbibliothek etc.)?

— Beherrsche ich diese Mittel – oder beherrschen sie mich?

— Habe ich das für mich passende Zeitplanbuch?

— Habe ich die für mich richtigen Arbeitsgewohnheiten und Automatismen?" (ebenda).

9. Rating Assessment (RA)

Assessment bedeutet „Einschätzung" und kommt in vielen modernen Methoden der Sozialarbeit vor (z. B. im „Case Management" und in der „Environment-Aktivierungs-Methode"). Im Gegensatz zum veralteten Sprachgebrauch, in dem von Anamnese und Diagnose die Rede ist, beurteilt hier nicht nur der Fachkollege allein die Problemlage der Klienten und bereitet eine unterstützende Intervention (in der alten Terminologie: „Therapie") vor. Assessment ist vielmehr ein gemeinsamer Prozeß zwischen Sozialarbeiter und Klient, in den beide Sichtweisen eingehen. Ein daran anschließender Unterstützungsplan muß schließlich die zu erbringenden Leistungen beider Kooperanten enthalten, die an den Stärken der Klienten ansetzen (Non-Problem-Approach). Rating bedeutet: in Beziehung setzen.

Das Rating Assessment ist eine von uns entwickelte Methode, bei der die auf die Berufspraxis bezogenen verinnerlichten Wertvorstellungen von Sozialarbeitern aufgedeckt und mit denen anderer Kollegen und schließlich auch mit den in einem professionellen Ethik-Code enthaltenen Menschenrechtsideen in Beziehung gesetzt werden. Dabei wird kein bestimmtes Ergebnis vorausgesetzt, sondern ein Verfahren zur kommunikativen Validierung und Abgleichung von professionellen Zielvorstellungen beschrieben. Es ist damit zugleich ein wissenschaftliches Forschungsinstrument und eine äußerst praktische Methode.

Das Ziel dieser Methode: Durch die Aufdeckung unterschwelliger Wertvorstellungen, die bei einer gemeinsamen Fallbeurteilung von Kollegen auf den Tisch kommen, ist eine gemeinsame Zielentwicklung in Arbeitsteams möglich. Auch für eine vernünftige, das heißt sozialarbeiterisch-fachbezogene Supervision ist das Rating Assessment einzusetzen. Darüber hinaus kann mit dem Rating Assessment auch die berufliche Praxis eingeschätzt werden, ob oder ob nicht und gegebenenfalls warum eine bestimmte Arbeit mit Klienten als gelungen oder nicht gelungen gelten kann. Sie kann also auch als ein Verfahren zur Beurteilung der Praxis eingesetzt werden.

Nach welchen Kriterien und nach welcher Methode können wir feststellen, wie eine Abfolge konkreter professioneller Handlungssituationen einzuschätzen ist? Was muß geschehen sein, welche Gütekriterien muß sie erfüllen, damit wir sie als gelungen einstufen können? Kollegen an Universitäten und an Fachhochschulen sehen sich nicht in der Lage, diese Frage zu beantworten. Einige versuchen dies zwar, aber immer noch bestimmen vielfältige Verkrustungen und schlichte Glaubenssätze die Diskussion, wie etwa: „Sozialarbeit ist nicht überprüfbar; sie wirkt unter staatlicher Aufgabenbestallung repressiv" oder hat sich mit den Armen und Elenden zu verbünden und daher ein „doppeltes Mandat",[1] und so weiter.

Wir plädieren deshalb für eine am reflektierten Pragmatismus, wie wir ihn von unseren niederländischen Kooperanten kennengelernt haben, ausgerichtete Sozialarbeitsforschung. Danach ist alles erlaubt und gut, was in einer konkreten Handlungssituation den Klienten *nachweislich* nutzt. Eventuelle Unvereinbarkeiten der aus bisheriger Forschung gewonnenen Erkenntnisse und Verfahren spielen eine zweitrangige Rolle. Es wird vielmehr genau beobachtet, welche Ergebnisse für die betroffenen Klienten erzielt werden. Ideologien und Purismen haben eine untergeordnete Bedeutung. Die Ergebnisse niederländischer Sozial- oder Drogenpolitik und die Vielzahl kreativer Projekte, die nachweislich die Lebenssituation der Betroffenen verbessert haben, sprechen dafür. Dieses pragmatische Vorgehen haben wir uns mit dem beschriebenen Selbstmanagement-Konzept (SAK) zueigen gemacht. Es ist ein Instrument zur Systematisierung und Reflexion, womit die hochkomplexen Handlungsvollzüge in der Sozialarbeit interpretier- und darstellbar werden.

Aus dieser Sicht ist Rating Assessment der Versuch, die nicht verknüpfbaren interdisziplinären Erklärungsstränge in aller Widersprüchlichkeit zu verbinden (linking function) und zu integrieren und damit einen Prozeß zu verdeutlichen, den Sozialarbeiter in ihrer Praxis ständig leisten müssen (ohne dafür in ihrer Ausbildung entsprechend angeleitet worden zu sein).

Rating Assessment ist:

— eine Methode zur Beurteilung von Praxissituationen in der Sozialarbeit als einer dokumentierbaren Form der gemeinsamen Bewertung,

— eine Methode zur Erforschung der Kriterien, die Praxis zu beurteilen; sie kann also auch zur Bewertung des Instruments eingesetzt werden, dann nämlich, wenn mehrere – voneinander unabhängige

Gruppen – dieselbe Praxissituation mit gleichen Argumenten in gleicher oder ähnlicher Weise einschätzen,

— das Rating Assessment kann auch ein Instrument zum Schärfen der Beobachtungs- und Beurteilungskompetenzen in vielschichtigen Praxissituationen sein.

Bevor wir den Prozeß des Rating Assessment beschreiben, präzisieren wir unsere Hypothese und erläutern dabei einige Überlegungen im voraus. Unsere Hypothese lautet:

Das berufliche Handeln von Sozialarbeitern und dessen Ergebnisse sind intersubjektiv und übereinstimmend einschätzbar. Mit anderen Worten: es besteht bei unterschiedlich ausgebildeten Sozialarbeitern ein großes Maß an übereinstimmenden Kriterien für die Beurteilung der Praxis Sozialer Arbeit. Dies bedeutet auch, daß Praktikern möglich ist, was viele Theoretiker für unmöglich halten: einen Konsens unter Kollegen darüber herzustellen, was eine gelungene Praxis ist und was nicht, und vor allem auch warum.

Wir kommen hier zur Beschreibung des Verfahrens:

Im Rahmen von Fortbildungsveranstaltungen mit Sozialarbeitern (mit längerer Berufserfahrung in unterschiedlichsten Arbeitsbereichen) haben wir dieses Verfahren entwickelt und erprobt.

Hauptgegenstand war das von uns entwickelte Selbstreflexive Arbeitskonzept, in dem die zeitbezogene Zielplanung samt Etappen-Teilzielen eine wichtige Aufgabe darstellt. Denn nicht nur die Aufstellung und Operationalisierung von Zielen ist für Praktiker schwierig. Erschwert wird die Beurteilung, ob das Handeln zu einem befriedigenden Ergebnis geführt hat oder nicht, und welche weiteren Umstände am Erfolg oder Mißerfolg beteiligt waren. Im Blickpunkt stand jedoch die Frage: Wie beurteilen die an der Fortbildung beteiligten Praktiker Erfolg und Mißerfolg? Kann ein Konsens gebildet werden?

Nach unseren neueren Forschungen ist das Rating Assessment (RA) eine Voraussetzung für Assessment-Prozesse, wie sie in den weiterentwickelten Methoden Sozialer Arbeit enthalten sind. So einfach die Kategorien und Instrumente des „Person-In-Environment" (PIE, siehe Kapitel 10) in ihrer Anwendung auch erscheinen, es muß vorher ein gemeinsamer Prozeß der Verständigung der Praktiker auf gemeinsame Beurteilungskriterien stattgefunden haben.

Rating Assessment in der Praxis

Im folgenden beschreiben wir die erste Erprobung des RA, der seitdem viele weitere gefolgt sind.[2]

a) Die Sozialarbeiter

Die Praktiker-Gruppe bestand aus 16 Sozialarbeitern aus dem Rhein-Main-Gebiet. Die Hälfte von ihnen hatte das Studium an der Fachhochschule Frankfurt absolviert. Die anderen hatten zum Teil in Hessen und in anderen Bundesländern studiert. Sie hatten ihren Beruf zwischen drei und zehn Jahre ausgeübt. Es waren neun Frauen und sieben Männer. Durchschnittsalter: 32 Jahre.

b) Das Arrangement

Erster Arbeitsschritt

Die Praktiker erhielten Kopien einer Praxisbeschreibung aus der Familienhilfe. Der Text [3] handelt von einer von ihrem Mann getrennt lebenden Frau mit drei Kindern. Sie hat Ärger mit dem Jugendamt, ist als berufstätige Frau (Kellnerin) mit Beruf, Haushalt und Kindererziehung und der beengten Wohnsituation überfordert. Hinzu kommt, daß das Jugendamt vom Unterhaltsgeld, das der Vater eine Zeit gezahlt hatte, Geldforderungen an sie geltend macht für die vorausgegangene Heimunterbringung eines Sohnes, dessen Sorgerecht den Eltern entzogen worden war, nachdem der Vater – noch in der Familie – den Sohn mißhandelt hatte. Der Junge ist wieder bei seiner Mutter. Die Vormundschaft für ihre Kinder ist dem Kinderschutzbund übertragen worden. Die völlig überforderte Frau, deren Wohnung auch noch gekündigt ist, schlägt manchmal die Kinder, wenn sie sich nicht weiter zu helfen weiß. In diese Situation kommt als ehrenamtlicher Vormund und Familienhelfer ein Mitglied des Kinderschutzbundes und interveniert zugunsten der Familie. Die Intervention besteht aus unterstützenden Gesprächen und der Vermittlung materieller Hilfen hinsichtlich der Forderungen des Jugendamts und der Wohnsituation. Der Familie gelingt es, sich aus ihrer Misere zu befreien. Der Familienhelfer hatte daran Anteil.

Das Beispiel ist in mehrfacher Hinsicht für das Rating Assessment geeignet:

— der Familienhelfer tritt sehr behutsam in die Familie ein

— er stellt sich gut auf die Deutungsweisen und Problemsichten der Frau und ihrer Kinder ein

— er relativiert seine eigenen (Mittelschichts-)Normen (Kinder schlagen ist immer zu verurteilen) und versucht zu verstehen, warum die Mutter gelegentlich schlägt

— er lernt, daß der fälschlicherweise als „Königsweg" der Sozialpädagogik angesehene methodische Approach des Beratens (und gar noch des methodisch geführten „Gesprächs") keinen Erfolg bringt, also: statt zu predigen lieber „mit Rat und Tat" zur Seite stehen

— neben der „psycho-sozialen" Arbeit leistet er lebensweltlich orientierte Hilfe, in der auch konkrete materielle Unterstützungsleistungen ein wesentlicher Bestandteil sind

Diese Momente an der Fallbeschreibung halten wir für professionell im Sinne der „Neuen Fachlichkeit". Wir haben unterstellt, daß auch die Praktiker solche Merkmale an der Falldarstellung für „gelungen" einschätzen würden. Gleichzeitig sind darin Punkte enthalten, die man auch als unprofessionell ansehen könnte:

— Unprofessionell ist zunächst, daß der ehrenamtliche Familienhelfer seine eigene Tochter mit in die Familie nahm, daß er also Privates und (Quasi-)Berufliches nicht deutlich getrennt hat. Das Mitbringen von eigenen Kindern in die Arbeit mit Familien kann nicht zum methodischen Rüstzeug der Arbeit gehören, besonders kann davon nicht Erfolg oder Mißerfolg der Intervention abhängen.

— Mit der teilweisen Übernahme einer (Quasi-)Familienvaterfunktion hat er die notwendige professionelle Distanz unterschritten. In einer professionellen Beziehung ist die Einhaltung und die Reflektion möglicher Folgen des Nähe-Distanz-Verhältnisses besonders wichtig.

— Sein Beitrag zur glücklichen Wendung der Lage und die Grenzen seines Wirkens hätten besser verdeutlicht und überprüft werden müssen.

— Besonders ärgerlich ist die Darstellung, daß der als Familienhelfer ehrenamtlich Handelnde die Mitarbeiter des Jugendamts, also die hauptamtlichen Sozialarbeiter, ohne Angabe nachvollziehbarer Gründe und Handlungsumstände als bürokratische Eingriffsverwalter darstellt, so als würden oder müßten sie immer so handeln. Herausgestellt wird der einfühlsame Ehrenamtliche und Laie, der mit gesundem Menschenverstand die richtige Hilfe leistet. Wir müssen zudem berücksichtigen, daß bei Gefahr für das Kind das Jugendamt auch gegen die Eltern handeln muß und deshalb nicht immer eine gute Grundlage für die Zusammenarbeit mit den Eltern gelegt werden kann. Es kann immer sinnvoll sein, daß eine andere Einrichtung die Familienhilfe übernimmt. Dies muß jedoch nicht zwangsläufig ein ehrenamtlicher Helfer sein, dies kann vermutlich ein gut ausgebildeter „Case Manager" regelmäßig besser, zumal er noch besser über das institutionelle Hilfesystem und das soziale Netzwerk Bescheid weiß, mit dem Verbindungen hergestellt werden müssen. Das Ausspielen der hehren „Ehrenamtlichkeit" gegenüber der schnöden „Amtssozialarbeit" ist ärgerlich und falsch.

Zweiter Arbeitsschritt

Wir haben das Fallbeispiel unkommentiert übergeben und die Praktiker aufgefordert, es gründlich – jeder für sich – durchzulesen. Anschließend sollten sie auf bis zu drei roten Karteikarten notieren, was sie und warum sie etwas an der dargestellten Sozialen Arbeit für gelungen und auf drei gelben Karteikarten, was sie für nicht gelungen hielten.

Dritter Arbeitsschritt

Das methodische Arrangement sah vor, daß die Karteikarten nach der Bearbeitung an eine Informationswand geheftet wurden, so daß sich jeder in einem weiteren Bearbeitungsgang informieren konnte, was die anderen von dem Fall hielten und welche Argumente sie benutzen. Die hierbei eingesetzte Technik heißt Metaplan, eine Weiterentwicklung der in der sozialen Gruppenarbeit entwickelten „Flanelltuch-Technik".[4]

Vierter Arbeitsschritt

Nach diesem Arbeitsschritt bildeten wir vier Kleingruppen, in denen die Autoren ihre Karteikarten, die sie wieder von der Informationswand entfernt hatten, erläutern konnten. Hierbei konnten auch vertiefte Begründungen für die eigenen Stellungnahmen gegeben werden. Diese Kleingruppensitzungen wurden von je einem Berichterstatter protokolliert.

Fünfter Arbeitsschritt

In einer anschließenden Diskussion im großen Kreis wurden alle Argumente für die Beurteilung: „gelungene Praxis" und für die Beurteilung: „eher nicht gelungene Praxis" dargestellt und abgewogen. Das Ergebnis war ein Katalog mit einem großen Deckungsbereich in der Interpretation des Fallbeispiels und einem Randbereich, bei dem die Meinungen – zum Teil erheblich – voneinander abwichen. Es wurde bei allen Beurteilungen gefragt, auf welche konzeptionellen Grundlagen und zum Teil ethischen Gesichtspunkte sich die beteiligten Praktiker bezogen. Nebenbei bemerkt: Für die Klärung von gemeinsamen Bewertungskriterien in Teamsitzungen (z. B. im Rahmen der Arbeit mit dem SAK) schlagen wir vor, daß ein supervisierender Moderator zunächst daran geht, den gemeinsamen Bestand an Beurteilungskriterien herauszuarbeiten und zu sichern. In weiteren Arbeitsschritten müssen dann die strittigen Punkte geklärt werden, um entweder zu gemeinsamen Einschätzungen zu kommen oder zur Feststellung weiterbestehender Unterschiede. Auf dieser Grundlage kann nun ein tragfähiger Kompromiß für die gemeinsame Arbeit erarbeitet werden. Sollten dabei weiterhin unvereinbare Grundeinstellungen verbleiben, muß die Frage nach der Arbeitsfähigkeit einer Belegschaft gestellt werden. Diese Situation tritt jedoch nur dann ein, wenn die Organisation völlig am Boden liegt. Es kann auch vorkommen, daß nicht so sehr der inhaltliche Dissens, sondern persönliche Schwierigkeiten im Umgang miteinander die Zusammenarbeit prägen, dann sind diese zu klären. Grundlegender Dissens oder Schwierigkeiten einzelner sind vermutlich nur im äußersten und sehr seltenen Fall durch Trennung zu lösen.

c) Ergebnisse

Die Praxis des Familienhelfers in unserem Beispiel wurde von der Mehrheit der Teilnehmer überwiegend als „gelungen" bezeichnet, gleichwohl es auch eine Reihe von Momenten gab, die fast mehrheitlich als „nicht gelungen" eingeschätzt wurden. Wir stellen im folgenden die Beurteilungen dar, die konsensfähig waren. Zwei Beurteilungen, die sich als nicht konsensfähig erwiesen und nur von einer Sozialarbeiterin gegen die Mehrheitsmeinung abgegeben wurden, sollen im Anschluß wiedergegeben werden. Wir haben die Äußerungen der Sozialarbeiter – ohne sie zu interpretieren – sinngemäß zusammengefaßt. Sie werden im folgenden nach der Häufigkeit ihrer Nennungen aufgeführt.

9 Praktiker befürworteten es, daß der Familienhelfer die sich von seinen Wert- und Erziehungsvorstellungen stark unterscheidenden Ansichten und Praktiken der Frau (Ohrfeigen in Streßsituationen) zunächst einmal hinnahm und nicht versucht hat, sie ihr auszureden. Er versuchte sie aus der Lebenslage der Frau heraus zu verstehen.

5 mal wurde als „gelungen" angesehen, daß die Selbsthilfefähigkeit der Frau gestärkt wurde, ihr die Eigenverantwortung nicht abgenommen sowie die Hilfeleistungen nicht auf Dauer, sondern mit der deutlichen Absicht der baldmöglichen Beendigung angeboten wurden.

5 mal wurde hervorgehoben, daß die Hilfe nicht nur durch Worte geleistet wurde, sondern eine Reihe praktischer Unterstützungsleistungen (Hilfe bei der Lehrstellensuche für den Sohn, bei der Scheidung und der Wohnungssuche) einschlossen.

4 Voten begrüßten die Berücksichtigung struktureller Bedingungen und des sozialen Umfeldes.

3 Praktiker bezeichneten das methodische Vorgehen des Familienhelfers sowie den Umstand, daß er den Erfolg seiner Arbeit daran messen wollte, daß es den Kindern und der Mutter anschließend besser ging als vorher, als gelungen.

2 Voten erkannten den einfühlsamen Zugang zur Familie und die gelungene Herstellung einer Arbeitsbeziehung an.

Neben diesen positiven Bewertungen gab es auch Momente im Fallbeispiel, die von der Mehrheit der Praktiker als nicht gelungen angesehen wurden.

10 Praktiker lehnten die unklare, oder wie einige schrieben, unprofessionelle Rolle des Familienhelfers ab. Als Familienhelfer und Vormund könne er nicht gleichzeitig die Rolle des „Freundes" oder „Vaters" einnehmen. Völlig unverständlich war, warum er auch noch seine Tochter mit in die Familie nahm.

9 Praktiker hielten es für unzureichend, daß er nur über so wenig institutionelle Hilfsangebote und – so wurde unterstellt – auch nicht über ausreichende Kenntnisse darüber verfügte (z. B. Sozialhilfeberatung, Bereitstellung von wirtschaftlichen und persönlichen Entlastungen, Tagesmutter, Hausaufgabenhilfe, Familien- und Haushaltshilfe).

Ein Votum fand, der Familienhelfer hätte doch zuviel „missioniert".

Eine Praktikantin kritisierte hingegen, daß er die Gewalt in der Familie akzeptiert hätte, daß er auf die Probleme der einzelnen Familienmitglieder (Kinder) nicht einging und die Mutter nicht zur (Wieder-) Aufnahme der Therapie gedrängt hätte.

Die letzten beiden Voten stehen im Gegensatz zur Mehrheitsmeinung. Die Kritik an zuviel „Missionstätigkeit" bezieht sich zwar auf eine unterschiedliche Einschätzung des Handelns des Familienhelfers, beruft sich jedoch auf das mehrheitlich akzeptierte Kriterium, daß Soziale Arbeit nicht „missionierend" auftreten solle, und die lebensweltbezogenen Werte und Normen der Klienten, auch wenn sie denen der Sozialarbeiter entgegenstehen, zunächst einmal aus ihrer Lebenslage heraus verstanden werden müssen. Dies heißt nicht, die Wertvorstellungen der Klienten zu befürworten, sie aber als Ausdruck von Belastungen zu begreifen, die es zunächst zu beseitigen gilt, bevor die Klienten sich ändern können. Dieser Zugang schließt ein, daß die Klienten auch dann ernst genommen werden, wenn ihre Haltungen und ihr Verhalten von dem Sozialarbeiter nicht gebilligt werden. Außerdem berücksichtigt diese Haltung, daß es schichtgebundene Normen und Verhaltensweisen gibt, von denen aus beispielsweise Schläge als physische Gewalt oder auch Liebesentzug als psychische Gewalt in ihren Auswirkungen anders bewertet werden.

Während eine Einigungsmöglichkeit bei allen anderen Praktikern einfach möglich zu sein scheint, ist dies zwischen der Mehrheit und der entschiedenen Gewaltgegnerin nicht so leicht möglich. Sie vertritt als einzige nicht nur hier eine entgegengesetzte Meinung. Sie drängt vielmehr auf erneute Therapie (die bislang so wenig brachte) und will individualisierte Einzelhilfe leisten, wie sie es ausdrückte: tagsüber kommen, wenn die Mutter arbeitet, um mit einzelnen Kindern zu arbeiten. Überhaupt kein Gewicht mißt sie der Beseitigung von Streßfaktoren bei, die nach der Schilderung des Autors für den Selbsthilfeprozeß gut waren, worauf aber diese Sozialarbeiterin keinen großen Wert legt.

Diese (wie wir sagen) „Psychozentrierung" der Praktikerin stimmt mit der derzeitigen „Mainstream Sozialarbeit" in den USA überein. Auch bei uns wird häufig die Auffassung vertreten, daß Sozialarbeit als eine Art sozialer Therapie oder psychosozialer Arbeit beschrieben werden kann. Das in den USA gebräuchliche Diagnose-Instrument ist das „Diagnostic and Statistical Menue III R", das aus der Psychiatrie stammt und einen von daher bestimmten Blickwinkel hat. Demgegenüber hat die National Association of Social Workers der USA das Konzept „Person-In-Environment" (PIE) ins Spiel gebracht, das mit dem Anspruch vertreten wird, ein echt sozialarbeiterisches Instrumentarium zu sein.

Wir wollen den oben behandelten Fall mit beiden Instrumenten untersuchen, um die Unterschiede in der Betrachtung darzustellen und das eigenständige Berufsbild Sozialer Arbeit zu umreißen.

Im Anschluß kommen wir zu den Antworten, welches Profil eine gelungene Praxis Sozialer Arbeit nach Meinung der Praktiker haben sollte und welches Professionalitätsprofil dem entspricht.

Praktische Anmerkung:

Wenn wir Konzepte und Methoden vorstellen, die es ermöglichen, die Praxis Sozialer Arbeit zu planen, zu gliedern und nach wissenschaftlichen Kriterien auszuwerten, so haben wir immer auch das Verhältnis von Arbeitsaufwand und -kosten (Input) zum Ergebnis (Output) im Blickfeld. Unter dem Gesichtspunkt von Management in der Sozialen Arbeit ist die Kosten-Nutzen-Relation stets zu berücksichtigen. Das RA ist ein Verfahren, das einen zeitlichen Rahmen von einem halben Tag beansprucht, also den üblichen Rahmen einer Team-Sitzung.

Folgende Zeitplanung hat sich bei unseren diversen Erprobungen des RA als sinnvoll herausgestellt:

1. Vorstellung und Erläuterung des Verfahrens mit Gelegenheit für Rückfragen   15 Min.
2. Lektüre des „Falles" und das Ausfüllen der Karteikarten, je nach Fall   45–60 Min.
3. Anheften an die Metaplan-Wand und Lektüre aller Karteikarten mit Kaffeepause   30 Min.
4. Arbeit in Kleingruppen (3–5 Teilnehmer), bei kleinen Teams bis zu 6 Mitarbeiter gemeinsam, Diskussion und Darstellung auf Wandzeitungen   45 Min.
5. Darstellung und Diskussion der Ergebnisse, Erklärung der Ziele der Mitarbeiter, Bezugnahme zum Etik-Code   60 Min.
6. Konsequenzen und Arbeitsziele formulieren für die weitere Zusammenarbeit   30 Min.
7. Abschließende Bewertung der gemeinsamen Arbeit durch die Mitarbeiter und Moderatoren   30 Min.

Der Arbeitsvorgang könnte also nach vier Stunden abgeschlossen sein. Der Aufwand lohnt sich, denn es werden hierbei wichtige

Grundlagen für die Zusammenarbeit in der Einrichtung gelegt sowie Maßstäbe für die spätere Überprüfung eigener Praxis entwickelt. Keinesfalls sollte hierbei der Effekt für die Herausbildung einer Corporate Identity vergessen werden, wodurch die Arbeitszufriedenheit und damit die Bindung qualifizierter Mitarbeiter an die Einrichtung und die gemeinsame Arbeit erhöht wird. Mitarbeiter sozialer Dienste sollten sich auch in den Kommunikationstechniken der Erwachsenenbildung qualifizieren. Dazu gehören auch diverse Moderationstechniken und -hilfen, wie sie mit verschiedenen Moderatorenkoffern angeboten werden.

10. Sozialräumliche Assessmentkonzepte

Schon im vorigen Kapitel haben wir den Begriff des „Assessment" eingeführt. Mancher Leser wird sich fragen, was Assessment, die sozialarbeiterisch professionelle Methode, die die frühere „Anamnese" abgelöst hat, in einem Band über Management in sozialen Organisationen zu suchen hat. Schließlich handelt es sich nicht um ein Methodenhandbuch.

Dieses Buch wendet sich in erster Linie an Praktiker mit einer gewissen Innovationsbereitschaft, die sich auch neuen Gedanken öffnen und die bereit sind, ihre eigene Praxis zu überdenken und gegebenenfalls zu verändern. Argumente, wie: „Das kennen wir doch alles, das machen wir schon" oder „das geht bei uns nicht, weil die Arbeitsbedingungen es nicht zulassen", sind bekannt. Sie dienen meist der Abwehr, denn sieht man näher hin, so stellt man fest, daß dort keineswegs nach neuen Konzepten und Methoden gearbeitet wird, oft sogar die Grundeinschätzung über das Berufsfeld Sozialer Arbeit nicht geteilt, sondern psychozentriert gearbeitet wird. Im zweiten Fall stellen wir oft fest, daß noch kein ernsthafter Versuch unternommen wurde, die Rahmenbedingungen zu verändern oder wenigstens mit Vorgesetzten oder Trägervertretern über mögliche Veränderungen zu sprechen. Diese Praktiker wurden lange genug mit ihren vielfältigen Alltagsproblemen alleingelassen, so daß es höchste Zeit ist, professionelle Hilfen zur Bewältigung der Alltagspraxis bereitzustellen.

Wir richten uns mit unserem Buch auch an Leitungskräfte auf allen Ebenen, die für die Weiterentwicklung der Einrichtung oder des Trägers ausreichende Kenntnisse von den Problemen der Alltagspraxis und den methodischen Möglichkeiten moderner professioneller Sozialarbeit haben müssen. Sie sollen für eine innovative Praxis aufgeschlossen werden. Wir haben in unserer eigenen Tätigkeit als Praxisentwicklungshelfer erfahren, wie Sozialarbeiter bei folgerichtiger Arbeit nach dem Selbstreflexiven Arbeitskonzept (SAK) an die Grenzen der Organisation stoßen und Mitarbeiter und Vorgesetzte auch aus anderen Berufen von der Notwendigkeit einer Organisationsentwicklung (OE) der ganzen Einrichtung überzeugen müssen. Die eigene Fachlichkeit und die der anderen Mitarbeiter muß schließlich zur Geltung kommen (zur OE siehe Kapitel 13).

Ein wichtiges und neues Argument wollen wir hinzufügen: Wie sollen Management-Maßnahmen (Controlling, Personalentwicklung, Qualitätsmanagement etc.) sinnvoll geplant und umgesetzt werden, wenn die eigentliche Praxis der Dienstleistungen überhaupt nicht thematisiert wird, will sagen: die Analyse der zu bearbeitenden Problemlagen und die Konzepte und Methoden ihrer Bearbeitung? Wir haben bereits an einigen Stellen auf die Gefahren inhaltsblinden „Managementismus" hingewiesen und diese Überlegungen mit Beispielen belegt. Mit „Managementismus" bezeichnen wir ein Verhalten, bei dem Management zum inhaltsleeren Schlagwort wird oder bei dem ohne nachzudenken Management-Methoden und Regelungen aus der Wirtschaft in die sozialen Dienste übertragen werden.

Die Analyse und Einschätzung (Assessment) sind die wichtigsten Grundlagen für sachgemäßes Handeln in der Sozialen Arbeit. Die hierbei gewonnenen Kenntnisse über die Lebens- und Problemlagen, in die Klienten verwickelt sind, sind die Grundlage für alle weiteren Bemühungen. Sie bilden den Hintergrund für die Konkretisierung der gewünschten und im beruflichen Handeln zu erreichenden Zustände. Die in die Analyse, Einschätzung und in das planvolle methodische Handeln eingeflossenen personellen, zeitlichen und sachlichen Mittel sind der Input, die erreichten Ziele des Handelns, gemessen an den Voraussetzungen und Möglichkeiten, sind der Output eines Arbeitsprozesses. Um eine Kosten-Nutzen-Analyse durchzuführen, muß man diese Handlungsabläufe genau kennen. Organisationsberatung und Consulting-Agenturen brauchen diese Kenntnisse, wenn sie sinnvolle Arbeit leisten sollen.

Die Domäne Sozialer Arbeit

Wie die meisten Professionen hat auch die Soziale Arbeit ihre eigene Domäne. Die Domäne ist als sozialer Bereich zu betrachten, in dem eine Berufsgruppe überwiegend tätig ist, in der sie mit bestimmten, umgrenzbaren Problemen und Aufgaben beschäftigt ist, die sie mit ihr eigenen Arbeitsweisen bearbeitet. Für diesen Typus von Problemen wurden ihre Mitglieder eigens ausgebildet. Sie haben in ihrer Praxis, in Aus- und Weiterbildung besondere Fähigkeiten erworben, die sie für diese Arbeit besonders geeignet machen. Auch wenn Teilbereiche von anderen Berufen oder von Laien ausgeführt werden können, so haben die Angehörigen einer Profession in ihrem Feld eine Gesamtkompetenz, die von anderen nicht zu erwarten ist. Diese Kompetenz ist im doppelten Sinn vorhanden: zum einen hinsichtlich von Können und Kenntnissen, zum anderen im Sinn von Zuständigkeit. Letztere bedeutet, daß die Gesellschaft ihnen und damit auch anderen Berufen, mit denen die Angehörigen des Berufes in ihrem Feld zusammenarbeiten, eine spezifische Problemlösungskompetenz zusprechen und Problemlösungen erwarten.

Die Domäne der Sozialen Arbeit und ihre Professionalität sind sicher noch vielfach umstritten. Die neuere Diskussion und die Praxisforschung haben jedoch hinreichend nachgewiesen, daß es ein solches Berufsfeld auch für die Soziale Arbeit gibt.

Unsere These: Das Denk- und Handlungsmuster der Sozialen Arbeit ist ein sozialräumliches. Ihre Domäne ist der Überschneidungs- und Konfliktbereich zwischen dem Individuum oder einer kleinen primären (z. B. Familie) oder sekundären (z. B. Peer-Group) Gruppe und seinem sozialen Umfeld, den Menschen und Strukturen des sozialen Raumes, in dem sich gesellschaftliche Lebensgrundlagen niederschlagen. Klienten Sozialer Arbeit befinden sich in dort angesiedelten Problemlagen, Konflikten und Krisen, aus denen sie ohne Hilfe in der Regel nicht herauskommen, obwohl sie immer auch eigene Stärken haben, die ihnen ein besseres (Über-)Leben ermöglichen würden. Äußere und innere Hindernisse versperren ihnen jedoch den Weg zur Selbsthilfe. Wir behaupten: keine andere Profession ist mit diesem Auftrag und mit den dazu erforderlichen Handlungskompetenzen ausgestattet.

Beispiel 1: Ärzte, Psychologen und Psychotherapeuten konzentrieren ihre Bemühungen auf die Einzelpersönlichkeit oder eine Gruppe. Trotz einiger Bestrebungen, das soziale Umfeld miteinzubeziehen, beschränken sie sich auf die Behandlung des Individuums. Auch in Beratungssituationen sollen einzelne und Gruppen befähigt werden, mit ihrer Umwelt zurechtzukommen. Die Umwelt selbst wird nicht maßgeblich beeinflußt. Dafür fehlen Auftrag, Kompetenzen und das notwendige methodische Handwerkszeug.

Beispiel 2: Lehrer und Pädagogen setzen ebenfalls beim Individuum oder bei Gruppen an. Hier geht es um das Lehren und Lernen, also um Bildung im engeren und weiteren Sinne. Der Einfluß auf Lebensräume ist ihnen versagt.

Beispiel 3: Soziologen, Städteplaner etc. setzen an den gesellschaftlichen Strukturen und Lebensbedingungen an. Mit einzelnen arbeiten sie nur, soweit sie diese für ihre Aufgaben brauchen. Sie mögen für die allgemeine Absicherung der Lebensbedingungen arbeiten, für die Unterstützung in Einzelfällen sind sie nicht zuständig und auch nicht ausgebildet.

Beispiel 4: Auch Pfarrer betreiben zunehmend Sozialarbeit. Diese ist aber nicht ihr vornehmliches berufliches Anliegen. Auch sind sie ohne Zusatzausbildung oder ein Studium der Sozialarbeit weder legitimiert (staatliche Anerkennung) noch befähigt, professionelle Sozialarbeit zu leisten. Dies um so stärker, als die meisten Geistlichen die Psyche des Hilfesuchenden in den Mittelpunkt ihrer Bemühungen stellen.

Die Tatsache, daß gute Seelsorger, Allgemeinmediziner und Lehrer die engen Grenzen ihres Berufs überschreiten und in der sozialen Sphäre arbeiten, widerlegt nicht die These, daß die Soziale Arbeit ihre eigene Domäne besetzt hat und dort „Chef im Ring" ist. Dies gilt auch in der empfindlichen Zusammenarbeit mit Laienhelfern und selbstorganisierten Gruppen, die ebenfalls in der Sozialen Arbeit tätig sind. Für den Überschneidungsbereich von Individuum und sozialem Umfeld sind Sozialarbeiter beauftragt und zuständig. Hier liegt die Domäne der Sozialen Arbeit.

Skizze nach Hesser:

Domaine of Social Work

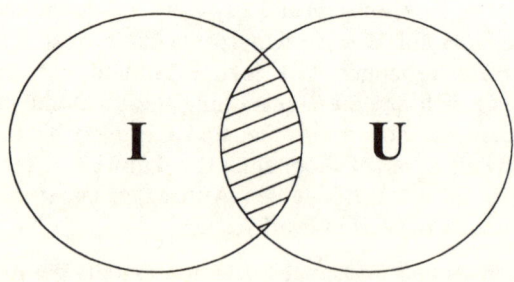

I = Individuum   **U** = Umwelt, Sozialer Raum

Wir haben die Domäne der Sozialen Arbeit zu einem Forschungsgegenstand gemacht. Unsere Vermutung war, daß man die Domäne der Sozialen Arbeit besonders in Arbeitsfeldern und Einrichtungen gut herausfiltern kann, in denen Sozialarbeiter mit Vertretern benachbarter Berufe zusammenarbeiten. Benachbarte Berufe sind die gerade angesprochenen Berufe, die sich ebenfalls mit dem Menschen befassen.

Ein Beispiel aus der Sozialarbeitsforschung:

Als wir in der bereits beschriebenen Praxisentwicklung (siehe Kapitel 8) auf organisatorische Grenzen stießen und eine „Organisationsstudie" zur Vorbereitung einer Organisationsentwicklung durchführten, galt es den Arbeitsschwerpunkt in Abgrenzung zu denen anderer Mitarbeiter aus unterschiedlichen Berufen zu untersuchen. Dies geschah im Rahmen der Untersuchung zur Hilfeleistung im Sozialpädriatischen Dienst (SPD) zur Früherkennung und Behandlung von Behinderungen bei Kindern. Diese Einrichtung erschien uns besonders geeignet für eine Domänen-Untersuchung, weil hier neben den Sozialarbeitern, Ärzten, Psychologen, Heilpädagogen, Ergotherapeuten, Krankengymnasten und Logopäden sowie Verwaltungsmitarbeiter interdisziplinär zusammenarbeiteten. In diesem Zusammenhang fanden wir bei allen Mitarbeitern der unterschiedlichen Professionen nicht nur allgemeine Vorstellungen darüber, was Sozialarbeiter praktisch tun, sondern ganz konkrete aus eigener Anschauung in der Zusammenarbeit mit Sozialarbeitern gewonnene Erfahrungen und Einsichten in deren Arbeit.

Sieben wichtige Mitarbeiter aus allen Berufsgruppen, die besondere Funktionen in der Einrichtung innehatten, wurden mit sogenannten narrativen Intensiv-Interviews befragt. Dazu gehörten: eine leitende Ärztin, eine Psychologin, der Sozialmanager, ein Sozialarbeiter, die geschäftsführende Vorsitzende des Trägervereins, eine Logopädin und eine Heilpädagogin. Alle anderen wurden an einem sogenannten Survey-Feedbackverfahren beteiligt: hierbei handelt es sich um eine schriftliche Befragung, deren Ergebnisse in relativ kurzer Abfolge den Befragten zurückgemeldet werden. Die anschließende Gruppendiskussion wurde protokolliert und später ausgewertet. Die Methode des narrativen Intensiv-Interviews wird noch gesondert – im Rahmen der Soziotop-Analyse – dargestellt.

Auf den ersten Blick fiel an den Ergebnissen dieser Untersuchung auf, daß sich Fremd- und Selbstbild von der Sozialen Arbeit in der

Einrichtung im Kernbereich Sozialer Arbeit nicht unterschieden. Dies ließ zumindest auf eine enge Zusammenarbeit zwischen den Mitarbeitern anderer Berufe und den Sozialarbeitern schließen.

Welche Arbeitsbereiche und Tätigkeiten wurden nun in Übereinstimmung seitens der Sozialarbeiter und der Mitarbeiter der anderen Professionen als die der Sozialen Arbeit bezeichnet?

a) Die Sozialarbeiter wurden von den Kollegen als fachkundige Berater angesehen, wenn es um Fragen des Sozialhilfe-, des Kinder- und Jugendhilfe-, des Familien- und des Wohnungsrechts, um Sozialversicherung und um alle Einrichtungen und Zuständigkeiten der Jugendhilfe, der Sozial-, Arbeits- und Wohnungsverwaltung ging. Hierbei dienten die Sozialarbeiter übereinstimmend als Informations- und Hilfsquelle sowohl für die Mitarbeiter als auch für Klienten (Familien der Kinder).

b) Sozialarbeiter haben in dieser Einrichtung die Aufgabe, die Verbindung zu anderen Einrichtungen und Trägern sowie den dort zuständigen Mitarbeitern (oft auch Sozialarbeiter) zu halten und fallbezogen mit ihnen zusammenzuarbeiten.

c) Sozialarbeiter haben die Aufgabe, Klienten mit den Einrichtungen des Unterstützungssystems zusammenzubringen und die Klienten zu befähigen, zunehmend auch selbständig mit diesen umzugehen (Teil konkretisierter Hilfe zur Selbsthilfe).

d) Durch Einblicke in die Lebenswelt der Klienten-Familien wird eine alltagsnahe Unterstützung und Stabilisierung der betroffenen Familien in deren Netzwerken erzielt.

e) Es wird eine alltagsweltliche Beratung gefördert.

f) Wichtig ist die Unterstützung und Hilfe im täglichen Leben (mit Anleitung zur Selbsthilfe).

Diese Arbeitsbereiche sind in der untersuchten Einrichtung den Sozialarbeitern vorbehalten. Kein Mitarbeiter einer anderen Profession hat für diese Tätigkeiten den Auftrag (und damit verbunden: die Zeit). Niemand sonst ist für diesen Bereich ausgebildet und kompetent. Innerhalb der von uns untersuchten Einrichtung sind es diese Tätigkeitsbereiche, die die engere Zuständigkeit der Sozialarbeit und damit deren Domäne ausmachen. Wir sind überzeugt, daß es sich bei diesen Aufgabenbereichen um die wesentlichen in der Sozialarbeit handelt und daß sie sich auch in den weitaus meisten Arbeitsplätzen von Sozialarbeitern finden lassen. Unsere weiteren Forschungsbemühungen werden neben der Entwicklung und Erprobung innovativer Konzepte und Methoden Sozialer Arbeit dahin gehen, die Domäne Sozialer Arbeit auch in anderen Arbeitssituationen sichtbar zu machen, um unsere eingangs formulierte Hypothese von der „Domaine of Social Work"[1] zu überprüfen und nach Möglichkeit zu stützen.

Die Persotop-Analyse (PERSOA)

PERSOA ist die Abkürzung für „Personenorientierte Soziotop-Analyse". Sie stellt ein sozialräumliches Assessmentverfahren dar, das wir in berufspraktischen Zusammenhängen für die Soziale Arbeit entwickelt haben. Es enthält neben sozialräumlichen Elementen der im Anhang enthaltenen Berufsfeldanalyse vor allem eine für die Praxis Sozialer Arbeit angepaßte und angemessen vereinfachte Form des sozialbiographischen (narrativen) Interviews, wie es von Schütze und Südmersen für die sozioethnologische und Biographie-Forschung entwickelt wurde. Wir haben diese Anpassung und Vereinfachung des komplizierten und aufwendigen Forschungs-Verfahrens in einer Weise vorgenommen, daß sowohl die Handhabung durch Sozialarbeiter in ihrer Alltagspraxis möglich ist als auch die Überprüfung des Verfahrens unter wissenschaftlichen Kriterien. Input und Output müssen auch hier ins Verhältnis gesetzt werden. Wir bezweifeln, ob dies bei den genannten Forschungsverfahren für den anspruchsvolleren wissenschaftlichen Zweck gewährleistet ist. Denn allzu ausgefeilte Interpretationen ohne deren Überprüfung mit anders gewonnenen Daten erscheinen uns in hohem Maße spekulativ.[2]

Der Wissenschaftsbetrieb unterliegt derzeit noch keinem Zwang zur Verhältnismäßigkeit der Mittel im Sinne einer Kosten-Nutzen-Analyse. Dies geschieht aber – jenseits allen Sozialmanagements – bereits durch die Sozialarbeiter vor Ort. Diese weisen alle Verfahren zurück, deren Aufwand in keinem vernünftigen Verhältnis zum Nutzen steht. Wir glauben diesen Bedenken der Praktiker Rechnung getragen zu haben, denn wir haben die vereinfachte Form des Sozialbiographischen Interviews mit vielen Studenten erprobt. Wir verwenden es auch, um angehenden Sozialarbeitern bewußt zu machen, wie sich in ihrem Lebenslauf Ereignisketten ergeben haben, die ihre Entscheidung für das Studium und den Beruf entscheidend mitbestimmt haben.

Die PERSOA setzt sich aus drei Elementen zusammen:

a) das modifizierte Sozialbiographische Interview,

b) die Soziotopbestimmung, d. h. die Bestimmung des sozialen Raumes, der Nische, in der Klienten sich jeweils eingerichtet haben und

c) die Perspektiventwicklung der Klienten: welche Möglichkeiten ergeben sich ihnen in der Zukunft?

Bei allen drei Schritten geht es darum, nicht nur die Problemsituation des Klienten zu erkennen, sondern vor allem auch ihre Stärken zu entdecken, an denen ein Unterstützungsprozeß, zum Beispiel nach dem Case Management, ansetzen kann.

Bereiche der PERSOA

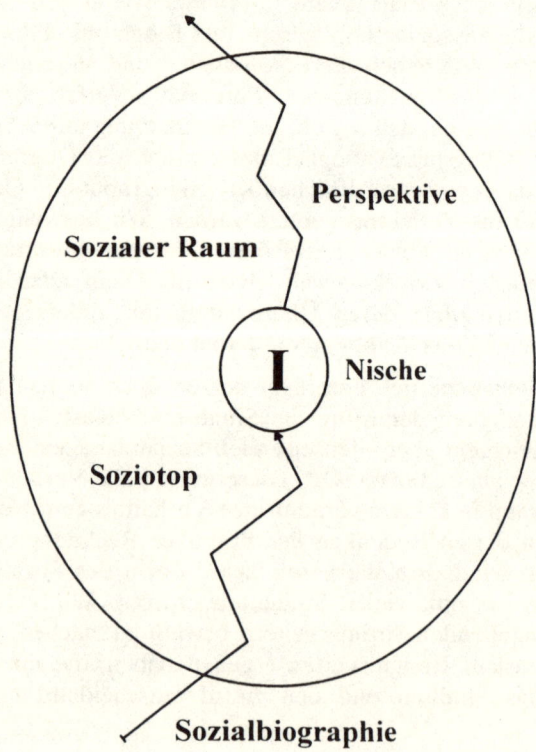

Zunächst aber zur Methode des „Sozialbiographischen Interviews".

Das Sozialbiographische Interview geht von der inzwischen vielfach nachgewiesenen Annahme aus, daß es im Leben eines jeden – vor allem – erwachsenen Menschen Ereignisketten gibt, die zu wichtigen Weichenstellungen führen, die sein Leben und seine späteren (Über-) Lebensstrategien und -möglichkeiten erheblich beeinflussen, ja sogar bestimmen.

„Negative Ereignisverkettungen (Arbeitslos-, Alkoholiker-, Psychiatrischer-Patient-Werden) sind nicht jenseits des Umstandes begreifbar, daß sie die Identität des Biographieträgers (gemeint ist der Befragte) zentral angreifen und gerade unter dem Aspekt des persönlichen Schicksals wirksam werden. Vieles, manchmal alles, hängt davon ab, wie der Biographieträger die negative Ereignisverkettung erfährt und wie er sie theoretisch verarbeitet".[3]

Wenn jemand zum Klienten der Sozialen Arbeit geworden ist, sind diese negativen Ereignisverkettungen wirksam geworden, sonst würde er nicht um Hilfe nachsuchen. Wir gehen im Gegensatz zu Schütze davon aus, daß auch positive Ereignisverkettungen auftreten, die Menschen in ihrem persönlichen Schicksal positiv beeinflussen. Beide Arten von Ereignisverkettungen können, je nach Verarbeitung, individuelle Schwächen und Stärken fördern. Dies erklärt, warum Problemlagen nicht bei allen Menschen zur Hilfsbedürftigkeit führen. Für unser sozialarbeiterisches Methodenverständnis ist diese Tatsache aber auch insofern wichtig, als wir neben den erdrückenden Lebensumständen, Sichtweisen und Verhaltensmustern bei Klienten auch die Stärken herausfinden müssen, um darauf unsere Sozialarbeit aufzubauen.

Solche Ereignisverkettungen im Leben von Klienten (oder bei unseren Untersuchungen zur Studien- und Berufswahlmotivation von Studierenden der Sozialarbeit/Sozialpädagogik) sind mit der Methode des narrativen Interviews gut aufzudecken.

Das Sozialbiographische Interview als Forschungsmethode

Das Sozialbiographische Interview ist eine qualitative Forschungsmethode der Sozialforschung. Sie hat ausgehend von der Soziologie und der Sozio-Ethnologie auch die Erziehungswissenschaft und die Sozialarbeitsforschung erreicht. Gegenüber quantitativen Forschungsmethoden wie der Survey- (oder Umfrage-)Forschung, die schnell zu verallgemeinerbaren Ergebnissen führen können und den Gesamtüberblick über eine Bevölkerungsgruppe oder eine gesellschaftliche Problematik liefern, können qualitative Methoden, wie die teilnehmende Beobachtung und das Tiefeninterview, genauere Einblicke in einzelne Geschehnisse und deren interne Strukturen und Gesetzesmäßigkeiten liefern. Diese genaueren Einzelstudien sind für Sozialarbeitsforscher und auch für Praktiker spannender, weil sie Einblicke in lebensweltliche Situationen und Problemlagen liefern. Jedenfalls erscheint uns die Kosten-Nutzen-Analyse gegen besonders aufwendige Forschungsentwürfe zu sprechen, die oft nur das bestätigen, was man bereits zu Beginn der Forschung wußte (erkenntnisleitendes Interesse). Dennoch sprechen die Bewilligungen von Forschungsprojekten für das Motto: Je aufwendiger und teurer, desto wissenschaftlicher. Dabei zeigen unsere Erfahrungen mit Lehrforschung und forschendem Lernen, daß Sozialarbeitsforschung mit Studenten als Forschern sowie die aktive Einbeziehung der untersuchten Sozialarbeiter-Gruppe nach dem Beispiel der Handlungsforschung[4] zu sehr brauchbaren und wertvollen Ergebnissen führen kann.

Wie sieht die Sozialbiographische Methode aus? Wir wollen sie zunächst nur für die Forschung umreißen und danach unsere pragmatische Vereinfachung für den Gebrauch als Assessment-Instrument vorstellen.

Biographieforschung arbeitet mit der qualitativen Methode des narrativen Interviews oder auch Erzähl-Interviews, d. h. der Interviewte erhält einen Erzählanreiz (Stimulus), der relativ allgemein gehalten ist und erzählt dann, ohne unterbrochen zu werden, wie es ihm im Leben ergangen ist. Die Reaktionen des Interviewers sind als Weiter-Erzählaufforderungen völlig neutral zu halten, z. B. „hm". Erst wenn der Redefluß versiegt, dürfen immanente Nachfragen gestellt werden, die dem besseren Verständnis des Gesagten dienen, nach dem Motto: „Sie sagten eben . . . . ., können Sie das bitte noch einmal erläutern, ich habe das nicht verstanden?" Nach dieser Phase sind auch begrenzt exmanente Nachfragen erlaubt, wenn der Interviewer noch bestimmte Sachen ausgeführt haben will.

Das Interview soll in einer freundlichen Atmosphäre und Umgebung stattfinden, etwa bei Kaffee und Kuchen, wie auch sonst bei alltagsweltlichen Gesprächssituationen. Allerdings muß dabei ein Cassetten-Recorder laufen, um das Gespräch zu dokumentieren. Der Probant muß dafür sein Einverständnis geben.

Anschließend wird das Interview von der Cassette nach bestimmten Regeln transskribiert: es wird wortgetreu abgeschrieben. Außerdem müssen die Redesequenzen deutlich erkennbar sein. Redesequenzen sind zunächst einmal Sätze oder Satzteile, die in einem Atemzug gesprochen werden. Die Zeilennummerierung ist für die spätere Auswertung wichtig.

Es folgt ein Textbeispiel von Südmersen.[5]

Beispiel Nr. 1 (aus Umzugsgeschichten Nr. 50)

E = Erzählerin; I+F = Interviewer

21   *E:* jedenfalls fanden wir aber keine andere Wohnung und, sind dann hierher zogn, 'nd das war für mich

22   deprimierend, von vorne bis hintn hab erstmal

23   *F:*   hn   hmm

24   geheult an dem Tach,

25   *F:*   hmm

26   *E:*   t näm, das lag wahrscheinlich auch an dem Grund, än die vieln Leutchen, die man

27/28   hier sah, die ähn, n bi ich ganz ehrlich, die machtn ers also auf mich ein'n ganz schrecklichen Eindruck.

29   *F:*   Hn

30   *E:*   Warum

31   kann ich Ihn au nich direkt sagn, aber viele warn unfreundlich, konntn nich

Die Auswertung erfolgt in den Schritten:[6]

a) Transskription
b) Sequenzierung
c) Sequenzanalyse
d) Erstellen von Memos
e) Bildung theoretischer Kategorien

Wer sich speziell für die Forschung interessiert, der sollte bei den genannten Autoren nachlesen, wie sich diese Forschungsschritte vollziehen. Uns hingegen erscheint dieses Verfahren für die Handhabung durch Praktiker viel zu aufwendig. Wir haben es unter Beibehaltung der Möglichkeit wissenschaftlicher Überprüfung für unsere Zwecke vereinfacht.

Die Sozialbiographie-Analyse als Assessment-Instrument für die Soziale Arbeit

(Erster Arbeitsschritt der PERSOA)

Wir erinnern an die o. g. Funktion dieses Teils der PERSOA: Für unsere gemeinsame (d. h. mit den Klienten) Einschätzung der Problemlage und ihrer Bearbeitungsmöglichkeiten brauchen wir Informationen darüber, welche Ereignisverkettungen im Leben der Klienten zur gegenwärtigen Situation geführt haben. Die Entwicklungsbedingungen der Problemlage aus der Sicht der Klienten ist hier wichtig: die Individualgeschichte.

Unsere für den praktischen Assessment-Gebrauch bearbeitete Form der Methode des sozialbiographischen Interviews setzt die gleiche freundliche Gesprächssituation wie bei der oben beschriebenen Forschungsmethode voraus. Nach einem noch recht allgemeinen Erstgespräch, bei der ein Ökogramm (siehe Anhang) angefangen wird, in dem die ersten Informationen über die Problemlage und Nische festgehalten werden (wichtig für den Schritt 2 der PERSOA), wäre ein Sozialbiographisches Interview zu verabreden. Klienten sollten über den technischen Ablauf des narrativen Interviews informiert werden und ihre Zustimmung zur Aufzeichnung des Interviews mit dem Cassetten-Recorder geben. Das narrative Interview sollte ohne Störung von außen durchgeführt werden. Den Interviewten sollte die Methode erklärt werden, daß sie zunächst ohne Unterbrechung durch den Sozialarbeiter aus ihrem Leben erzählen und die „Gesprächssituation" daher etwas einseitig sein wird.

Nun zum Erzählanreiz (Stimulus). Wir können hier keine unabwandelbare Standard-Formulierung geben. In vielen Fällen hat sich jedoch folgender Anreiz als brauchbar erwiesen:

„Wenn Sie an Ihr bisheriges Leben denken, können Sie mir dann bitte erzählen, welche Umstände und Personen (oder einfach „was", je nach Bildungsstand des Befragten) für Sie persönlich bestimmend (oder „wichtig") waren und Ihre heutige Situation beeinflußt haben?"

Auch für das Sozialbiographie-Interview im Rahmen der PERSOA gelten in der Erhebungssituation die allgemeinen Regeln des narrativen Interviews. Nachfragen sind erst nachdem eine längere Pause im Erzählfluß eingetreten ist zu stellen. Dieses Interview geht von der inzwischen bestätigen Hypothese aus, daß die Interviewten zunächst die für sie wichtigsten Ereignisse aus ihrem Leben erzählen. Sie gelten als die „Experten ihrer selbst".

Die Transskription kann nach einer fachlichen Einweisung von einer Schreibkraft durchgeführt werden. Bei einer durchschnittlichen Interviewdauer von 35 Minuten ergibt dies eine Transskription von etwa acht Schreibmaschinenseiten in der locker geschriebenen Form wie im Beispiel oben (d. h. auch mit breitem Rand und Zeilennummerierung). Sollte keine Schreibkraft zur Verfügung stehen, müßte diese Arbeit von den Sozialarbeitern selbst erledigt werden (4–5 Stunden, mit mehr Übung etwa 3 Stunden).

Die Auswertung kann nun nach unseren vereinfachten Regeln erfolgen. Beim ersten Durchlesen können Sprechfolgen (Sequenzen) festgestellt werden. Gleichzeitig kann eine „Glossierung" erfolgen, d. h. man schreibt Kürzel und Worte für die Themen der Sequenzen an den linken Rand. Dabei wird man feststellen, daß sich Themen wiederholen, man wird einen roten Faden erkennen und feststellen, worauf die Klienten besonderen Wert legen. Wichtig ist hierbei, daß man sich bei bestimmten Stellen auch die Cassettenaufzeichnung anhört. Dieser Arbeitsschritt dauert durchschnittlich eine Stunde. Gleichzeitig wird man feststellen, welche Gewichtung die verschiedenen Passagen für die Erzählenden haben. Deutlich wird hierbei auch, daß das Interview Passagen enthält, die für die Gesamteinschätzung von geringerer Bedeutung sind, zum Beispiel die bloße Aufzählung von Handlungen. Mit einiger Übung wird man sie schnell auswerten können.

Die wichtigen Passagen des Interviews werden nun in einem weiteren Arbeitsgang möglichst textnah mit eigenen Worten zusammengefaßt. In eckigen Klammern – also deutlich von der Beschreibung abgesetzt – werden eigene Gedanken, Auffälligkeiten, mögliche Zusammenhänge notiert, die für die spätere Auswertung wichtig sind. Man sollte beachten, daß es sich dabei nur um Annahmen handelt, die erst durch weitere Informationen oder durch ein Rückmelde-Gespräch mit den Klienten kommunikativ bewertet werden können. Mit einiger Übung kann diese Auswertungsstufe, die die Sequenzanalyse und die Memorierung zusammenfaßt, in zwei Stunden bewerkstelligt werden, da bereits nach dem vorherigen Schritt eine Konzentration auf die wichtigsten Passagen erfolgen kann.

Mit einer reinen Auswertungsarbeit von drei Stunden (ohne Transskription) haben wir ein verhältnismäßig abgesichertes Verfahren, dessen Ergebnisse (wie bei kaum einem anderen) von Kollegen diskutiert und nachvollzogen werden können, da hier Text-Dokumente vorliegen. Es wird sehr deutlich, welche Geschichte der einzelne Klient mitbringt, wo Schwächen, aber auch Stärken liegen, an denen ein Case Management ansetzen kann. Der anfangs relativ hohe Aufwand wird durch die fachlich abgesicherte Sozialbiographie-Analyse gerechtfertigt.

Die Untersuchung der Nische des Individuums im Soziotop

(Zweiter Arbeitsschritt der PERSOA)

Bereits im Abschnitt über die Domäne Sozialer Arbeit war eine Grundannahme genannt worden, die für das Handeln der Sozialarbeiter von zentraler Bedeutung ist:

Die Individuen haben sich in einer Nische in dieser Gesellschaft eingerichtet, in der sie mehr oder weniger gut (über-)leben. Diese Nische wird bestimmt durch die in ihrer Sozialbiographie erworbenen Handlungskompetenzen, durch gesamtgesellschaftliche politische, ökonomische und soziale Bedingungen (Makro-Ebene), durch geographische, kulturelle und soziale Gegebenheiten auf Landes-, kommunaler und Ortsteilebene (Meso-Ebene) und durch Personen, Strukturen und Bedingungen ihres Lebens im sozialen Raum (Mikro-Ebene).

In der eigenen Person, in der Familie und dem weiteren sozialen Netzwerk sind sozialbiographisch entstandene Handlungskompetenzen, Schwächen und Stärken vorhanden. Diese Stärken können entsprechend dem zur Verfügung gestellten oder selbst geschaffenen Handlungsspielraum genutzt und angewandt werden. Diesen Handlungsspielraum gilt es zu entdecken und auszuweiten. Denn schließen sich die Grenzen des Handlungsspielraums enger um das Individuum, so wird es perspektiv- und handlungsunfähig. Psychische Fehlleistungen und Erkrankungen wären die Folge. Die Aufgabe der Sozialarbeit ist es also, den Klienten zu ermöglichen, ihren persönlichen Handlungsspielraum und den ihrer Nächsten zu erhalten und zu erweitern sowie in diesem Sinne „Hilfe zur Selbsthilfe" zu leisten, die an größtmöglicher Selbständigkeit orientiert ist.

Die Untersuchung des persönlichen Soziotops der Klienten beginnt mit dem Erstgespräch, wird mit dem Sozialbiographischen Interview fortgesetzt, das auch Informationen zur gegenwärtigen Lebenssituation der Klienten liefert, und kann durch weitere Gespräche (z. B. Feed-Back der Sozialbiographie-Analyse), Hausbesuche und weitere

Aktivitäten im Rahmen des Case Managements ergänzt werden. Als Untersuchungskategorien verweisen wir auf die in I/6 und II/1,2,3 enthaltenen Merkposten in der Berufsfeldanalyse (BFA), (siehe Anhang).

Die Soziotop-Analyse muß nicht sofort zu Beginn der Arbeit mit einem Klienten vollständig durchgeführt werden. Dies würde in der alltäglichen Praxis einen zu hohen Aufwand bedeuten. Wenn wir jedoch das Selbstmanagement-Konzept (SAK) und darin eingebettet Case Management (CM) betreiben, so werden wir immer nur vorläufige Handlungshypothesen aufstellen, die erst im Verlauf der Arbeit präzisiert, manchmal korrigiert werden müssen, weil wir im Laufe der Arbeit immer weitere und genauere Informationen zur Problem- und Lebenslage der Klienten erhalten. Insofern müssen eingangs, um ein erstes Assessment zu machen, noch nicht sämtliche möglichen Informationen verarbeitet worden sein.

Soziotop-Analysen werden dann einfacher, wenn wir über die BFA bereits eine Reihe von Informationen über gemeinsame soziale Lebensräume erhalten haben, zum Beispiel über den Stadtteil, Schulen, die die Kinder besuchen, Wohnbedingungen in bestimmten Häusern, Arbeitsstätten etc.

Herausfinden der Stärken (Wünsche, Hoffnungen, Möglichkeiten) der Klienten

(Dritter Arbeitsschritt der PERSOA)

Die Perspektiven der Klienten, die zur Ausweitung des Handlungsspielraums in ihrem Soziotop führen, werden bereits bei den zwei vorangegangenen Schritten der PERSOA mit erhoben. Aus analytischen Gründen und weil wir das Verfahren klar strukturieren müssen, werden diese für den weiteren Handlungs- und Unterstützungsplan wichtigen Informationen gesondert dokumentiert.

Einige sehr effiziente neue und eigenständig sozialarbeiterische Methoden der Familienhilfe, wie zum Beispiel das „Home-Building", haben hierfür eine eigene Methodik entwickelt. Das „Home-Building"[7] können wir in diesem Rahmen nur kurz beschreiben. Wir werden diese in den USA entwickelte Krisenmanagement-Methode jedoch gemeinsam mit der „Produktgroep Methodiekontwikkeling – Hogeschool van Amsterdam" und der „Socialhögskolan – Universität Stockholm" an europäische Verhältnisse anpassen und an drei Standorten (Amsterdam, Stockholm und Frankfurt am Main) in der Praxis verwirklichen und auswerten.

Das „Home-Building" ist eine Intensiv-Intervention von Sozialarbeitern in Familien, in denen Kinder grob vernachlässigt oder mißhandelt wurden und die Entscheidung ansteht, ob die Kinder fremdplaziert werden müssen. Solange die Eltern, oft Alleinerziehende, überhaupt noch Interesse an ihren Kindern haben, geht ein Sozialarbeiter für durchschnittlich sechs Wochen in die Familie (ein Sozialarbeiter für zwei Familien). Die Erfolgsquote, daß die Familiensituation stabilisiert wird und die Eltern und Kinder eine Chance bekommen, beträgt 80 %. Die Familienintervention ist alltagsweltlich und sehr direkt. So müssen bei drogenabhängigen Eltern teilweise Grundfähigkeiten der Nahrungsaufnahme, der Mahlzeitenzubereitung und der Körperpflege vermittelt werden. Die Hilfe der Sozialarbeiter muß von den Familien akzeptiert werden oder das Kind wird herausgenommen. Sie ist keinesfalls nur „non-direktiv" und schließt ganz konkrete Unterstützung im Alltag ein (Haushaltspläne erstellen, Essen kochen, Erziehungskonzepte entwickeln und umsetzen sowie dringende Reparaturen und Renovierungsarbeiten in gemeinsamer Arbeit mit den Klienten durchführen usw.).

Wir wenden uns wieder der Frage zu, wie Sozialarbeiter die Wünsche, Hoffnungen und Ziele der Klienten erfahren können, gerade wenn, wie in der Regel bei dieser Klientel, die sprachlichen Ausdrucksmöglichkeiten bescheiden sind und psychische Barrieren sie am freien Reden hindern. Die Sozialarbeiter arbeiten hier mit je nach Bildungsstand der Klienten unterschiedlich gegenständlich-abstrakten Kartensätzen, auf denen pro Karte jeweils nur ein Begriff aufgedruckt ist. Die Klienten sollen nun die Karten ansehen und daraus einige heraussuchen, die sie in der Reihenfolge nach dem Gesichtspunkt der Dringlichkeit und Vorrangigkeit ordnen. Wird beispielsweise die Karte „Wohnung" vorne plaziert, gefolgt von „Geld", „Alkohol" und „Schläge", so kann der Sozialarbeiter nachfragen. Man erfährt, daß die alleinerziehende Mutter (23) mit zwei Kindern (4 Jahre und 5 Monate) von zwei Vätern (die in der Familie keine erkennbare Rolle spielen), wegen Mietschulden Angst um ihre Wohnung hat. Da die Väter keinen Unterhalt für ihre Kinder zahlen, lebt sie teilweise von der Sozialhilfe und „jobbt" oft als Kellnerin in einer Nachtbar. Sie hat ständig Geldsorgen und ist von Haushalt und Beruf überfordert. Sie fühlt sich um ihr Leben betrogen und haßt ihre Kinder manchmal, obwohl sie sie auch wieder sehr liebt. Wenn ihre Kinder nicht wären, so sagt sie dem Sozialarbeiter, würde sie nicht weiter leben wollen. Trotzdem vernachlässigt sie die Kinder, indem sie sie zu oft sich selbst überläßt und für sie auch nicht regelmäßig kocht.

Mit Hilfe dieser Karten und des Gesprächs darüber kann der Sozialarbeiter nun einen Handlungs- und Verpflichtungsplan erstellen, dabei die Stärken der Mutter und ihrer Kinder herausstellen, indem er mit der Mutter überlegt, wie die vorrangigen Ziele und Hoffnungen der Frau, die mit ihren Kindern zusammenbleiben will, Schritt für Schritt verwirklicht werden können. Der Einsatz solcher Hilfsmittel stärkt die Ausdrucksfähigkeit von Klienten der Unterschicht, die bekanntlich das Gros der Klientel Sozialer Arbeit ausmachen.

Die PERSOA in einer Kosten-Nutzen-Relation

Die PERSOA benötigt eine gewisse Einarbeitungszeit und Routine, damit der benötigte Zeitaufwand in ein zu rechtfertigendes Verhältnis gerät. Auch danach ist die Sozialbiographie-Analyse mit einigem Arbeitsaufwand verbunden. Das Erstellen der Transkriptionen sollte nach Möglichkeit im Schreibbüro erledigt werden. Effiziente Sozialarbeit braucht solche Einrichtungen, die auch aus Kostengründen zu rechtfertigen sind. Die Arbeitskraft von Sozialarbeitern ist schließlich viel teurer als die von Schreibkräften! Bereits bei drei Sozialarbeitern lohnt sich die Einstellung einer Schreibkraft.

Wir gehen davon aus, daß erst nach einem „Intake", also der Aufnahme eines Klienten, entschieden wird, ob ein intensiverer Einsatz der Sozialarbeiter erforderlich ist. Nur in solchen Fällen, in denen mit einer mittleren Zeitspanne gearbeitet werden muß, wird man eine PERSOA durchführen. Dies sind im Laufe eines Monats nur wenige Fälle. Nur der erste Schritt der PERSOA ist aufwendig. Die anderen Schritte der PERSOA benötigen keinen besonderen Arbeitsaufwand, denn die Dokumentation von Informationen über Klienten, mit denen man intensiver zusammenarbeitet, ist in jedem Fall erforderlich. Nicht nur aus datenschutzrechtlichen Gründen sollten solche Aufzeichnungen vertraulich behandelt werden.

Die Vorteile der Arbeit mit der PERSOA liegen auf der Hand: mit ihr besitzt die Soziale Arbeit eines der wenigen nachprüfbaren Assessment-Verfahren. Praktiker, die damit arbeiten, können ihre Entscheidungen mit nachweisbaren Tatsachen und nachprüfbar begründen. Durchaus vergleichbar mit Diagnosebefunden bei Medizinern, können die Untersuchungsbefunde mit Klienten und Kollegen diskutiert und abgesichert werden. Insofern stellt ein sachgerecht durchgeführtes Assessment einen wichtigen Schritt zur Professionalisierung der Sozialen Arbeit dar, weil es einer Überprüfung im wissenschaftlichen Sinne standhält. Wer annimmt, daß in den benachbarten Berufen der Psychologie, der Psychotherapie oder der Medizin in jedem Falle mit „härteren" Daten gearbeitet wird, der ist dem Image dieser Berufe aufgesessen, das sie allerdings erfolgreich nach außen vermitteln.

„Person In Environment" (PIE) – eine neue Sprache für die Soziale Arbeit und ein Klassifikationsmodell für soziale Falleinschätzung

„Person In Environment" (PIE) ist ein von der „National Association of Social Workers" entwickeltes und geprüftes Klassifikationsschema zur Untersuchung sozialer Problemlagen als Assessment-Instrument für Praktiker und für die Sozialarbeitsforschung. Wir können das Instrument im Rahmen dieses Bandes nur kurz vorstellen, denn es würde mit seinen ausführlichen Anleitungen und Begründungen zu viel Raum einnehmen. Wir verweisen auf eine spätere Veröffentlichung, in der wir das PIE übersetzen und für unsere deutschen Verhältnisse adaptieren. In Amsterdam werden bereits Sozialarbeiter von unseren Kollegen an der „Hogeschool van Amsterdam" mit dem PIE ausgebildet. Das PIE [8] ist jedoch mehr als ein Assessment-Instrument. Es ist der Versuch, für die Soziale Arbeit eine eigene Sprache und Begrifflichkeit zu entwickeln, damit sie nicht länger von den Nachbardisziplinen Medizin und Psychologie abhängig bleibt.

Wir knüpfen kurz an die am Anfang des Kapitels dargestellte Diskussion über die Domäne Sozialer Arbeit an, in der wir feststellten, daß die Soziale Arbeit eigenständige Arbeitsbereiche mit spezifischen Problemlagen (zwischen Individuum und Gesellschaft) und eigenständigen Methoden aufweist, die die Komplexität sozialer Prozesse auch außerhalb des Individuums in seinem sozialen Lebensraum (Soziotop) angemessen berücksichtigen. Bislang ist die von ihren Nebendisziplinen beherrschte Sozialarbeit voller fremder Begriffe. Wollen Sozialarbeiter mit anderen über ihre Arbeit reden, so benutzen sie die Sprache und Begrifflichkeit anderer Disziplinen mit fremden, in der Regel den Problemlagen nicht angemessenen, d. h. zu engen theoretischen Hintergründen. Solche Begriffe, wie „Therapie" oder „Diagnose", „Behandlung" oder „Psycho-Soziale Arbeit" für beinahe alle Arbeits-

bereiche, verraten ihre Herkunft. Selbst bei dem eigenständig sozialarbeiterischen Konzept „Home Building" werden die Sozialarbeiter
„Therapeuten" genannt. Für alle Hilfeleistungen für Klienten, die an
deren sozial bedingter Lebenslage und nicht an einer Krankheit ansetzen, ist „Therapie" der falsche Begriff. Auch dann nicht, wenn diese
als „Sozialtherapie" oder „systemische Therapie" bezeichnet wird.
„Therapie" heißt nach wie vor: Heilung von einer Krankheit. Die
Arbeit des Sozialarbeiters als „Therapie" zu bezeichnen, ist Unfug!

Dies war auch das Motiv der amerikanischen Sozialarbeiter, das PIE
zu entwickeln. Generationen von Sozialarbeitern wurden mit von der
Psychiatrie entwickelten Klassifikationsschemata ausgebildet, die
zuletzt 1982 von der „American Orthopsychiatric Association" in
Form eines Handbuchs für die „psycho-soziale" Arbeit überarbeitet
wurden (DSM III – R: „Diagnostical and Statistical Manual of Mental
Disorders"). Dieses Handbuch ist für den Gebrauch innerhalb der
Psychiatrie durchaus sehr wichtig und nützlich. Das DSM III–R ist
jedoch auch das Klassifizierungssystem, das von Sozialarbeitern angewandt werden soll und benutzt wird. Es wurde ihnen bislang in Fortbildungen vermittelt; sie lernten durch die Brille der Psychiatrie
soziale Problemlagen sehen und beurteilen. Das Hauptaugenmerk
richtete sich dabei zuallererst auf psychische Störungen und psychische Krankheit und zog soziale Belastungen und die Lebensbedingungen der Klienten erst danach zur Beurteilung heran. Es handelt sich
um ein krankheitsorientiertes Instrumentarium, das weder die „Nor-
malität" der Klienten berücksichtigt, wie es das Konzept der Neuen
Fachlichkeit gebietet und die angemessene Berücksichtigung der
gesellschaftlichen Verursachungszusammenhänge der Problemlagen
der Klienten fordert, noch den sozial-räumlichen Gegebenheiten, wie
in der Domaine-Diskussion, Rechnung trägt. Sozialarbeiter bei Fortbildungen in den USA wollten nicht mehr nur durch die Brille einer
anderen Wissenschaft sehen und beurteilen. Sozialarbeiter sehen
soziale Problemlagen doch aus einem ganz anderen, eigenen Winkel.
Worauf sehen sie zuerst, wenn sie „Fälle" beurteilen?

Das PIE geht von dem Begriff des „social wellbeing" (deutsch: soziales Wohlergehen im Unterschied zu physischem und psychischem
Wohlergehen) aus. Das PIE erfaßt in erster Linie soziale Rollenpro-
bleme, zum Beispiel Familien-Rollen, andere interpersonale Rollen,
Rollen im Beschäftigungssystem, Rollen in besonderen Lebenssitua-
tionen.

Danach werden alle Merkmale der Lebenslage und der sozio-ökonomischen Problemlage erfaßt, wie: ökonomische und Grundbedürfnisse, Ausbildungsmerkmale, Justiz- und Strafvollzug, Gesundheits-, Sicherheits- und soziale Dienste, freiwillige Zusammenschlüsse (Vereine), Unterstützungssystem in Nachbarschaft und sozialem Netzwerk. Der wichtige Hintergrund hierbei: nicht nur Schwächen zu sehen, sondern auch die Stärken und Unterstützungsmöglichkeiten beim Klienten und seinem sozialen Umfeld miteinzubeziehen.

Die dritte Ebene trifft dann die psychische Befindlichkeit und Faktor vier die Gesundheit der Klienten. Liegen Anzeichen für Schwierigkeiten in diesem Bereich vor, wird eine Zusammenarbeit mit anderen Berufen (Ärzten, Psychologen, Therapeuten) angestrebt.

Mit dem PIE-System können Sozialarbeiter in einfachen Erhebungsschritten die soziale Lebenslage von Klienten erfassen und aufzeichnen und sich darüber mit Kollegen und Angehörigen anderer Berufe fachlich verständigen. Das PIE ist also ein sozialarbeiterisches Klassifikationsschema für soziale Lebenslagen, ist gleichzeitig eine neue Fachsprache und damit auch ein Stück auf dem Wege zur Theoriebildung. Für die weitere Entwicklung eines eigenständigen Berufsbildes der Sozialen Arbeit ist das PIE von zentraler Bedeutung. Wir haben festgestellt, daß eine Verknüpfung der neueren sozial-räumlichen Methoden, zum Beispiel des Case Managements, des Home-Buildings und der Milieuarbeit [9] erfolgen muß, damit nicht genuin sozialarbeiterische Methoden und Konzepte wieder mit der alten Begrifflichkeit und Problembeschreibung arbeiten. So wird im Home-Building völlig falsch von Therapie gesprochen. Sozialarbeiter nennen sich Therapeuten, weil sie keine besseren Begriffe haben, weil diese Sozialarbeiter noch vom Studium her zu psychozentriert denken oder weil sie sich bei Verwendung der Bezeichnung Therapeut in der amerikanischen Mittelschicht mehr Anerkennung und Sponsoring versprechen.

11. Case Management – professionelles Arbeiten mit einzelnen und Familien (CM)

Es gibt Begriffe, die nicht leicht einzudeutschen sind. Case Management ist ein Beispiel. Wendt hat den verdienstvollen Versuch gemacht, ihn mit „Unterstützung fallweise" zu übersetzen.[1]

Lowy hat auf die Übersetzung verzichtet. Wir tun dies ebenfalls, weil auch die „Übersetzung" des Kollegen Wendt eher eine Beschreibung als der Name oder das gängige Markenzeichen für eine Methode der Sozialen Arbeit ist. Wenn Sozialarbeiter sich gegen englische Bezeichnnungen wenden und deshalb auf Erneuerungen verzichten, die ihre Praxis erheblich verbessern, erleichtern und gleichzeitig professioneller machen können, so tun sie sich damit keinen Gefallen.

Klar ist: Nicht alles, was aus dem Ausland, besonders den USA kommt, ist deshalb schon gut und hilfreich. Wir sind hier sehr skeptisch. Auch die Methode des Home-Building muß erst für unsere Verhältnisse angepaßt werden. Tatsache ist jedoch: Wegen der anderen Bedingungen in den USA, der einerseits beklagenswert geringen staatlichen Fürsorge und Sozialarbeit, wird andererseits auch die Soziale Arbeit gezwungen, sich ständig veränderten (auch Markt-) Bedürfnissen anzupassen. Bei aller Skepsis gegenüber Markteinflüssen auf die Soziale Arbeit bringt diese Tatsache auch den Zwang zu innovativem Verhalten mit sich. Das wird auch durch weniger bürokratische Strukturen ermöglicht, die beispielsweise die öffentliche Finanzierung mancher wichtigen Neuerungen in der Sozialen Arbeit stark erschweren, weil Ressort-Denken soziales Management behindert. Kurzum: Wenn aufgrund anderer Rahmenbedingungen im europäischen Ausland und in Übersee neue, nützliche Arbeitskonzepte entwickelt werden, dann ist bei allem Mißtrauen eine an der Verbesserung der Praxis orientierte Offenheit geboten. Selbstverständlich gibt es auch bei uns – vor allem unter den Arbeitsbedingungen kleiner selbständiger Projekte – wichtige innovative Praxis. Das Problem ist jedoch, daß die Professionalisierung und Organisierung der Sozialen Arbeit bei uns noch rückständig ist und es auch daher kein gemeinsames Sprachrohr in Deutschland gibt, das gelungene innovative Praxis öffentlich machen könnte, damit die etablierten sozialen Einrichtungen davon lernen könnten.

Nach dem längst überfällig gewordenen Wechsel der Handlungsmuster in der Sozialen Arbeit (siehe PIE), liegt die „Domäne" der Sozialarbeit, wie wir bereits ausführten, weder in der Bearbeitung von Problemen, die vorrangig in der Person der Klienten liegen, noch solcher, die vorrangig im Bereich der gesellschaftlichen Strukturen verankert sind, sondern in der Beseitigung oder Verminderung von Problemen, die sich zwischen den Individuen und Gruppen und der sie umgebenden sozialen Prozesse und Strukturen im gesellschaftlichen Nahbereich, in ihrer Lebenswelt, ergeben. Eigenständige Methoden der Sozialen Arbeit sind also sozial-räumlicher Art. Dazu gehört das Case Management.

Sozialräumliche Handlungskonzepte und Methoden belassen die Klienten in ihrer sozialen Lebensumwelt und unterstützen sie dort beim Selbstmanagement in Auseinandersetzung mit ihren Problemlagen (dies ausgewiesen systematisch, geplant, nachvollziehbar und evaluierbar), bis sie diese Fremdhilfe nicht mehr brauchen und selbsthilfefähig geworden sind.

Diese Unterstützungsleistungen sind im sozialen Sinne einheitlich,*) sie wirken direkt und indirekt, personenbezogen und situationsbezogen.[2] Dies müssen sie, sonst könnten sie nicht auf die soziale und materielle Nahumwelt in sozial-räumlicher Hinsicht wirken.

Was ist Case Management?

Case Management ist eine Methode der sozialen Einzelhilfe oder der Organisation und Koordination von Unterstützungsleistungen für eine ganze Klientel. Als soziale Einzelhilfe ist sie die modernisierte, vom Psychozentrismus befreite sozial-ökologische Weiterentwicklung der klassischen Einzelhilfe der Sozialen Arbeit.[3].

„Case Management .... hat die Kernfunktion, den Klientensystemen (einzelnen Menschen, Familien und ihren Angehörigen, Kleingruppen

---

*) Der von uns gebrauchte Begriff von sozialer Einheitlichkeit unterscheidet sich von dem in der Gestaltpsychologie verwendeten Begriff der „Ganzheitlichkeit", der vornehmlich die menschliche Wahrnehmung als ganzheitlichen Prozeß meint. Wir bezeichnen damit die – wenn auch widersprüchliche – Zusammengehörigkeit von materiellen, sozialen und psychischen Aspekten.

und ihren Nachbarn, Freunden usw.) in koordinierter Weise Dienstleistungen zugänglich zu machen, die von ihnen zur Lösung von Problemen und zur Verringerung von Spannungen und Streß benötigt werden.''[4]

Case Management stimmt soziale Dienstleistungen zur Unterstützung der Klienten oder Klientele aufeinander ab. Dies kann im Sinne einer Effektivierung der sozialen Dienste sinnvoll sein, wenn es sich um die Variante handelt, bei der eine ganze Klientel im Zentrum der Hilfen steht.

Beispiel:

In Amsterdam arbeitet im Gesundheitsamt eine Case-Managerin, die die sozialen Hilfen für die Kinder drogenabhängiger Eltern koordiniert. Da bislang gleichzeitig von mehreren Agenturen solche Hilfen geleistet wurden, widersprachen sie sich oft in ihren Wirkungen und hoben sich dadurch gegenseitig auf. Klienten spielten die Dienste gegeneinander aus und nahmen bestimmte Hilfsquellen mehrfach in Anspruch. Die Case-Managerin lädt daher regelmäßig alle beteiligten sozialen Dienste in ihre Dienststelle ein und stellt sicher, daß jede Familie die bestmögliche Unterstützung erfährt. Diese Praxis ist effektiver für die Klientel, effizienter und billiger, so daß die zusätzliche Planstelle der Case-Managerin innerhalb kurzer Zeit bereits eingewirtschaftet ist. In den Niederlanden ist ökonomisches Denken in der sozialen Arbeit bekanntlich kein Fremdkörper. Eine Soziale Arbeit, die oft humanere Lösungen findet, weil sie nicht „durchideologisiert" ist!

Die weiterverbreitete Variante ist die verbesserte Einzelfallhilfe, die bei Klienten in unterschiedlichen Problemlagen greift. Hier geht es nicht nur darum, Unterstützungs- und Klientensysteme zu koordinieren, sondern auch darum, Klienten zu befähigen, die Unterstützung selbständig zu nutzen. Im sozialen Dienstleistungsbereich entwickelter Industriegesellschaften gibt es eine Fülle diverser sozialer Agenturen mit allgemeinerer Aufgabenbestimmung (zum Beispiel die Allgemeinen Sozialen Dienste [ASD] in den Städten und Kreisen). Daneben bestehen eine Vielzahl von Sonder-Diensten, wie Erziehungsberatungsstellen, Familienhilfe-Dienste, „Essen auf Rädern", Hausaufgabenhilfen, Alten- und Jugendclubs, Nachbarschaftshilfen etc. Die „normalen" Klienten der Sozialen Arbeit wären keine, wenn sie allein mit ihrer Problemlage zurechtkämen und wenn sie in der Lage wären, sich die Unterstützungsleistungen und Hilfen zu erschließen, die sie zeitweilig benötigen. Auch informelle Unterstützer im sozialen Netzwerk (weitere Familie, Nachbarn usw.) und andere, wie Selbsthilfe-Gruppen, sind zwar vorhanden, werden aber von den Klienten nicht genutzt oder müssen erst ins Leben gerufen werden, wozu die Klienten allein auch nicht in der Lage sind; hier muß der Sozialarbeiter nicht nur Klienten unterstützen sie zu nutzen, sondern auch Netzwerke aufbauen.

Besonders wichtig für das Gelingen des Case Managements ist es, daß in der vielschichtigen Zusammenarbeit verschiedener sozialer Dienste ein Kollege die Rolle des Case-Managers übernimmt, und daß die anderen beteiligten Mitarbeiter anderer oder der eigenen Dienststelle diese Rolle anerkennen. Entgegen anderen Meinungen sagen wir: dies muß ein befähigter, für diese Aufgabe ausgebildeter Sozialarbeiter sein.

Die Arbeitsschritte des Case Managements

Verschiedene Autoren sehen für das Case Management unterschiedliche Aufgliederungen und Inhalte der Arbeitsschritte vor. Sie gehen jedoch ähnlich vor und verfolgen die gleichen Ziele. Die Modelle von Moxley [5] und Lowy enthalten fünf Arbeitsschritte:

Case Management nach Moxley	Case Management nach Lowy
1. Assessment (Einschätzung)	1. Intake (Annahme, Einstieg)
2. Planning	2. Assessment
3. Intervention (direkt oder indirekt)	3. Intervention (gezielter, planmäßiger Einsatz der Dienstleistungen)
4. Monitoring (Überwachung des Unterstützungsprozesses)	4. Ausführung des Case Managements
5. Evaluation (Auswertung)	5. Kontrolle und Evaluation.

Ballew und Mink sehen sechs Arbeitsschritte vor. Die ersten fünf sind denen von Lowy ähnlich, der sechste ist ein zusätzlicher Schritt, der die Beendigung des Unterstützungsprozesses vorsieht: „Disengagement" (Entpflichtung), bei anderen Autoren „Termination" genannt. Für alle Autoren halten wir fest:

Der Sozialarbeiter stellt direkte und indirekte Hilfeleistungen bereit, d. h. er arbeitet selbst anleitend, unterstützend und beratend mit den

Klienten und er organisiert Dienstleistungen anderer Kollegen und Dienste.

Die Aufgaben des Case-Managers sind nach Ballew und Mink:[6]

a) Koordinator

Er hat folgendes zu leisten:

— Einschätzung der Problemlage des Klienten,
  (nach unserem Dafürhalten gemeinsam mit dem Klienten)
— Überlegung, ob und gegebenenfalls welche anderen Helfer und Dienste für den Unterstützungsprozeß benötigt werden
— Einstellung des Unterstützungsplans
— Unterstützung des Klienten bei der Aufnahme und Unterhaltung von Verbindungen mit anderen Helfern
— falls nötig: Erweiterung der Kommunikation zwischen den Unterstützern, um die Nutzung der Hilfsquellen zu verbessern

b) Anwalt

Wenn den Klienten benötigte Ressourcen vorenthalten werden oder nicht bereit stehen, muß er diese einfordern. Werden an den Klienten Anforderungen gestellt, die ihn überfordern, soll er sich für eine Mäßigung dieser Anforderungen einsetzen.

c) Berater

Der Berater vermittelt dem Klienten das Wissen und die notwendigen Fähigkeiten, die ihn in die Lage versetzen, selbständig benötigte Unterstützungsleistungen zu erlangen. Dabei soll eine professionelle Beziehung hergestellt werden, „... die es erlaubt, störende Verhaltensmuster des Klienten mit ihm durchzugehen und nützlichere Muster auf den Weg zu bringen".

Die Arbeitsschritte des Case Managements nach Ballew und Mink:[7]

a) Engagement

Engagement bedeutet nicht nur die bewußte Annahme eines Klienten, sondern auch den Aufbau einer effektiven Arbeitsbeziehung. Eine Vertrauensbasis wird aufgebaut und eine Verständigung darüber hergestellt, was der Sozialarbeiter zu erwarten hat. Menschen, die Case Management brauchen, haben in aller Regel Schwierigkeiten, Unterstützung anzunehmen und für sich zu nutzen. Sie treten auch in der Beziehung zum Case Management zu Tage. Diese Problematik muß zuerst bearbeitet werden. Zur Klärung der Rollenerwartungen werden Interviewtechniken als nützlich angesehen. (Wir selbst verweisen auf die Erstgesprächstechniken [8] und auf das Sozialbiographische Interview [siehe Kapitel 10]).

b) Assessment (Einschätzung)

Das Assessment besteht aus drei Aufgaben:

— Herauszufinden, welche Probleme der Klient lösen muß,

— welche Hilfsmöglichkeiten der Klient nutzen möchte,

— welche Umstände den Klienten bisher daran hindern, die Hilfsmöglichkeiten zu nutzen.

Wenn die Klienten ihre Herausforderungen (challenges) oder Probleme selbst benennen, braucht der Case-Manager nur einen gemeinsamen Aufgabenkatalog zu erstellen. Aus dieser Auflistung wird gemeinsam eine Dringlichkeitsliste angefertigt. Materielle Bedürfnisse werden von Klienten leichter ausgesprochen als zum Beispiel das Gespräch über Beziehungskrisen. Hierbei muß behutsam vorgegangen werden. Eine genauere Problemeinschätzung kann nicht sofort erfolgen. Es ist notwendig, den Klienten dabei Zeit zu lassen.

Wenn die kritischen Punkte deutlich geworden sind, soll der Case-Manager überlegen, welche formellen und informellen Helfer in Frage kommen. Es gilt nun herauszufinden, was den Klienten daran hindert, Unterstützung anzunehmen und Hilfsquellen zu nutzen. Ballew und Mink unterscheiden

a) externe Behinderungen (zum Beispiel fehlende Kinderbetreuung, Finanzen etc.),

b) eigenes Unvermögen (zum Beispiel geistige oder körperliche Behinderungen, Drogensucht etc.),

c) interne Hemmungen (zum Beispiel Überzeugungen, Haltungen oder Wertorientierungen des Klienten, der etwa um keinen Preis Geld von der Sozialhilfe annehmen will usw.)[9]

Wir halten es für absolut notwendig, auch nach den Stärken des Klienten zu sehen, weil jedes sozialarbeiterische Handeln an den Stärken des Klienten ansetzt, um die Selbsthilfefähigkeiten zu entwickeln. Soziale Arbeit hat die Aufgabe, Defizite zu kompensieren und lebensfähig zu machen. Deshalb müssen wir auch die kritischen Punkte einer Problemlage und Persönlichkeit erkennen lernen. Der Hilfe- und Unterstützungsprozeß konzentriert sich aber auch auf die Stärken, die sich bereits in der bisherigen Lebenslage und Biographie des Klienten gezeigt haben. Sozialarbeit heilt und therapiert nicht, sondern setzt Selbsthilfe in Gang und hilft Hindernisse wegzuräumen, die den Klienten daran hindern, ein ganz „normales" Leben zu führen, und achtet dabei weitestgehend auch die Besonderheiten, „Macken" und „Schrullen" der Klienten, wenn sie damit zufrieden leben und umgehen können. Das „social wellbeing" ist eine subjektive Sache. Klienten haben Respekt verdient und müssen nicht um jeden Preis wie Bildungsbürger und Mittelschichtsangehörige leben, solange sie sich nicht gefährden und andere nicht über Gebühr belästigen.

c) Planung

Planung ist ein wichtiger Schritt vor dem unterstützenden Handeln. Von der Qualität der Planung hängt der spätere Erfolg der Arbeit ab und erweist sich ein Handeln als professionell. Der Planungsprozeß umfaßt vier Arbeitsgänge:

— gemeinsame Zielformulierung durch Sozialarbeiter und Klienten,

— Festlegung der Dringlichkeiten,

— Auswahl der Verfahren (Techniken) und Strategien der Intervention,

— Festlegung von Zeiten und Verfahren, um Fortschritte festzustellen und zu bewerten.

Die Planung mündet in einen schriftlich formulierten Unterstützungsplan (siehe im Anhang eine von uns analog zu Ballew und Mink erstellte Fassung, die im Gegensatz zu der von ihnen vorgelegten Fassung die Assessment-Perspektive des PIE berücksichtigt). Der Unterstützungsplan ist nicht nur der professionelle Wegweiser für den Sozialarbeiter. Er ist ja mit Hilfe des Klienten erstellt worden und bedeutet daher gleichzeitig für den Klienten eine Möglichkeit zu überprüfen, in welchem Stadium des Arbeitsprozesses er sich befindet und welche Dienstleistungen ihm zustehen und für ihn erbracht werden. Er weiß auch, welchen Prozeß er schon durchlaufen hat und wie lange es noch dauert, bis er aus dem Case Management und der Betreuung entlassen wird. Es erleichtert erfahrungsgemäß manche Klienten zu sehen, was bereits geschafft ist, und wann er keinen Sozialarbeiter mehr braucht. Für andere, die lieber dauernd betreut werden wollen, ist der Plan mit der darin vorgesehenen Beendigung der Betreuung ein deutliches Zeichen, daß zum Sozialarbeiter nur eine Arbeitsbeziehung besteht, die einmal beendet wird. Der Unterstützungsplan ist die Grundlage eines Arbeitsvertrags zwischen Case-Manager und Klient.

d) Erschließen der Hilfsquellen

In diesem Arbeitsschritt geht es um die Umsetzung des Unterstützungsplans. Die Überwindung der angesprochenen Hindernisse ist hier die Aufgabe. Die äußeren Hindernisse, das eigene Unvermögen und die inneren Hemmungen werden jeweils mit unterschiedlichen Herangehensweisen bearbeitet.

Äußere Hindernisse werden demnach beseitigt durch das Knüpfen neuer Beziehungen zu Helfern (connecting), durch Verbesserung vorhandener Bindungen zu Helfern (negotiation) und durch Fürsprache für den Klienten (advocacy) bei Menschen der Umgebung, zu denen eventuell bereits länger andauernde Konflikte bestehen.

Eigenes Unvermögen, das den Klienten daran hindert, eine Arbeitsbeziehung mit Helfern aufzunehmen, kann nach Ballew und Mink [10] auch ein Vorgehen notwendig machen, für das Klienten ihre Einwilligung nicht gegeben haben. Wir halten dies für einen gefährlichen Schritt, weil sich hier der Sozialarbeiter dafür entscheidet, einen Klienten wenigstens zeitweilig für unmündig zu erklären, und nicht zu wissen, was zu seinem Besten ist. Der Sozialarbeiter handelt „im wohlverstandenen Interesse", wie dies Eltern und Erzieher bei kleinen Kindern tun. Dies kann sicher im Ausnahmefall zulässig sein, wenn beispielsweise Drogenabhängige sich selbst und andere (ihre Kinder) gefährden. In diesem Falle sollte der Kollege keine einsame Entscheidung treffen, sondern vorher eine Kollegialberatung heranziehen, die die Gründe dafür überprüft hat und den weiteren Prozeß mitüberwacht.

Hierbei sollten auch Fachleute für die psychische Befindlichkeit der Klienten herangezogen werden, um deren Urteil miteinzubeziehen. Sozialarbeiter sind im innerpsychischen Bereich nicht in ihrer Domäne und sollten beim Erkennen schwerwiegender psychischer Störungen nicht daran „herumdoktern". In gravierenden Fällen muß unter Umständen ein Unterstützungssystem eingerichtet werden, das zumindest anfänglich nicht auf die aktive Mitarbeit des Klienten angewiesen ist. Zur Absicherung aller Beteiligten, auch für den Fall, daß das Unterstützungsmanagement nicht wirksam wird und schädliche Folgen für den Klienten eintreten, erhält die notwendige genaue Dokumentation der Verabredungen und der unternommenen Schritte

des Case-Managers und der anderen Helfer eine besondere Bedeutung.[11]

Innere Hemmungen sollen durch Beratung des Klienten in vier Schritten beseitigt werden:[12]

— Herausfinden, worin die Hemmungen begründet sind,
— Entdecken einer Fähigkeit, mit der die Hemmungen überwunden
  werden können,
— Aufdecken von Erfahrungen des Klienten, um diese Fähigkeiten
  auch in die Tat umzusetzen,
— Aufbauend auf den Erfahrungen des Klienten Aufgaben formulieren, um die Hemmungen schrittweise zu überwinden.

e) Koordination

In der Phase der Koordination hält der Case-Manager alle Fäden in
der Hand und ermöglicht, daß die im Unterstützungsplan festgehaltenen Dienstleistungen auch wirklich erbracht werden. Arbeitsverträge
zwischen Case-Manager und Klient (contracting), können die Motivation für die Arbeit stärken.

f) Monitoring (Überwachung)

Bei Ballew/Mink fehlt dieser methodische Schritt, den wir jedoch für
herausragend wichtig halten. Moxley [13] umschreibt „Monitoring" mit
„Prüfung", „Revision", „Informationsverarbeitung und Berichterstat-
tung".

In dieser Bedeutung kommt es in die Nähe des „Controllings" im
Sozialmanagement, wenn damit nicht nur die Finanzüberwachung
gemeint ist. Die Nähe des Case Managements zum Management in
Organisationen kommt nicht von ungefähr. Case Management richtet
sein Augenmerk auf etwas anderes. Die Arbeitsbeziehung des Sozialarbeiters zum Klienten und die Beziehungen des Klienten zu anderen
Diensten, sowie die Zusammenarbeit der Dienste untereinander, steht
hier im Mittelpunkt.

Diese Arbeitsbeziehungen und die Qualität der Dienstleistungen für
den Klienten müssen im Prozeß überwacht werden. Gleichzeitig muß
auch überprüft werden, ob die im Unterstützungsplan festgehaltenen
Ziele, Leistungen und Zeiten eingehalten werden. Es kann auch eine
Veränderung der Ziele, der Dienstleistungen und Zielvorgaben erforderlich sein, wenn sich während des laufenden Arbeitsprozesses mit

einem Klienten erhebliche Veränderungen in äußeren Umständen ergeben. Das Monitoring hat also auch die wichtige Aufgabe, für die erforderliche Flexibilität zu sorgen.

g) Evaluation (Reassessment) und Entpflichtung (Disengagement)

Wenn die angestrebten Ziele erreicht, der Unterstützungsplan erfüllt ist, dann werden Case-Manager und Klient dies gemeinsam feststellen. In Verbindung mit dem bereits erwähnten Selbstmanagement-Konzept, dem Selbstreflexiven Arbeitskonzept für die Soziale Arbeit (SAK), ist die Erreichung der operationalisierten kurz-, mittel- und längerfristigen Teilziele feststellbar.

Zusätzlich zum gemeinsamen Reassessment mit dem Klienten halten wir auch eine fachliche Evaluation für notwendig, um die Praxis, ihre Methoden und die wissenschaftliche Diskussion in der Sozialen Arbeit voranzutreiben. Dafür ist die Methode des Rating Assessment (siehe Kapitel 9) nach unseren Erfahrungen sehr gut geeignet.

An diesem Punkt erfolgt die Beendigung der Arbeitsbeziehung zwischen Sozialarbeiter und Klient. Es kann jedoch bei Bedarf auch ein neuer Arbeitsvertrag abgeschlossen werden. Dies muß jedoch gesondert begründet werden. Grundsätzlich gilt, daß professionelle Sozialarbeit keine Dauerbetreuung (wie zum Beispiel in der Altenpflege) sein kann. Ihre Arbeit und damit ihre Arbeitsbeziehung muß nach einer bestimmten Zeit enden; die Klienten müssen in ihre Unabhängigkeit entlassen werden. Nun kann die Beendigungsphase unterschiedlich lang sein. Ihre Dauer steht im Verhältnis zur Dauer der Arbeitsbeziehung. Lange andauernde Unterstützungsprozesse erfordern in der Regel auch eine längere Ablösungsphase. In einigen Fällen kann eine – ebenfalls begrenzte – Nachbetreuung erforderlich sein.[14]

Das Case Management ist eine Methode der Sozialen Arbeit, die in der deutschen Sozialarbeit noch nicht sehr verbreitet ist. Nicht selten entdecken damit erstmals konfrontierte Praktiker, wenn sie professionell arbeiten, einige ihnen bekannte Elemente. Sie versuchen sich ein genaues Bild von der Problematik der Klienten zu machen, sie planen auch auf irgendeine Weise die Arbeit mit den Klienten und arbeiten mit anderen Einrichtungen zusammen. Bei näherem Hinsehen erfüllen diese Teilelemente jedoch nicht die Kriterien eines wirklichen Case Managements. Sie glauben es nur deshalb, weil vernünftiges Arbeiten im Sozialbereich einige Nähe zum Case Management aufweist. Außerdem sind einige Arbeitsschritte, rein äußerlich betrachtet und aus dem Zusammenhang gelöst, in ähnlicher Weise auch in herkömmlichen Konzepten der Einzelfallhilfe enthalten. Wenn wir genauer hinsehen, bemerken wir, daß diese neue sozial-ökologische Methode in Deutschland doch nicht praktiziert wird. Woher auch? An den Fachhochschulen und in der Fortbildung wurde sie bislang kaum vermittelt. Die in der Praxis und Theorie immer noch vorherrschende Orientierung und Beschränkung auf die Psyche der Klienten hat auch den Blick auf diese Methode der Sozialen Arbeit verbaut.

Case Management hat unterdessen nicht nur in den USA, sondern auch in einigen westeuropäischen Ländern (wie den Niederlanden und Großbritannien) große Anerkennung und Verbreitung erfahren. Es hat sich in der Praxis bewährt und ist an einigen Hochschulen inzwischen zum festen Bestandteil der Ausbildung geworden.

12. Die Environment-Aktivierungs-Methode (EAM)

Warum wieder eine neue Methode?

Klassische Konzepte und Methoden (soziale Einzelfallhilfe mit ihren Spielarten und soziale Gruppenarbeit) haben nicht nur gemein, daß sie sich an naturwissenschaftlich-medizinischen oder an individuums-zentrierten psychologischen Handlungsmustern orientieren. Sie arbeiten fast ausschließlich über das Medium der Sprache, sie wirken inter-personal in „face-to-face"-Kommunikation und schließen alle Tätig-keiten des Sozialarbeiters aus, die nicht unmittelbar mit der Person des Klienten vonstatten gehen. In der Regel werden die Aktenfüh-rung, alle Maßnahmen der materiellen Unterstützung, Kontakte mit anderen Kollegen oder Einrichtungen und Verwaltungsakte (zum Bei-spiel Beantragungen) selbst dann nicht konzeptionell und methodisch erfaßt, wenn sie der Verbesserung der Situation des Klienten (in der Einzelfallhilfe) oder der Vorbereitung der Arbeit mit Gruppen die-nen.

Dies führt zu einer unzulässigen Verengung des Blickfeldes sowohl in der Realität sozialer Prozesse in der Lebenswelt der Klienten als auch in der alltäglichen Praxis Sozialer Arbeit. Wir haben bereits auf die Trennung in einen „eigentlichen" Bereich Sozialer Arbeit (unmittel-bare Feed-Back-orientierte Arbeit mit den Klienten) und in den „uneigentlichen" hingewiesen (zum Beispiel „Verwaltungstätigkeit") und aufgezeigt, woher diese einseitige Verkürzung der Perspektive beruflichen Handelns unserer Meinung nach kommt (Sozialarbeit als Tätigkeitsfeld traditioneller weiblicher „Tugenden"). Zudem kommt in dieser Perspektive eine Wertung zum Ausdruck, bei der Kopf- und Handarbeit hierarchisch gesehen werden: die Kopfarbeit, besonders im Bearbeiten psychischer oder interpersonaler Probleme (zu deren Lösung die Betroffenen prinzipiell als unfähig betrachtet werden), wird gegenüber der Handarbeit als höherwertig eingestuft.

Dies führt in der Sozialen Arbeit zur Trennung in „psycho-soziale" Hilfe und materielle Unterstützung und damit zur Aufgabe eines ursprünglich (bei Alice Salomon und Mary Richmond) noch im sozialen Sinne ganzheitlichen Konzepts.[1] Dies hat nicht nur zur Vernachlässigung wesentlicher professioneller Handlungsbereiche geführt und damit verbunden auch zur Leugnung bestehender Interessenkonflikte zwischen der Sozialarbeit und der Klientel (bei Kunstreich 1975 „struktureller Konflikt" genannt). Sie hat darüber hinaus zu der beklagten Spezialisierung in psycho-sozialen Techniken (zum Beispiel die klienten-zentrierte Gesprächsführung) geführt. Als eine sehr problematische Folge dieser Entwicklung sehen wir die über dominante Sprachcodizes verursachten strukturell selektiven Wirkungen, die zum tendenziellen Ausschluß von sozio-ökonomisch benachteiligten Gruppen dieser Gesellschaft führen können (der wirklichen Klientel Sozialer Arbeit). Wenn der sozio-ökonomische Status der Klientel bei den Zuständigkeitsüberlegungen der Sozialarbeit keine Rolle mehr spielt, dann sind wir nicht mehr weit von einer klientifizierten Gesellschaft, vor der wir uns aus politischen und ethischen Gründen hüten sollten.

Die von uns in Zusammenarbeit mit Praktikern entwickelte Environment-Aktivierungs-Methode (EAM) ist ein überwiegend indirekt wirkendes Verfahren, wie das situationsbezogene Verfahren, das Marianne Meinhold aus der Untersuchung eines australischen Projekts in einem sozialen Brennpunkt entwickelt hat.[2]

Auch in Projekten der Gemeinwesenarbeit (GWA) wird überwiegend situationsbezogen gearbeitet. Die GWA war lange Zeit über ein sehr allgemeines Konzeptstadium nicht hinausgelangt.[3] Sie hat gleichwohl wesentlich dazu beigetragen, daß der soziale Lebensraum, ein Stadtteil oder Gemeinwesen, hinsichtlich des Einflusses auf die Lebenslagen von Klienten in den Blick Sozialer Arbeit geraten ist. Jedoch waren die Versuche der Aktivierung der betroffenen Bewohner, vor allem in niedriger sozio-ökonomischer Lage und Bildungsstand, für die es nur sehr vage methodische Mittel gab, oft nicht von dauerhaftem Erfolg gekrönt, zumal die die Grenzen von professionellem Handeln überschreitende distanzlose Solidarisierung der Gemeinwesenarbeiter mit Betroffenen sehr schnell zu ihrer eigenen Abschaffung beitrug.

Ein großer Teil der theoretischen Diskussion über Gemeinwesenarbeit in der Bundesrepublik Deutschland war durch allgemeinpolitische Positionen gekennzeichnet. Gemeinwesenarbeit galt als die politische Alternative zur unpolitischen Einzelfallhilfe und Gruppenarbeit.

Dieses Stadium der politisch überhöhten Diskussion über GWA, die letztlich keinen professionellen Fortschritt in Form der Entwicklung einer planbaren, nachvollziehbaren, auswertbaren und lehrbaren (also methodischen) Handlungskonzeption hervorbrachte, wurde erst mit der Aufnahme der sozial-räumlichen Perspektive überwunden. Daran haben auch die fachlichen Beiträge von Hinte und Karras und deren „Institut für Stadtteilbezogene Arbeit und Beratung"[4] nicht viel geändert, da deren Berichte über Stadtteil-Projekte zu viel unsystematische Beschreibung und zu wenig methodische Quintessenz enthalten.

Die Annahme des sozial-räumlichen Paradigmas drückt sich bereits im Titel „Milieuarbeit" des ersten wirklich auf methodische Anforderungen eingehenden Beitrags zur GWA von Ebbe und Friese [5] aus. Es werden hier an einem Beispiel methodische Anleitungen gegeben zur Vorbereitung Sozialer Arbeit im Stadtteil, zur Untersuchung des Stadtteils mit den vorliegenden Problemlagen der Bewohner, zur Praxis der Milieuarbeit und zu ihrer Evaluation. Wir erwarten für die weitere Entwicklung eine konzeptionelle Erweiterung der Sozialen Arbeit durch eine integrative Struktur verschiedener sozial-räumlicher Methoden der Einzelfallhilfe, der personenbezogenen Soziotop-Analyse, der Gruppenarbeit und der stadtteilbezogenen Sozialarbeit mit einer gemeinsamen Grundbegrifflichkeit, einer gemeinsamen Sprache und einem aufeinander abgestimmten Instrumentarium. Damit geht die Profession einen deutlichen Schritt über das bislang unter dem Begriff „Methodenintegration" diskutierte bloße Aneinanderreihen bekannter psychozentrierter Verfahren hinaus.

Die Environment-Aktivierungs-Methode (EAM) ist bescheidener. Die sozial-räumliche Dimensionierung ist viel kleiner. Soziale Räume, für die dieses Konzept methodisch zutrifft, sind die Bewohnerschaft eines Hauses, eines Heimes für Jugendliche oder Alte, ein Jugendzentrum, besondere Maßnahmen der Jugendhilfe (Segeltörns, Wüstentrecking usw.). Auch für die zuletzt genannten Maßnahmen der Jugendhilfe gibt es kein ausgewiesenes methodisches Konzept, geschweige denn für die Arbeit in Einrichtungen der Strafvollstreckung und Resozialisierung. Überall wird mehr oder weniger gutwillig und mit reinem Herzen an die Arbeit gegangen, ohne die Kriterien zu berühren, die ein professionelles methodisches Arbeiten ausmachen.*)

Die Merkmale der Environment-Aktivierungs-Methode (EAM)

Um die Grundlagen der EAM zu verstehen, müssen wir zwei gedankliche Voraussetzungen erläutern. Die erste Grundannahme lautet: Soziales Handeln kann auch soziale Bedingungen verändern – ausgehend von der Theorie der Strukturierung durch Handeln,[6] in der – vereinfacht ausgedrückt – der handelnde Mensch innerhalb seiner Nahumwelt auch seine Handlungsbedingungen zu einem Teil mitentstehen läßt. Dieses Handeln erscheint nicht immer vernünftig, ist nicht immer beabsichtigt und muß in seinen Wirkungen nicht immer den eigenen Absichten folgen. In dieser Annahme wird im dialektischen Sinn auch vorausgesetzt, daß der handelnde Mensch durch vorgefundene, vor und außer ihm entwickelte Bedingungen und Strukturen beeinflußt wird.

Für uns ist diese Anknüpfung so wichtig, weil hier weder von übermächtigen gesellschaftlichen Strukturen ausgegangen wird, die das Handeln des Einzelnen determinieren, noch umgekehrt die soziale Umwelt als nach Belieben und dem eigenen Willen entsprechend zu verändern ist, und weil Veränderungen nicht immer in der gewünschten Richtung vonstatten gehen.

---

*) Eine Ausnahme bildet hierbei der Beitrag „Die Erlebnisgruppe" von Fürst. Zumindest in einem gruppenpädagogischen Rahmen werden hier sogenannte sozialtherapeutische Sondermaßnahmen von der Planung bis zur Durchführung unter vielfältigen wichtigen Aspekten beschrieben. Der Nachteil liegt jedoch bereits im Untertitel auf der Hand: Die Erlebnisgruppe wird als ein heilpädagogisches Konzept beschrieben, das neben dem gruppenpädagogischen Ansatz bei einer psycho-zentrierten Betrachtung der individuellen und Gruppen-Prozesse stehen bleibt. Der Beitrag wird in den theoretischen Rahmen der Pädagogik gefaßt (das heißt Erlebnispädagogik), so daß es letztlich allein um pädagogische Prozesse geht. Dies bedeutet, daß sozial-räumliche Rahmenbedingungen lediglich als Gegebenheiten angenommen werden, die ihrerseits nicht im Verlauf der Aktion verändert werden. Dies ist kein genuin sozialarbeiterisches Konzept, es sieht keine ausreichend gesicherte Vernetzung zwischen Sondersituation und Lebenswelt der betroffenen Jugendlichen und Kindern vor, und es bietet keine Möglichkeiten zur systematischen Überprüfung der Wirkungen. Zu empfehlen ist die Lektüre dennoch, da sie eine Fülle von Anregungen für die erlebnispädagogische Gruppenarbeit im engeren Sinne gibt.

Das SAK als Methode zum Selbstmanagement der Sozialarbeiter betont auch deshalb die Notwendigkeit der Selbstevaluation [7] und der sich wiederholenden Prozeßphasen, weil Handlungen, besonders in komplexen sozialen Zusammenhängen, unbeabsichtigte Wirkungen haben können. Unbeabsichtigte Wirkungen sozialarbeiterischen Handelns müssen im Hinblick auf die Folgen für die betroffenen Klienten, Nachbarn und „Mitmenschen" festgestellt und reflektiert werden.

Die zweite Grundannahme lautet: Soziale und materielle Umweltbedingungen nehmen Einfluß auf soziales Handeln.

Mühlum u. a.[8] haben den Zusammenhang von ökologischen und sozialen Fragestellungen beschrieben. Die systemisch miteinander verbundenen Umwelten sind

— sozialer Art: Familie, Freunde, Peergroups, Nachbarschaft, Schule, Kindergarten, Arbeitsplatz, Kommune, Kreis, Land, politische Institutionen, Verwaltung, dominierende Wirtschaftsform und -betriebe etc.

— Natur: Flachland, Gebirge, Wasser, Land, also Landschaftsformationen, Belastungen und Zerstörungen

— Kommunalität: Land, Dorf, Kleinstadt, Mittelstadt, Großstadt, regionale Bedingungen

— Kommunikation: zugängliche Medien, Verkabelung, Zeitungsstruktur, Regionalsender

— Verkehr: Öffentlicher Nahverkehr, Straßen, Flugplätze, Schiffe, Radwege, Fußwege, P&R-Plätze etc.; Schul- und Arbeitswege, Sicherheit und Erreichbarkeit

— Wohnumwelt: Lage der Einrichtungen der Kommune: Zentrum, Bahnhof, Service-Einrichtungen, Einkaufsmöglichkeiten, Entfernung zu Arbeitsplätzen und Schulen, Besiedlungsweise (Trabantenstadt oder „gewachsene" Wohnviertel), Neubau, Altbau, „Mietskasernen" oder Einfamilien-Häuser, Mietverhältnis oder Eigentum, Wohnungsgröße und -funktionalität, Freizeiteinrichtungen etc.

— Freizeit: Vereinsstruktur, kommerzielle und nicht-kommerzielle Freizeiteinrichtungen etc.

— Soziale Einrichtungen: Kirchen, Sozialstationen, Alten/Krankenhilfe, Feuerwehr, Rettungsdienste, Beratungsstellen etc.

— Bevölkerung: Soziale Schichtung nach sozio-ökonomischen und Bildungskriterien, ethnische und religiöse Struktur, Einwanderungsschichtung, Asylbewerberlage, Einheimischen-Zugezoge-nen-Verhältnis

Diese Umweltbereiche beeinflussen den sozialen Raum von Menschen in unserer Gesellschaft. Jenen sind in unterschiedlicher Weise auch einzelne Klientele und Sozialarbeiter ausgesetzt. Ihr Wohlergehen und ihre Lebenswelt werden davon beeinflußt.

Bekannt ist der Gedanke von Brecht, mit Wohnungen könne man Menschen erschlagen. Diese Formulierung verweist auf das Problem der strukturellen Gewalt, die von unserer Lebensumwelt ausgehen kann. Die Klientel der Sozialarbeit rekrutiert sich überwiegend aus Angehörigen der Unterschicht, deren Lebenslagen in vielfacher Hinsicht von ungünstigen Umweltverhältnissen geprägt sind. Ihre Problemlagen erwachsen zu einem großen Teil aus mangelhaften Nahumwelten, die gesellschaftlich geschaffen wurden und offensichtlich von Wirtschaft, Politik und den oberen zwei Dritteln sozio-ökonomisch gut gestellter Gesellschaftsmitglieder in Kauf genommen werden.

Mit diesen Nahumwelten kommen sozio-ökonomisch schwache einzelne, Familien und Gruppen nicht aus eigener Kraft zurecht. Dabei müssen sie unterstützt werden. Dies kann auf zwei Wegen geschehen. Über direkte Interventionen kann Sozialarbeit unterstützend wirken, um mit schwierigen Nahumwelten besser umgehen zu können, oder Sozialarbeit kann auf Nahumweltbedingungen verändernd einwirken, am besten durch Aktivierung zur Selbsthilfe, so daß die Klienten ihre Sozialräume selbst mit verändern und in die Lage versetzt werden, eigenständig mit Problemlagen umzugehen.

Ein richtiger Grundsatz der GWA in ihrer vorübergehenden Blüte war immer, daß eine wirkliche und dauerhafte Verbesserung von Lebensverhältnissen und die Überwindung von Problemlagen nur die Betroffenen selbst bewerkstelligen können. Sie wären allerdings keine Klienten der Sozialarbeit, wenn sie dazu allein in der Lage wären. Ziel der sozialarbeiterischen Intervention ist es ja gerade, die Selbsthilfefähigkeit der Klienten zu fördern.

Die Environment-Aktivierungs-Methode (EAM) soll nun methodische Schritte und Hilfen zur bewußten Herstellung, Gestaltung und Veränderung sozialer und materieller Nahumwelten anbieten – weitmöglichst durch die Klienten selbst, fast immer gemeinsam mit ihnen, jedoch unter bestimmten Umständen auch ohne sie, jedoch stets in ihrem Interesse. Klienten der nicht präventiven Sozialarbeit sind zunächst nur sehr begrenzt selbsthilfefähig. Kein Wunder also, daß der Bezug zur „coal-face-social-work", also zur wirklich harten Arbeit mit Klienten in verelendenden Bedingungen, in dem sonst sehr hilfreichen Beitrag zur „Selbsthilfe" [9] nicht vorkommt.

Was verstehen wir unter Environment?

Wer Einfluß nehmen will auf die Gestaltung vielschichtiger Nahbereiche wie auf die Lebensverhältnisse ganzer Klientele (Bewohnergruppen in einem sozialen Brennpunkt), der muß von übersichtlichen, veränderbaren, erfahrbaren Nahumwelten ausgehen. Dabei kann es sich um die sozial-räumliche Umgebung einer Familie, etwa eine Hausbewohnerschaft handeln, um ein Jugendzentrum im Stadtteil, eine Beratungseinrichtung, einen Bewohnertreff usw.

Environment heißt im Englischen Umgebung. Wir haben den Begriff durchaus in Abgrenzung zu Nahumwelt gewählt, weil wir diese bereits als komplexere Erscheinung ansehen. Eine Nahumwelt kann sich nach dieser Definition aus einer Vielzahl von Environments zusammensetzen.*)

Wir wählten die englische Bezeichnung Environment, weil sie in der Diskussion über Soziale Arbeit nicht vorkommt und wir deshalb auch keine unendlichen Abgrenzungsbemühungen von anderen verwandten Begriffen vornehmen müssen. Das Einvironment ist auch die objektive (soziale, materielle und strukturelle) Seite der Nische im angesprochenen personenorientierten Soziotop-Ansatz, in der sich das Individuum in dieser Gesellschaft eingenistet hat. Diese Nische gilt es zu erweitern und zu gestalten.

Darüber hinaus steht „Environment" im Bereich der Kunst für geschaffene Erlebniswelten, in denen sich das Publikum zwecks eigener Erfahrungen in „künstlich" geschaffene Situationen hineinbegibt. Durch das Environment als Gesamtkunstwerk wird eine neue Realität hergestellt, die über umfassende sinnliche, handelnde und kognitive

---

*) Vom Begriff „Lebenswelt" sehen wir wegen seiner Schwammigkeit ab. Wir folgen nicht der problematischen Einteilung in System und Lebenswelt (Habermas, 1981) und der „Kolonialisierung" letzterer durch das (ihr feindlich gegenüberstehende) System. Eine ausschließlich auf technische Kommunikation reduzierte soziale Wirklichkeit erscheint kaum denkbar. Dies sagen wir, obwohl wir auch betonen, daß Wirtschaft und Staatsapparat nicht immer leicht über politische und demokratische Prozesse zu kontrollieren sind.

Erfahrung, Empfindung und Denken wirken soll. Ist Helfen also doch eine Kunst [10] und kein erlernbarer Beruf? Die Wirkung von Environment-Kunst wird unterschiedlich sein, je nachdem, auf wen sie trifft.

Wenn es sich jedoch um ein methodisches Verfahren der Sozialarbeit handelt, dann müssen die Wirkungen auf die Klienten Thema sein, dann reicht es nicht zu sagen, die Wirkungen seien individuell verschieden. Eine Methode der Sozialen Arbeit muß überprüfbar sein, auch wenn dies nicht nach den klassischen naturwissenschaftlichen Kriterien in Form von „Wenn-Dann"-Sätzen geschehen kann. Die Komplexität realer sozialer Handlungssituationen in sozialen Feldern [11] steht dem entgegen. Schließlich handelt es sich nicht um Laborsituationen.

Deshalb halten wir den Einsatz dieses Verfahrens im Rahmen des Selbstreflexiven Arbeitskonzepts (SAK) für angebracht, das die Systematik, Planbarkeit und Überprüfbarkeit in sich wiederholenden Schleifen sicherstellt.

Dieser Umgang (mit jeder Methode übrigens) sorgt dafür, daß die notwendige Diskussion und fachliche Sorgfalt bei Planung und Durchführung einer sozialarbeiterischen Intervention wildes Experimentieren mit Klienten verhindert, und daß nach festgestellten Fehleinschätzungen und Problemen der Wirkungen einer Methode begründete Korrekturen erfolgen können.

Beschreibung des methodischen Vorgehens

Wichtig sind die fachliche Entscheidung der Sozialarbeiter, ob professionelle Hilfe erforderlich ist und die Zustimmung der Klienten. Die Entscheidung ist einfach, wenn die Klienten um Unterstützung nachfragen. Nicht einfach ist es jedoch, wenn Klienten mehr oder weniger unfreiwillig oder durch Anordnung einer anderen Behörde an die Sozialarbeiter geraten oder wenn es schwierig ist, zu entscheiden, wer die eigentliche Zielgruppe ist.

Die EAM enthält sechs Arbeitsschritte, die wir im folgenden beschreiben.

Erster Schritt: Die Handlungsfeldanalyse

Im Unterschied zur Arbeitsfeldanalyse (siehe SAK und Anhang), die die Handlungsbedingungen der Sozialarbeiter und die soziale Lage und Lebensbedingungen der Klientele zum Gegenstand hat, ist

Gegenstand der Handlungsfeldanalyse die Untersuchung des engeren Handlungsumfeldes, in dem die Soziale Arbeit stattfindet. Die EAM ist ja eine Methode, die in einem engeren sozialen Raum oder Feld stattfindet, der wesentlich durch soziales Handeln beeinflußbar und veränderbar ist.

Das vorgefundene Handlungsumfeld wird also im ersten Schritt auf seine möglichen Wirkfeldbedingungen untersucht. Als Beispiel für unsere Darstellung der Methode haben wir ein Jugendzentrum gewählt. Die EAM – dies sei noch einmal ausdrücklich gesagt – ist eine sozial-räumliche Methode für jede Form der Arbeit mit Gruppen, seien es Familien oder partnerschaftliche Lebensformen, Peers, Jugendgruppen, Clubs, Vereine, alle Arten von Heimen usw., also auch der bekanntlich bislang schwer methodisch zugängliche offene Bereich eines Jugendzentrums. Was ist am Beginn einer Arbeit zu tun, wenn ein Jugendzentrum neu eingerichtet werden soll oder wenn ein, wie oft vorgekommen, völlig „verlottertes" Jugendfreizeitzentrum wieder arbeitsfähig und für die Jugendlichen attraktiv gemacht werden soll? Zur Klärung der allgemeinen Zielsetzungen für diese Jugendhilfeeinrichtung, der Zielgruppen und damit der Konzeption (analog zu den Schritten 1 und 2 des unter Kapitel 8 beschriebenen SAK) und für die Erstellung einer Handlungsfeldanalyse ergeben sich zunächst viele Fragen:

Was alles ist zu klären?

Was muß ich als Sozialarbeiter wissen, um arbeiten zu können?

Ich benötige dafür eine Checkliste, nach der ich mir eine Akte oder einen Computer-Ordner anlege, unter deren Rubriken Informationen zusammengetragen werden, die ich im Verlauf der Arbeit nach Erkenntnis- oder Entwicklungsstand ergänzen kann.

CHECKLISTE FÜR DIE HANDLUNGSFELDANALYSE (BEISPIEL JUGENDHAUS)

a) Träger und bestehende Finanzierung

b) Personelle und organisationale Struktur

c) Räumliche und sachliche Ausstattung, detaillierte Darstellung der Funktionsbereiche, der baulichen Anordnung der Räume, der Aufforderungsstandards, Farb- und Lichtverhältnisse (hierzu ausführlicher Arbeitsschritt 3: Herstellung des Handlungsraumes)

d) Räumlich-strukturelles Wirksystem
Eindruck vom bestehenden Wirkumfeld innerhalb des Jugendhauses: Aufforderungscharakter der Räume, ihrer Gestaltung, der von ihnen ausgehenden Lebensqualität (Werkraumatmosphäre, Wohnzimmer-, Disco-, Wartesaal-, Krankenhaus-, Nachtasyl-, Club-, Tanzdielenatmosphäre etc.), Pflegezustand der Räume und Möbel, Zustand und Größe von Fenstern und Türen, Schallisolierung, Klima- und Schallschleusen, Art und (Un-)Auffälligkeit von Sicherheitseinrichtungen (Brandschutz usw.), Öffnungszeiten

e) Bestehende Konzeption, wenn vorhanden, dort angegebene Arbeitsziele und Zielgruppen, die erreicht werden sollen

f) Besucherstruktur, Verhältnis von erreichter zu in der Konzeption angegebenen Zielgruppe(n), Alter, soziale Herkunft, Geschlecht, soziale Problemlagen usw.

g) Sozial-räumliches Umfeld:
geographische Lage des Stadtteils/Kleinstadt/Dorfes (zur Großstadt, zum Ballungsraum, städtischer oder eher ländlicher Raum), topographische Lage des Jugendhauses, Entfernung zu Anwohnungen, Wohnumfeld, lebensweltliche Bedingungen, Art der Bebauung, Bevölkerungsstruktur, Urbanitätsstruktur (jugendspezifische und sonstige Freizeitangebote, Verkehrsanbindung, kommunale Vereinsstruktur) usw.

h) Institutionelles Umfeld
kommunale, freie, sonstige Einrichtungen im sozialen Bereich, andere Jugendarbeit und soziale Dienstleistungsangebote, wichtige weitere Agenturen (Jugendamt, Schule, Polizei), Firmen als Ausbildungs- und Arbeitsplatzbereitsteller und mögliche Sponsoren

i) Rechtlicher Rahmen(Auftrag) nach dem Kinder- und Jugendhilfegesetz, dem Bundessozialhilfegesetz usw.

j) Interne Struktur
Verhältnis von offenem Bereich zu Angebotsgruppen, welche Mitarbeiter in welchem Bereich tätig oder untätig, welche Klientele, Verhältnis von Dienstleistungsangeboten des Jugendhauses zu den Interessen der Besucher

k) Besucherstruktur im offenen Bereich im Fokus, soziokulturelle-ethnische Zusammensetzung, formelle und informelle Gruppenstrukturen, Verhaltens- und Sprachcodizes der Jugendlichen

(-Gruppen), Lebensstile, Altersstruktur, Herrschaftsstrukturen, Geschlechterverhältnis und -beziehungen, Beteiligungsfähigkeit und -bereitschaft, Stand des Selbsthilfepotentials, subkulturelle Normen und Werte, Problemlagen usw.

l) Regeln (Herkunft und Durchsetzbarkeit, zum Beispiel Alkoholkonsum), Sanktionssystem bei Regelverstößen und Delikten?

m) Regelungen interner Abläufe (Programmgestaltung, Getränkeverkauf, Putzen etc.)

n) Konflikte und ihre Regelungen

o) (Be-)Deutungsgehalt des Jugendhauses für Jugendliche und Gruppen innerhalb und außerhalb

p) Verhalten/Verhältnisse der Sozialarbeiter zu den Jugendlichen, Nähe-Distanz, Interaktionsformen, berufliche Identität und Selbstverständnis der Sozialarbeiter, berufspolitische Haltungen etc.

Diese Checkliste bietet natürlich nur Anhaltspunkte, muß also nicht Punkt für Punkt ausgefüllt werden. Sie ist auch nicht vollständig, kann und soll also je nach Situation verändert und angepaßt werden. Sie soll der Schulung und Erinnerung der Aufmerksamkeit des handelnden Sozialarbeiters dienen, wie die gesammelten und festgehaltenen Informationen Anhaltspunkte bieten sollen für eine Beurteilung der im Arbeitsprozeß erzielten Ergebnisse. Die Checkliste soll aber auch das Register für eine Dokumentation der Arbeit im Jugendhaus sein. Erst im Verlauf des weiteren Arbeitsprozesses kann sie ergänzt und vervollständigt werden, weil sich sowohl die Informationslagen als auch der Kenntnisstand der Mitarbeiter im Verlauf der Arbeit erweitern und verändern. Wichtig erscheint uns in diesem Zusammenhang, daß auch Annahmen als Handlungshypothesen gekennzeichnet werden, damit sie nicht als Beschreibung eines Sachverhalts mißverstanden werden können.

Wir legen großen Wert auf die Betonung der Vorläufigkeit solcher Annahmen und auf den sorgfältigen Umgang damit. Wir müssen bereit sein, einmal aufgestellte Vermutungen zu korrigieren, wenn wir auf Informationen stoßen, die andere Schlüsse nahelegen. Vorgefaßte und verfestigte Meinungen über soziale Sachverhalte, insbesondere über Klienten, bergen große Fehlerquellen und Gefahren für alle Beteiligten.

Wir erwarten von Sozialarbeitern eine „wissenschaftliche Grundhaltung" im Umgang mit der Praxis. Die Verläßlichkeit der Daten steigt mit Zunahme der Informationen und mit der Überprüfung durch kollegiale Beratungen. Diese kommunikative Validierung reicht uns vollständig aus. Kriterien traditioneller Wissenschaftlichkeit müssen vernachlässigt werden, nicht nur weil der Aufwand in keinem Verhältnis zu den Ergebnissen steht, sondern weil solche Wissenschaftspraxis die Praxis der Sozialen Arbeit in unzulässiger und realitätsfremder Weise beeinflussen kann.

Zweiter Schritt: Das Aufstellen von Handlungszielen

Dieser Handlungsschritt ist in den dritten Arbeitsschritt des SAK eingebettet und muß dieselben Kriterien erfüllen:

— Vereinbarkeit der Ziele mit einem gemeinsamen ethischen Grundverständnis der Sozialarbeiter (Ethik-Code)

— Aufgliederung nach kurz- oder längerfristig zu erreichenden Etappen- und Fernzielen

— Realitätsbezogenheit, prinzipielle Erreichbarkeit im eigenen Handlungsfeld

— eine möglichst genaue Beschreibung dieser Ziele/Teilziele

— zeitliche Untergliederung der Ziele/Teilziele

— Operationalisierung der angestrebten Zustände/Prozesse

Wir wollen diesen Zielfindungsprozeß an einem Beispiel erläutern. Wir beziehen uns wiederum auf die Arbeit der Offenen Jugendhilfe in einem Jugendhaus.

Vier Orientierungspunkte bestimmen den Zielfindungsprozeß.

Orientierungspunkt 1: Konzeptionelle Optionen des Trägers und der Einrichtung

Jedes Jugendhaus basiert auf Vorüberlegungen, was diese Einrichtung und darin der offene Bereich (Café, Treff u. ä.) leisten soll und auf welche Bedürfnisse, für welche Klientele Angebote bereitgestellt werden sollen. Diese Vorüberlegungen bestehen meist auch bei Neugründungen, denn ohne Not und bestimmte Absichten der kommunalen oder freien Träger wird kein finanzielles Engagement zu erwarten sein. Solche konzeptionellen Vorüberlegungen, Ziele und Interessen des Finanzierungsträgers (siehe auch Schritt 1) sind nicht in jedem Fall eine bindende Komponente. Sie sind aber auch nicht völlig in den Wind zu schlagen, wie das noch Anfang der siebziger Jahre viele Jugendsozialarbeiter taten. Die oft auch von Laien formulierten Zielsetzungen mögen nicht immer von Sachverstand getragen sein, völlig unsinnig sind sie in der Regel jedoch nicht. Auf jeden Fall drücken sie die Vorstellungen eines einflußreichen Teils der Stadtbürger im kommunalen Bereich und der Gemeindemitglieder im kirchlichen Bereich aus.

Es werden unterschiedliche Interessen auszumachen sein, die für oder gegen eine Einrichtung der Jugendarbeit gerichtet sind. Wir nennen einige, die uns in der Praxis begegnet sind:

— Es gibt Kommunalpolitiker oder Gemeindepfarrer, die aus unterschiedlichen Gründen an einer Jugendhilfeeinrichtung interessiert sind, die „etwas für die Jugend tun wollen", damit diese in sozial akzeptierten Bahnen „sinnvoll" ihre Freizeit verbringen kann. Vielleicht sind wohlwollende Eltern dabei.

— Es können auch politische Parteien beteiligt sein, die sich um ihren Nachwuchs sorgen, und Jugendliche an einem Ort zusammenführen wollen, um die Gelegenheit zur politischen Auseinandersetzung zu haben, oder einfach: damit Jugendliche über Mitbestimmungserfahrungen politisch lernen.

— Es kann auch die Angst vor den Gefahren des Einstiegs in die Drogenszene, in Gewalt, Rassismus und Kriminalität sein, weshalb Sozialarbeiter sich um Jugendliche in deren Freizeit kümmern sollen, also stärker überwachende und Kontrollinteressen der Erwachsenen übernehmen. Überwiegen letztere, setzen diese sich durch, werden repressive pädagogische Vorstellungen zum Ausdruck kommen, was eine stärkere Herausforderung an die Fachlichkeit der Mitarbeiter bedeutet. Wie auch immer die Ängste der Erwachsenen vor den Jugendlichen begründet sein mögen, sie sind nicht ganz von der Hand zu weisen.

— Ähnlich verhält es sich, wenn die Bürgerschaft Jugendliche „von der Straße bekommen" will, die sich in Parks und anderen Ecken treffen.

— Auch der Anstieg entwurzelter Jugendlicher ausländischer Herkunft, die von den örtlichen Vereinen strukturell ausgeschlossen werden,[12] kann Bürger dazu bewogen haben, eine solche Einrichtung zu fördern.

— Es lassen sich immer noch vereinzelte Beispiele finden, wo Jugendliche genügend Druck erzeugt haben, um ihr Jugendhaus zu bekommen, und dabei durch Unterstützung jugendinteressierter Politiker auch erfolgreich waren.

Es gibt sicher noch viele andere Gründe mehr, weshalb Jugendhäuser eingerichtet wurden und zum Teil noch werden. Von den Sozialarbeitern können solche Interessen und die sie vertretenden Personen, Gremien und Gruppierungen nicht als unerheblich abgetan werden. Aus Gründen einer kommunalpolitischen oder sonstigen Umfeldstrategie (weil man auf deren Bild von jugendlichen Problemlagen und Aktivitäten Einfluß nehmen, weil man eine fachlich begründete Jugendarbeit vermitteln will, weil man weitere Mittel zu erlangen hofft etc.), sind auch die Vorstellungen politisch andersdenkender Funktionäre der Kommune und des freien Trägers in konzeptionelle Überlegungen miteinzubeziehen.

Auf dieser Ebene sind auch die gesetzlichen Voraussetzungen zu beachten. Das neue Kinder- und Jugendhilfe-Gesetz (KJHG) bietet trotz mancher Mängel auch wesentliche Anhaltspunkte für die Zielformulierung und deren Umsetzungsmöglichkeiten.

Orientierungspunkt 2: Rahmenbedingungen des Umfelds

Die Umfeldanalyse (Sozialstruktur, sozio-ökonomische, ethnographische, altersbezogene und geschlechtsspezifische Merkmale) liefert Erkenntnisse über die mögliche Klientel, deren Interessen und Bedürfnisse. Sie ermöglichen eine Überprüfung, Bestätigung und gegebenenfalls Relativierung der Vorgaben seitens der Träger.

Von Bedeutung ist auch die Klärung der Frage, ob und gegebenenfalls welche anderen Einrichtungen im Umfeld ebenfalls Jugendarbeit betreiben oder welche kommerzielle Freizeitangebote mit welcher Ausstattung und welchen Zugangsschwellen vor Ort existieren.

Für die eigene Zielformulierung ist auch die Entscheidung für oder gegen bestimmte Zielgruppen unerläßlich. Zu klären ist, wenn wir unser Beispiel heranziehen, ob ein Jugendhaus grundsätzlich für alle Jugendlichen im Einzugsbereich offen sein, ob es eher für Jugendliche mit weniger Möglichkeiten zur eigenen Interessenverwirklichung (in der Regel mit niedrigem sozio-ökonomischen Status) bestehen, ob es multikulturell angelegt sein oder ob es für bestimmte Jugendlichen-Cliquen oder Gangs bereit stehen soll. Entscheidungen für eine bestimmte Klientel können oft zum Ausschluß einer anderen führen.

Orientierungspunkt 3: Grundlagenwissen aus der Fachliteratur

Neben eigenen Erfahrungen sind auch die in der Fachliteratur veröffentlichten Forschungsergebnisse und Diskussionsbeiträge über die

Klienten oder Zielgruppen heranzuziehen, seien es nun alte Menschen, Jugendliche oder Familien unterschiedlichster Schichtzugehörigkeit und ethnischer Herkunft. Es geht hier um ihre gesellschaftlich bedingten Lebenslagen und -entwürfe, um allgemeine und spezifische probleminduzierende Strukturen, kurz: um soziale, materielle und psychische Aspekte ihrer Existenz in einer Gesellschaft, die stark defizitäre Lebenslagen und -chancen für die Klientel Sozialer Arbeit schafft und ihnen ebenso die Mittel und sozialen Kompetenzen vorenthält, um mit den sich daraus ergebenden Problemlagen fertig zu werden.

Orientierungspunkt 4: Ethik-Code

Wir haben auf die Bedeutung dieses Bezugspunktes für die Zielformulierung in Konzeptionen und für praktisches Handeln in der Sozialen Arbeit bereits (siehe Kapitel 1) hingewiesen. Für eine fachlich begründete Zurückweisung bestimmter, der Arbeit mit den Klienten abträglicher Vorgaben oder Anweisungen sowie deren Menschenrechte verletzender Interessen von Leitungsfunktionären der Träger, von Kommunalpolitikern oder sonstigen Machtinhabern, ist die Orientierung auf einen von der eigenen Berufsgruppe anerkannten Ethik-Code unbedingte Voraussetzung.

Aus dem allgemein gehaltenen Ethik-Code sollen nun konkrete Zielvorstellungen entwickelt werden, die angestrebte Fernziele verdeutlichen. Diese können jedoch nicht einfach und geradlinig bis auf die Ebene konkreter Handlungsziele oder gar Verhaltensrichtlinien für die einzelnen Sozialarbeiter abgeleitet werden.

Wir haben für diesen Zielfindungsprozeß in Arbeitsteams oder Fachgruppen (wenn Sozialarbeiter jeweils als Einzelkämpfer in ihren Einrichtungen arbeiten müssen) das im vorangegangenen Kapitel dargestellte Rating Assessment (RA) entwickelt, mit dem eine Übersetzung des Ethik-Codes über die gemeinsame Bearbeitung eines Fallbeispiels auf die Ebene der immer noch allgemeinen, jedoch bereits gegenstandsbezogenen Zielformulierung ermöglicht wird. Die Beschäftigung damit kann die einzelnen Mitarbeiter veranlassen, ihre eigenen Wertvorstellungen und Weltsichten offenzulegen und diese im Kollegium abzugleichen. Dies kann der erste Schritt zu einem gemeinsamen Konzeptfundament werden. Die Praxis hat gezeigt, daß, bei Anerkennung mancher Unterschiedlichkeit im konkreten professionellen Handeln, ein Konsens über professionelle Grundhaltungen in aller Regel die beinahe wichtigste Voraussetzung für eine effiziente und an den Bedürfnissen der Klienten ausgerichtete Arbeit ist. Dies setzt voraus, daß allen die professionellen Orientierungen aller Mitarbeiter eines Teams ausdrücklich bekannt sind.

Fazit: Die vier Orientierungspunkte für die Zielformulierung sind nicht immer nahtlos zu kombinieren. Wie wir gesehen haben, können insbesondere zwischen den Interessen der Anstellungsträger und den Interessen der Sozialarbeiter, wenn sie sich an den Zielen und Standards sowie Fachkenntnissen ihrer Profession orientieren, ganz erhebliche Gegensätze aufbrechen. Wir halten es sogar entsprechend der These vom „strukturellen Konflikt" der Sozialarbeit [13] für ganz „normal", daß sich diese Interessen gegensätzlich darstellen. Schließlich reichen die sozialarbeiterischen Möglichkeiten zur grundlegenden Beseitigung der Bedingungen, die zu den Problemlagen der Klientel wesentlich beigetragen haben, nicht aus. Die Träger Sozialer Arbeit, die ihre Existenz rechtlichen und politischen Regelungen dieser Gesellschaft verdanken, brauchen einerseits ihre Klientel für ihr Überleben und haben sich in dieser Situation oft allzu bequem eingerichtet (insbesondere die großen „Freien" Träger!). Die Leitungen, aber auch die von kommunalen Trägern, argumentieren selten fachlich, sondern rechtlich, politisch und ökonomisch, weil sie auf allen diesen Ebenen ihre Existenz verteidigen. Bei konkurrierenden Interessen in den Gemeinden, bei den „Freien" Trägern und den Kreisen hat es Sozialarbeit immer schwer, eine Lobby für ihre Klientel zu bilden.

Dritter Schritt: Aufstellung von Handlungszielen/Handlungsplan

Dieser Arbeitsschritt entspricht dem dritten Schritt im Selbstmanagementkonzept (SAK) (siehe Kapitel 8).

In dieser Phase des Arbeitsprozesses kommt es darauf an, die in der vorausgegangenen Umfeldanalyse gewonnenen Informationen und die aus allgemeinen Zielsetzungen abgeleiteten Zielvorstellungen in realisierbare mittel- und kurzfristige Etappenziele zu verarbeiten. Bei möglicherweise sehr ähnlichen Vorstellungen über allgemeine Ziele für die Dienstleistungen in einem Jugendhaus, müssen sich die Konkretisierungen auf mittel- und kurzfristige Zielsetzungen stark unterscheiden, weil sich die Umfeldbedingungen und die möglichen und realen Klientel ebenso unterscheiden. In diesen Prozeß der Zielfindung und -formulierung nach vorangegangener Umfeldanalyse werden die Mitarbeiter immer wieder neu eintreten müssen. Da die konkreten Bedingungen vor Ort nicht gleich sind und auch immer wieder neue Entwicklungen im Umfeld einer Einrichtung eintreten, kann es keine schematischen Übertragungen von einer Einrichtung auf eine ähnliche andere oder Fortschreibungen bei der Arbeit innerhalb einer Einrichtung über längere Zeiträume geben. Nach unseren Erfahrungen sollte sowohl für die Arbeit in Jugendhäusern als auch in Jugendwohnheimen, Altenheimen usw. nach etwa fünf Jahren, bei sozialpädagogischen Sondermaßnahmen (wie Segeltörns oder Safaris mit gefährdeten Jugendlichen) in kürzeren Abständen, eine solche Überprüfung, vorgenommen werden. Auf jeden Fall immer dann, wenn erkennbare Veränderungen bei der Klientel eintreten.

An dieser Stelle wollen wir mit einem Beispiel (wieder aus dem Bereich der Jugendarbeit) erläutern, wie wir uns in einer gegebenen Situation den Prozeß der Formulierung von Handlungszielen vorstellen. Das Beispiel betrifft die kommunale offene Jugendarbeit in einer Mittelstadt im Rhein-Main-Gebiet:

Im ersten Arbeitsschritt wurde festgestellt, daß die Besucherzahl im Verlauf der letzten Jahre rapide abgenommen hat. Zwar laufen noch Interessengruppen (Video und Computer) mit einigen Schülern im Alter von 15 bis 18 Jahren, im offenen Bereich aber („Juca", Jugendcafé) tummeln sich gerade noch zehn Jugendliche pro Abend, davon etwa sieben fast immer, die anderen gelegentlich. Ab und zu wird geflippert oder im Nebenraum Tischtennis gespielt, ansonsten herrscht Langeweile. Von den drei hauptamtlichen Sozialarbeitern (zwei Männer und eine Frau) betreut einer die Computergruppe, die Frau versucht erfolglos, eine Mädchengruppe zu bilden und betreut die Video-Gruppe. Ein Sozialarbeiter fühlt sich für die Verwaltung zuständig und leistet hauptsächlich Büroarbeit. Allgemeine Gespräche unter Kollegen und Kaffeetrinken nehmen einen großen Teil ihrer Arbeitszeit ein. Ab und zu kommen einzelne Jugendliche zu Beratungsgesprächen. Eine Berufspraktikantin und vier Honorarkräfte (Studenten) mit jeweils zehn Stunden pro Woche halten das Angebot des Jugendcafés aufrecht. Dies tun sie ohne konzeptionelle und methodische Anleitung durch die Hauptamtler. Diese stammen zum Teil noch aus der Zeit der Jugendzentrumsbewegung. Sie hofften (zu) lange darauf, daß die Jugendlichen eigenaktiv das Leben im „Juca" gestalten würden. Insgesamt fühlen sie sich hilflos gegenüber diesem formlosen unstrukturierten Bereich und dem gelegentlichen aggressi-

ven Hereinschwappen von Gruppen der Straßenszene, vor denen alle
Angst haben.

Etwa 80 Jugendliche sind in Straßencliquen organisiert. Sie kommen
nur ins „Juca", wenn eine Disco veranstaltet wird und sonst nichts los
ist. Dann trinken sie exzessiv, werden agressiv, prügeln sich gegenseitig und mit sonstigen Besuchern. Dann zerschlagen sie manchmal die
Einrichtung. Einmal etwa pro Vierteljahr ist das Jugendhaus nach
Krawallen geschlossen. Kommunalpolitiker überlegen bereits, ob sie
das Jugendhaus nicht überhaupt schließen sollten. Denn es häufen
sich auch die Beschwerden der Anwohner über nächtliche Ruhestö-
rung und Belästigungen durch betrunkene Jugendliche. Wahrscheinlich würde (kurzfristig) kein Hahn danach krähen, wenn das Jugendhaus geschlossen würde, außer den wenigen – überwiegend deutschen – Gymnasiasten, die sich regelmäßig dort treffen.

Bei den Jugendcliquen außerhalb handelt es sich überwiegend um
Jugendliche ausländischer Herkunft mit geringem sozio-ökonomischen Status und schlechten Bildungs- und Berufsperspektiven. Sie
wohnen in einem ghettoisierten Neubauviertel und in sanierungsbe-
dürftigen alten kleinen Häusern im Ortskern einer durch Eingemein-
dung und Industrialisierung gebildeten Kleinstadt mit 25 000 Einwoh-
nern (10 Prozent Sozialhilfeempfänger und 15 Prozent Ausländer).
Lage: Rhein-Main-Gebiet, Entfernung zur Metropole etwa 25 km, im
Verkehrsverbund mit S-Bahn angeschlossen. Wenn einige Jugendgruppen Geld haben oder sich beschaffen wollen, gehen sie Oberschü-
ler „rippen", das bedeutet, sie nehmen denen unter Androhung von
Gewalt (Messer usw.) Lederjacken, Armbanduhren, Walkmen, Geld
u. ä. ab. Dies tun sie nur zum Teil in ihrer Wohngemeinde, sondern
meist in der S-Bahn oder in B-Ebenen der Metropole. Bei diesen
Gelegenheiten tauchen sie nicht im „Juca" auf.

Eine der Jugendgruppen gehört zur gewalttätigen Skin-Szene. Sie
besteht überwiegend aus deutschen Jugendlichen, das heißt aus 16
gewaltbereiten Jugendlichen, ein Teil arbeitslos, andere haben eine
Lehrstelle oder besuchen die örtliche Gesamtschule (Alter 16–19).
Kontakte zur Neo- und Alt-Nazi-Szene haben Ausländerfeindlichkeit
und rassistisches Gedankengut gefördert. Asylbewerbern („Kana-
ken") begegnen sie mit besonderem Haß. Zum Teil geschürte „Angst
vor Überfremdung" hat auch gegenüber den ortsansässigen Jugendlichen türkischer und jugoslawischer Herkunft zu Angriffen geführt.
Dies wiederum hat die Gangbildung der ausländischen Jugendlichen

gefördert und zu einer beiderseitigen Eskalation in der „Aufrüstung" beigetragen.

Fest steht: die Jugendszene ist ein Pulverfaß. Kommunalpolitiker und Polizei stehen der Entwicklung ebenso hilflos gegenüber wie die städtische Jugendarbeit, die eigentlich präventiv im Interesse der Jugendlichen arbeiten sollte und die Entwicklung verschlafen hat.

Um dieses Beispiel nicht zu umfangreich darzustellen, überspringen wir einige Stadien der Bewertung der Umfeldanalyse und kommen zur Zielformulierung.

Nach dem Fazit der Umfeldanalyse unterbreitet der Stadtjugendpfleger aus dem Amt für Jugend und Soziales dem Jugendhaus-Team einen Plan zur Veränderung der Arbeit. Er stellt fest, daß die bestehende Jugendfreizeiteinrichtung unzureichende Dienstleistungen für eine zu kleine und „falsche" Klientel anbietet. Die Kommunalpolitiker (Jugendausschuß und Dezernent) würden eine Jugendarbeit erwarten, die „problemgruppen-bezogen" präventiv und unterstützend arbeitet und die mit allen Institutionen zusammenarbeitet, die mit den Problemlagen befaßt sind. Nach der Besprechung kündigen zwei der Sozialarbeiter. Einer bleibt, zwei weitere werden neu eingestellt. Das neue Team hat nun in Kenntnis der Ergebnisse der Umfeldanalyse in Zusammenarbeit mit dem Stadtjugendpfleger folgende Arbeitsziele formuliert:

In dieser Phase der Erstellung eines Handlungsplanes und der Formulierung von Handlungszielen ist es wichtig, auf drei Ebenen Ziele zu formulieren. Die Formulierung von Handlungszielen auf der zeitlichen Ebene der Fernziele fällt noch ziemlich leicht. Deshalb sollten Praktiker hiermit anfangen, danach die Zielkonkretisierung in mittelfristiger und schließlich die Ziele in kurzfristiger Perspektive formulieren, da letztere am schwierigsten zu formulieren sind. Da die Prozesse in der Praxis oft nicht vollständig vorhersehbar sind, ist es mitunter auch kein Problem, wenn die mittelfristigen Zielkonkretisierungen noch nicht gleich zu Beginn der Arbeit voll ausformuliert sind.

Langfristige Ziele:
— Vermittlung von (Lebens-)Perspektiven für die unterschiedlichen Jugendgruppen über verstärkte Förderung von Ausbildungs- und Arbeitsmöglichkeiten
— Förderung gegenseitigen Verstehens durch gemeinsame Freizeitprojekte über Stadien der friedlichen Koexistenz

— Überprüfung der Implikationen des multikulturellen Konzepts auf Realisierbarkeit und Tragfähigkeit, denn es könnte sein, daß ideologische Vorgaben zu keinem tragfähigen Konzept des Miteinander-Lebens führen, weil es die Betroffenen überfordert

Mittelfristige Ziele:

— Aufbau stadtteilbezogener Arbeitskreise aller beteiligten Instanzen und Einrichtungen zur Koordinierung der Jugendhilfe und -förderung. Hierbei miteinzubeziehen sind: Jugendamt, Stadtjugendpfleger, Jugendhausmitarbeiter, Bewohnerforen, Mitglieder des Jugendausschusses, Evangelische Kirchengemeinde, Schulen, Mitarbeiter des Hortes, Vertreter der Jugendgerichtshilfe des Kreises und darüber hinaus auch der Jugendgerichtsbarkeit, der Kreishandwerkerschaft, der Vereine und der Polizei

— Bereitstellung von städtischem Wohnraum für Jugendwohngruppen

— Schaffung einer Jugendschiedsstelle für Konfliktregelungen zwischen den Jugendgruppen

— Förderung der Ausbildung der ausländischen und anderer Jugendlicher durch Lehrer, Ausbilder und Sozialarbeiter

— Ferienfreizeiten, die die Abenteuerlust und zunächst auch die Macho-Bedürfnisse der Jugendlichen ansprechen und es ermöglichen, diese auszuagieren (zum Beispiel Aktiv-Camps, Segeltörns usw.). Diese erfolgen zunächst gruppenbezogen, erst später gruppenübergreifend. Sportwettkämpfe (Fußball, Boxen, Karate) usw.

— Entwicklung attraktiver Wohnumwelten und Beschäftigungsinitiativen

Mittelfristige Nahziele (Kontaktaufnahme und die Gestaltung von Wirkumfeldern):

— Öffnung des Jugendhauses für Gruppen ausländischer und deutscher Jugendlicher nach Ansprache über aufsuchende Jugendarbeit

— Gemeinsame Planung von cliquenbezogenen sozialen Räumen im Jugendhaus, die von den jeweiligen Gruppen und den Jugendarbeitern gemeinsam umgebaut und ausgestaltet werden

— Regelung von Verantwortlichkeiten und Zuständigkeiten innerhalb der einzelnen Gruppen und der Gruppen untereinander

— Kontakte zu den Anwohnern und zur Öffentlichkeit: „Walking-around-Management"
— Kontaktaufnahme zur Skin-Gruppe über Straßensozialarbeit. Suche nach geeignetem Objekt zum Ausbau, Ausgestaltung ihrer Wirkumwelt durch Gruppe (wobei die Sozialarbeiter mit Fingerspitzengefühl und größter Zurückhaltung moralischer Wertungen agieren müssen)
— Entwicklung spezifischer Freizeitaktivitäten und Urlaubs-/Ferienprogramme (Aktiv-Urlaub in einem Herkunftsland wie Türkei, Marokko etc.), ansonsten ähnliche Angebote wie auch für die anderen Gruppen. Der Zeitpunkt einer Gruppenmischung sollte gut überlegt sein

Erstziele, kurzfristige Nahziele:

— Kontaktaufnahme mit den Jugendlichen-Gruppen auf der Straße erreichen mit dem Ziel, akzeptiert zu werden
— über Gespräche die unmittelbaren Interessen und Bedürfnisse herausbekommen
— Herstellen einer gemeinsamen Kommunikationsbasis mit den ausländischen Jugendlichen
— Abklopfen von Möglichkeiten für gemeinsame Aktionen von Sozialarbeitern mit einzelnen Jugendgruppen
— Gespräche mit den bisherigen (und möglichst auch künftigen) Besuchern des Jugendhauses über die geplante Konzeptionsänderung, Vermittlung ihrer Notwendigkeit, gemeinsame Suche nach Möglichkeiten von Nischen und Formen der Koexistenz mit den ausländischen Gruppen, die das Jugendhaus stärker für ihre Bedürfnisse nutzen sollen

Auf den ersten Blick erscheinen die unmittelbar zu verfolgenden Handlungsziele sehr bescheiden ausgefallen zu sein. Das Erreichen dieser ersten Arbeitsziele muß jedoch als erster Arbeitserfolg verbucht werden. Auch für die Sozialarbeit gilt: Sind erste Etappenziele erst einmal erreicht, so ist dies die Voraussetzung für die Erreichung weiterer Teilziele. Kriterien dafür sind einfach zu formulieren und zu überprüfen. Es steht Sozialarbeitern gut an, wenn sie in der Lage sind, unmittelbare Nahziele im Kontext einer längerfristigen Zielsetzung darzustellen und deren Erreichung fachlich zu vertreten.

Für diese Zielsetzungen wird danach ein Handlungsplan aufgestellt, der für das Erreichen der Etappenziele eine zeitliche Abfolge festlegt, nach dem Prinzip: was muß unaufschiebbar zuerst geschehen, was danach und was später? Der Zeitplan muß als zweites Strukturierungsprinzip fragen: was muß aus Gründen des Konzepts, der fachlichen Beurteilung zuerst geschehen, damit weitere Schritte darauf aufbauen können? Der Handlungsplan muß aber auch Operationalisierungen der Teilziele enthalten, das heißt Beschreibungen von zu erreichenden Zuständen, die realisiert sein müssen, damit ein Ziel als erreicht gelten kann.

So kann in unserem Beispiel eine Kontaktaufnahme mit einer Jugendlichen-Gruppe auf der Straße, im Spielsalon, in einer Kneipe geplant und dokumentiert werden. Sollte sich die Gruppe für ein weiteres Treffen bereit erklären, so wäre ein weiteres Nahziel erreicht. Ist sie schließlich zu einem Treffen mit dem Sozialarbeiter an einem für das Gespräch geeigneten und neutralen Ort bereit und findet dieses Treffen auch statt, so wäre bereits ein gewaltiger Schritt getan (Streetgangs haben in der Regel ihre Reviere, die Bereitschaft zu einem Treffen anderswo signalisiert bereits einen gewissen Vertrauensvorschuß). Als Indiz für eine Klima-Verbesserung könnte die Bereitschaft der Gruppe angesehen werden, sich sogar gewaltlos auf dem Terrain des Sozialarbeiters zu treffen, im Jugendhaus.

Vierter Schritt: Herstellen eines aktivierenden Environments

Das von uns vorgestellte Selbstreflexive Arbeitskonzept der Sozialen Arbeit (SAK) und die Environment-Aktivierungs-Methode (EAM) sind mit Sozialarbeitern gemeinsam erprobt und weiterentwickelt worden, haben also bereits der praktischen Innovation gedient bis dahin, daß die Mitarbeiter einer Einrichtung nach der Berufsfeldanalyse (zweiter Schritt im SAK) und einer von uns erstellten Organisationsdiagnose die Notwendigkeit einer Veränderung der gesamten Arbeitsstruktur erkannten und mit einer Organisationsentwicklung begonnen haben.

Die Herstellung eines Wirk-Environments ist nur möglich, wenn der Sozialarbeiter die im ersten Schritt gesammelten Informationen mit fachlichem Wissen über Lebenslagen und Lebensstile der Klientel und seiner (erlernbaren) Sensibilisierung für die über verbale und nonverbale Handlungen der Klienten ausgesendeten kommunikativen „Botschaften" verbindet.

Zur Kenntnis der Lebensstile bei den Jugendlichen in unserem Beispiel gehört, daß der Sozialarbeiter weiß, daß es interne und subkulturelle Gruppenregeln, eigene Wertsysteme (Modifikationen der allgemein geltenden Werte und Normen) und Symbole gibt, die er herausfinden muß, um situationsangemessen handeln zu können.

Die Kleidung der Jugendlichen und die sich darin ausdrückenden Symbole gehören zur unmittelbaren Wirkumwelt (Environment), ebenso wie ihre internen Regeln, Normen und Werte. Diese Teile des Environments, wie auch die Gruppe und ihre Struktur und Zusammensetzung, sind Teile des überwiegend von ihnen selbst geschaffenen Wirkumfeldes (Environments). Veränderungen in diesen Bereichen sind nach unserem professionellen Verständnis möglicherweise vom Sozialarbeiter wünschenswert, jedoch nicht realisierbar. Diesbezügliche Veränderungen sind nur von den Jugendlichen selbst zu vollziehen, Sozialarbeiter können darauf nur indirekt einwirken.

Anders verhält es sich bei der Wahl der Treffpunkte für die Gespräche mit solchen Gruppen. Wenn man um die Bedeutung von Terrains (Zugehörigkeit, Abgrenzung und Ausgrenzung von anderen Gruppen) und vom Aufforderungscharakter von Orten und ihrer „Ausstrahlung" weiß, dann kann mit der Vorgabe eines Treffpunkts und mit der Frage, wer vorgibt (die Jugendlichen oder der Sozialarbeiter), bereits ein Wirkumfeld bestimmt und gestaltet werden. Dies kann in unserem Beispiel der erste Schritt zu einem Prozeß der zielbezogenen Beeinflussung des Environments sein, an dessen Gestaltung die Klienten zu beteiligen sind.

Wir wollen im folgenden die Bereiche und Ebenen erörtern, die innerhalb eines engeren Wirkzusammenhangs innovativ gestaltbar oder beeinflußbar sind. Es sind die Komponenten eines Environments, die am Beispiel des Jugendhauses in der Checkliste der Umfeldanalyse den näheren Handlungsraum betreffen.

Wir betonen ausdrücklich, daß sowohl die Merkmale als auch deren inhaltliche Füllungen jeweils nach Praxisfeld und Einrichtung verändert werden müssen.

Welche Merkmale mit welchen Inhalten eine Rolle spielen, wissen wir, wenn wir nach der Handlungsfeldanalyse vorgehen.

Veränderbare und zu berücksichtigende Komponenten des Environments

Konzeption

Politische, fachliche, ideologische Ziele, Arbeitsweisen, Methoden

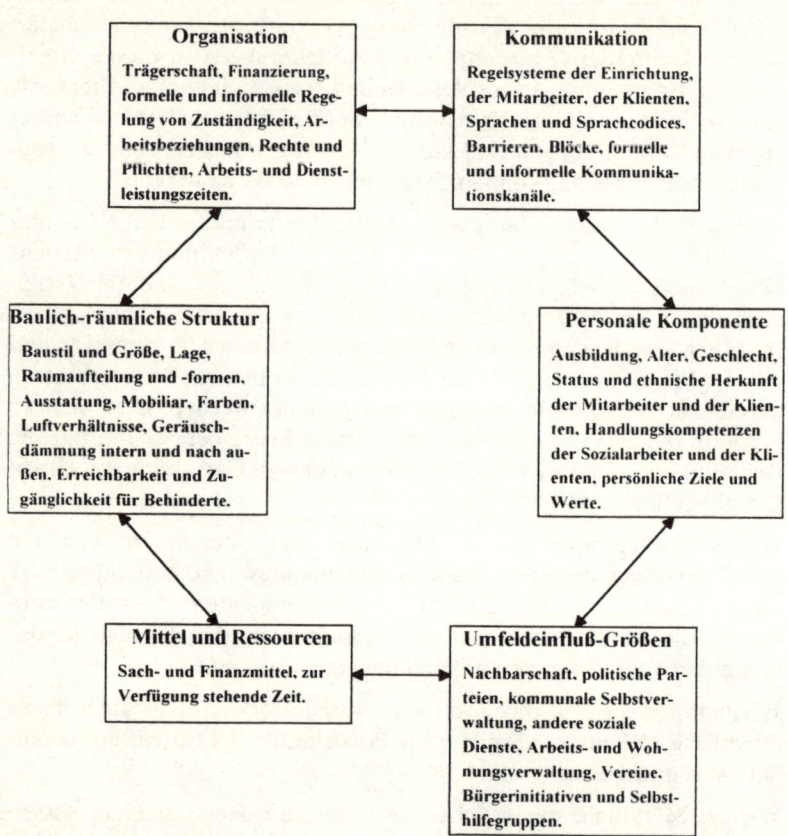

Organisation

Trägerschaft, Finanzierung, formelle und informelle Regelung von Zuständigkeit, Arbeitsbeziehungen, Rechte und Pflichten, Arbeits- und Dienstleistungszeiten.

Kommunikation

Regelsysteme der Einrichtung, der Mitarbeiter, der Klienten, Sprachen und Sprachcodices, Barrieren, Blöcke, formelle und informelle Kommunikationskanäle.

Baulich-räumliche Struktur

Baustil und Größe, Lage, Raumaufteilung und -formen, Ausstattung, Mobiliar, Farben, Luftverhältnisse, Geräuschdämmung intern und nach außen. Erreichbarkeit und Zugänglichkeit für Behinderte.

Personale Komponente

Ausbildung, Alter, Geschlecht, Status und ethnische Herkunft der Mitarbeiter und der Klienten, Handlungskompetenzen der Sozialarbeiter und der Klienten, persönliche Ziele und Werte.

Mittel und Ressourcen

Sach- und Finanzmittel, zur Verfügung stehende Zeit.

Umfeldeinfluß-Größen

Nachbarschaft, politische Parteien, kommunale Selbstverwaltung, andere soziale Dienste, Arbeits- und Wohnungsverwaltung, Vereine, Bürgerinitiativen und Selbsthilfegruppen.

Diese Struktur-Komponenten, die unser Handeln im Wirkumfeld näher bestimmen, sind auch bei der intentionalen Gestaltung eines Environments als Ansatzpunkte für innovatives soziales Handeln nach der Environment-Aktivierungs-Methode zu sehen. An welchem der Punkte man eine gesteuerte Strukturierung durch professionelles Handeln ansetzt, hängt von der Umfeldanalyse und der Zielsetzung ab, denn es gilt der Rahmen des SAK, das eine Untersuchung der Ergebnisse des Handelns und seine Reflektion erfordert und gegebenenfalls Korrekturen vorsieht. Sollten hierbei falsche Entscheidungen zu fehlerhaftem Handeln führen, so können die Folgen aus zwei Gründen begrenzt und relativiert werden.

a) Die Entscheidungen wurden nach fachlicher Abwägung getroffen, das heißt unter Miteinbeziehung ihrer möglichen Folgen für die Klientel. Da mit der Zeit immer mehr fallbezogene Erfahrungen wissenschaftlich aufgearbeitet werden, können diese Erwägungen immer besser sachlich verantwortet werden, so daß die Qualität und Quantität falscher Entscheidungen mittelfristig rückläufig ist.

b) Die Komponenten eines Environments sind systemisch in einem komplexen multifaktoriellen sozialen Feld verbunden, in dem sich alle Teilbereiche wechselseitig und vielfältig beeinflussen. Die Veränderung eines Einflußbereiches zieht auch Veränderungen in den anderen Bereichen nach sich.

Fünfter Schritt: Dokumentation des Arbeitsprozesses

Der im Arbeitsschritt 3 begonnene Prozeß der Environment-Aktivierung wird in geeigneter Form festgehalten (vgl. Arbeitshilfen zur Zielformulierung, Environmentkarte, Tagesprotokolle). Hierbei müssen wesentliche Merkmale dokumentiert werden. Wir schlagen hierfür folgende Merkposten vor:

— Initiatoren des Prozesses (Sozialarbeiter, andere Kooperanten, Klienten, Politiker, engagierte Bürger etc.)

— Initiative, intentional oder zufällig

— Intervenierende Handlung der Sozialarbeiter

— Ansatzpunkt im Wirkumfeld

— Strukturierung ohne oder gemeinsam mit Klienten

— Kennzeichnung der Phase, in der Klienten beteiligt werden, wie sieht die Beteiligung aus

— Genaue Beschreibung der Maßnahmen/Handlungen zum Start und zur Steuerung des Prozesses
— Präzisierung der Kriterien für die Erreichung der Teilziele
— Zielüberprüfung im Handlungsverlauf
— Dokumentation der beabsichtigten und der nicht beabsichtigten Abläufe

Wir wissen, daß Praktiker nur dann zu neuen Methoden greifen, wenn sie, über die Sinnhaftigkeit der Methode hinaus, von deren Praktizierbarkeit in der Alltagswirklichkeit unter allen Druck- und Streßbedingungen überzeugt werden können. Deshalb haben wir Arbeitshilfen entwickelt, die eine wenig aufwendige, aber gleichwohl ausreichende Dokumentation ermöglichen, um später gültige Aussagen über die Wirksamkeit der eigenen Arbeit zu machen.

Sechster Schritt: Phase der Evaluation/Reassessment

In dieser Phase wird überprüft, ob die in der Phase der Formulierung konkreter Handlungsziele auf den unterschiedlichen Zieletappen formulierten Zustände erreicht wurden.

Die Aufzeichnungen und Protokolle über die Arbeitsprozesse sind hierfür wichtige Unterlagen (wie im Rahmenkonzept SAK). Diese vorhandenen Daten und Zustandsbeschreibungen müssen nun fachlich überprüft (validiert) werden. Dies kann durch das Team der Einrichtung, durch eine Konferenz aus Mitarbeitern sozialer Einrichtungen und Klienten oder auch durch ein Sozialarbeiter-Team aus einer ähnlichen anderen Einrichtung geschehen. In jedem Falle kann dies mit Hilfe des Rating Assessment (RA) (siehe Kapitel 9) geschehen.

Mit dem Entstehen einer Fachgewerkschaft Soziale Arbeit wird auch ein fachliches Evaluationswesen entstehen. Solange dies noch nicht existiert und auch kein fremdes Team oder gar eine Stadtteilkonferenz über Erfolg oder Mißerfolg einer Praxis Sozialer Arbeit entscheiden kann, solange werden wohl die Sozialarbeiter selbst über Erfolg oder Mißerfolg entscheiden müssen. Sie können dies jedoch, wenn sie nach solchen Konzepten (Selbstreflexives Arbeitskonzept, SAK) und Methoden (Case Management, CM, oder der Environment-Aktivierungsmethode, EAM) arbeiten.

An dieser Stelle wird entschieden, ob eine Arbeit(sphase) beendet ist, ob weitere Soziale Arbeit erforderlich ist oder ob bei Nicht- oder nur Teilerfolg der Arbeit wieder mit dem Prozeß der Environment-Aktivierung begonnen werden muß.

13. Sozialmanagement und Organisationsentwicklung

Professionelles Management in sozialen Organisationen macht Organisationsentwicklung als gesonderten Vorgang überflüssig. Gelungenes Sozialmanagement sorgt für ein gutes Betriebsklima und fördert eine Weiterentwicklung der Organisation und des Personals. Ein gutes Betriebsklima, hohe Arbeitsmotivation der Mitarbeiter, die Herausbildung eines betrieblichen Wir-Bewußtseins mit dem Stolz, gerade dieser hochqualifiziert arbeitenden Einrichtung anzugehören, sind Erfolge eines qualifizierten Managements.

Ständige Verbesserungen können die Folge der eingerichteten internen „Qualitätszirkel" sein.

„Ein Qualitätszirkel ist eine kleine Gruppe von Mitarbeitern, die
— Probleme aus dem gemeinsamen Tätigkeitsbereich aufgreift
— Lösungsvorschläge erarbeitet
— im Rahmen ihrer Kompetenz selbst bzw. mit Hilfe anderer die Lösungen verwirklicht

Die Tätigkeit des Qualitätszirkels muß in der Verwaltung akzeptiert werden. Die Mitglieder eines Qualitätszirkels treffen sich regelmäßig zu vorher festgesetzten Zeiten. Die Arbeitsergebnisse dokumentiert und präsentiert ein Qualitätszirkel selbst."[1]

Diese Arbeit wird in der Regel als Teil einer eigenen Organisationsberatung gesehen, bei der von außen kommende Berater die Anleitung übernehmen. Warum sollen sich aber nicht auch interne Arbeitsgruppen bilden, die die Optimierung der Arbeit der Einrichtung zum Ziel haben? Diejenigen, die in sozialen Dienstleistungsagenturen das Produkt Soziale Arbeit herstellen, wissen oft am besten, wo „es klemmt", wo die Arbeit von Strukturen und problematischen Arbeitsbeziehungen behindert wird. Oft übernimmt ein externer Berater nur die Moderatorenfunktion, die in einer gutgeführten Einrichtung auch von Mitarbeitern übernommen werden kann. Gerade im Interesse einer internen Förderung der Mitarbeiter und der frühzeitigen Heranbildung von Führungskräften aus der eigenen Organisation wäre eine

Beteiligung von fähigen Mitarbeitern an der Organisation von Quali-
tätszirkeln angebracht. Der oft gehörte Einwand, dies würde aus
Gründen komplizierter Arbeitsbeziehungen und intrapsychischer
Spannungen nicht mit eigenen Kräften durchzuführen sein, ist in der
Praxis oft nicht zutreffend. Wenn in einer Einrichtung ein sachliches
Klima vorherrscht, in dem die psycho-sozialen Beziehungen der Mit-
arbeiter zwar nicht vernachlässigt, aber auch nicht zum Dreh- und
Angelpunkt der Beschäftigung gemacht werden, lassen sich nach
unseren Erfahrungen mit Kollegialberatungen durchaus gute Erfolge
erzielen.

Zur Klarstellung: Organisationsberatung ist nicht gleich Supervision.
Gerade die psychologisch orientierten Formen der Supervision sind
nicht Hauptbestandteil einer qualifizierten Organisationsberatung, die
genauso wenig psychozentriert sein darf wie die Methoden Sozialer
Arbeit selbst. In beiden Fällen ist eine unter eigenständigen Gesichtspunkten strukturierte Interdisziplinarität gefordert, in der sozialarbeiterische, psychologische, (organisations-)soziologische und betriebs-
wirtschaftliche Aspekte gleichberechtigt zum Zuge kommen. Die Herausbildung der eigenständigen Disziplin „Organisationsentwicklung"
(OE) ist dafür ein gutes Beispiel.

Gutes Management wird darauf hinwirken, daß eine soziale Dienstlei-
stungseinrichtung sich in ihrer Organisationskultur ständig den wechselnden Anforderungen anpaßt. Externe Berater oder entsprechende
Qualifikation der Mitarbeiter durch Fort- und Weiterbildung haben
jedoch dann eine wichtige Aufgabe für den innovativen Prozeß, wenn
es darum geht, neues Wissen und aktuelle Kenntnisse in solche Prozesse einzuspeisen, die innerhalb der Belegschaft nicht verfügbar sind.

Wenn die ständigen Innovationsprozesse, die beispielsweise über
Qualitätszirkel angeregt werden können, in einer Einrichtung nicht
stattfinden, wenn also die Mitarbeiter und das Management sich nicht
gemeinsam am „Zopf aus dem Sumpf ziehen" können, wenn überkommene Organisationsstrukturen die Arbeit der Einrichtung behindern, wenn verkrustete Kommunikationsstrukturen formeller oder
informeller Art fachliche Arbeit unterbinden, dann kann keine intern
gesteuerte Weiterentwicklung stattfinden. In diesem Falle ist eine
soziale Dienstleistungsorganisation jedoch auf Hilfe von außen angewiesen. Hier ist eine besondere Organisationsentwicklung durch Fachleute angesagt.

Was ist nun in diesem Zusammenhang unter Organisationsentwicklung zu verstehen?

Nach Sievers ist Organisationsentwicklung (OE) ein Konzept, das mit dem Ziel der Verbesserung und Effektivierung der Arbeit hinsichtlich der Organisationsziele sowohl die Strukturen der Organisation als auch die Kommunikation verändert. Beide gemeinsam, die Strukturen und das Bewußtsein der Mitarbeiter, müssen verbessert werden, kurz: die „Organisationskultur". Während OE in Bereichen der profitorientierten Unternehmen auch in Deutschland weitverbreitet ist und, wenn sie qualifiziert durchgeführt wird, gute Erfolge verbuchen kann, ist sie im Non-Profit-Bereich immer noch unterrepräsentiert.

Dies traf zum Beginn der Fachdiskussion in den 80er Jahren besonders zu.[2] In den USA, dem Entstehungsland der OE und auch im europäischen Ausland[3] war hingegen OE bereits auch für soziale Dienstleistungseinrichtungen üblich.

Organisationsentwicklung verweist auf eine Vielzahl von Konzepten und Arbeitsansätzen, die sich aus unterschiedlichen historischen und theoretischen Quellen entwickelt haben. Noch hat sie – wie die Soziale Arbeit selbst – kein einheitliches theoretisches Fundament. Sie wurde unter pragmatischen Gesichtspunkten aus Teilerkenntnissen und -methoden aus unterschiedlichen Disziplinen und Schulen entwickelt, ist aber trotz des theoretischen Mangels hochwirksam.

Auch die OE-Forschung steckt noch in den Anfängen. Die Verwissenschaftlichung sowohl der Organisationsdiagnose als auch der Untersuchung ihres Phasenverlaufs (Prozeßevaluation) erscheint jedoch mit dafür angepaßten Instrumenten der angewandten Sozialforschung möglich. Ein angemessenes Konzept für die OE-Forschung bietet sich nicht zufällig mit der Handlungsforschung (HF) an, weil die Beteiligung der Akteure am Erhebungsprozeß und die notwendige Rückmeldung wichtige Elemente sowohl der OE als auch der HF[4] sind. Ebenfalls nicht zufällig hat der Urheber eines wichtigen Vorläufers der OE, der Gruppendynamik und der Trainings-Gruppen,[5] auch die ersten HF-Konzepte entwickelt, um diese Veränderungen in Gruppen zu erforschen.

Nach French und Bell[6] liegen die Ursprünge der OE in zwei unterschiedlichen Bereichen, die auch verschiedenen Disziplinen entstammen.

a) Versuche, die gruppendynamische Laboratoriumsmethode auf Industriebetriebe anzuwenden. Sie ist 1946 aus einer Reihe von Gruppendiskussionsverfahren entstanden und richtet sich auf die Arbeit mit unstrukturierten Kleingruppen, „. . . in denen die Mitglieder wechselseitige Interaktionen und die sich dabei entfaltende Dynamik in der Gruppe lernen".[6]

Es handelt sich hierbei um ein von Lewin, Benne, Bradford und Lippit ins Leben gerufenes Handlungsforschungsprogramm der „Connecticut Interracional Commission" und dem „Research Center for Group Dynamics am Massachussets Institute of Technology (MIT)". Aus dieser Arbeit gingen später die „National Training Laboratories for Group Development" und die T-Gruppenarbeit hervor. In den T-Gruppen wurden Mitarbeiter des Managements unterschiedlicher Betriebe gemeinsam quasi in Kleingruppen in der Gruppenarbeit mit gruppendynamischen Prozessen vertraut gemacht und in Teamwork ausgebildet. Um die Schwierigkeiten der Übertragung der von den Teilnehmern in der Laboratoriumssituation gelernten veränderten Verhaltensweisen auf die unterschiedlichen Herkunftsorganisationen zu beheben, ging man dazu über, ganze Teams aus einer Organisation zu trainieren. Seit Ende der 50er wurde vor das Laboratoriumstraining von Managementteams eine Fall-Studie gesetzt, die aus einer Befragung und Situationsbeschreibung bestand. Hintergrund waren die soziologische und die sozialpsychologische Kleingruppenforschung.

b) Der zweite Entwicklungsstrang der OE stammt aus der soziologischen empirischen Sozialforschung und der Organisationssoziologie: die Organisationsdiagnose. Sie wurde mit Hilfe einer Fragebogenerhebung bei Mitarbeitern erstellt (Survey-Research und Survey-Feedback-Verfahren). Die Ergebnisse der Befragung bei Mitarbeitern über ihre Arbeitszufriedenheit, Kritik und Verbesserungsvorschläge, die den Organisationsentwicklern als Material für die Organisationsdiagnose dienten, wurden an die Organisationsmitglieder zurückgemeldet. Die Organisationsdiagnose kann auch das Ergebnis eines gemeinsamen Arbeitsprozesses von Mitgliedern der Organisation und OE-Berater sein.

Die Organisationsberatung für Soziale Dienste (OSD) in Frankfurt, die seit 1988 besteht, sieht für den Prozeß der OE folgende Schritte vor:

a) Kontaktaufnahme (in der Regel seitens des Betriebsrats oder des Managements einer Organisation, selten von Mitarbeitern selbst) und erste Abklärung der Arbeitsbedingungen und Interessen

b) Besprechung des Vorhabens mit allen Mitarbeitern mit dem Ziel, deren Zustimmung zum OE-Prozeß zu erreichen. (Nach unseren Erfahrungen mit der Organisationsentwicklung hat es keinen Sinn, eine OE gegen den erklärten Widerstand von großen Teilen der Belegschaft oder des Managements durchzuführen. Das Scheitern ist in einem solchen Falle vorprogrammiert)

c) vorläufige Einschätzung der Problematik und des Arbeitsumfangs (durch das OE-Team)

d) Erneutes Gespräch mit dem Management und Abschluß eines „Arbeitsvertrages", in dem die Kosten der OE sowie alle, von beiden Vertragspartnern zu erbringenden Leistungen und der zeitliche Rahmen enthalten sind

e) Erstellung einer Organisationsdiagnose
   — über eine gezielte Auswertung aller noch verfügbaren schriftlichen Unterlagen der Organisation,
   — mit Hilfe von soziologischen Tiefen-Interviews mit allen Mitarbeitern in wichtigen Positionen und deren sequenzanalytischen Auswertung,
   — mit Hilfe einer schriftlichen Befragung als Survey-Analyse,
   — und mit Hilfe von fallbezogenen Durchlaufanalysen sowie Kosten-Nutzen-Analysen

f) Rückmeldungsphase, in der die Ergebnisse allen Mitarbeitern rückgemeldet werden, Auswertung des dabei erstellten Protokolls

g) Erstellung von Veränderungs- und Trainingsvorschlägen (Organisations- und Entscheidungsveränderungen, Kommunikationsverbesserungen, Einführung von Innovationen, zum Beispiel Qualitätszirkel, Vorschläge für Fort- und Weiterbildung der Mitarbeiter, Kreuz-Feedback-Verfahren etc.)

h) Prozeß-Überwachung, ob die vereinbarten Ziele weiter verfolgt und Termine wie Absprachen eingehalten werden (hierfür ist die Einrichtung einer gemischten Kontroll-Gruppe aus Mitarbeitern und Organisationsentwicklern sehr nützlich), Prozeß-Evaluation

i) Auswertung (Produkt-Evaluation) unter allen entwickelten Gesichtspunkten

j) Mitteilung der Ergebnisse an alle Mitarbeiter und Beendigung des Vertrages. Es kann bei Vorliegen neuer Umstände ein neuer Vertrag abgeschlossen werden, zum Beispiel auch als begleitende Organisationsberatung.

Ein Hauptziel ist es jedoch, die Mitarbeiter und das Management der Organisation in die Lage zu versetzen, selbst ausreichend flexibel zu werden und innovativ zu arbeiten.

Die OE ist besonders in Zeiten knapperer finanzieller Ressourcen ein wichtiges Mittel geworden, um vor allem die personellen Reserven der Einrichtungen zu aktivieren und besser einzusetzen, ohne dabei die Arbeitskraft der Mitarbeiter auszubeuten und zu zerstören. Im Gegenteil: es hat sich herausgestellt, daß blockierte Kommunikationswege und die Mißachtung von Innovationsvorschlägen der Mitarbeiter Arbeitsmotivation zerstören und Produktivität hemmen. Solche Blockaden werden in der Organisationsdiagnose aufgedeckt und in der OE beseitigt. Vorgesetzte, die keine noch so guten Vorschläge berücksichtigen oder die die Ideen der Mitarbeiter gegenüber Dritten oder dem Träger als die eigenen ausgeben, vernichten Produktivität und Arbeitsmotivation. Noch schlimmer ist es, wenn die Entscheidungsstrukturen verschiedene Abteilungen gegenseitig blockieren oder wenn Leitungskräfte Aufgaben nicht verteilen können, weil sie glauben, nur sie könnten diese Arbeiten richtig machen oder wenn, wie in dem von uns bereits dokumentierten Beispiel, eine Spezialfachkraft glaubt, in allen anderen Fachfragen für alle Mitarbeiter entscheiden zu können.

Solche Beispiele gibt es überall, selbst in Wirtschaftsunternehmen, in denen sich Fehlentscheidungen direkt in roten Zahlen niederschlagen. In „öffentlichen" und „halböffentlichen" Organisationen der Wohlfahrtspflege häufen sich solche Blockaden, weil die öffentliche Kontrolle nicht immer gut funktioniert, weil es teilweise überkommene, durch nichts zu rechtfertigende Privilegien von Mitarbeitern gibt, die erbittert gegen jegliche Vernunft verteidigt werden, und weil es hier mit den „Tendenzbetrieben", den Moral-Unternehmen, ideologische Selbstblockaden gibt, die nicht die gute Arbeit für die Klienten honorieren, sondern die „richtige" Einstellung der Mitarbeiter. Die Organisationsentwicklung ist wie das Management in sozialen Organisationen die Chance, endlich frischen Wind in die überalterte Sozialbranche zu bringen und den teilweise gravierenden Modernitätsrückstand aufzuholen.

Wir sehen in den massiven Einsparungen im sozialen Bereich auf der Leistungsseite (Kürzung der Sozialhilfe usw.) einen Skandal gegenüber dem unteren Drittel unserer Gesellschaft. Daran gibt es nichts zu deuteln, zumal durch konsequente Reorganisation der soziale Dienstleistungsbereich erheblich effizienter gemacht werden könnte, so daß hier Einsparungen ohne Leistungsverlust für die Betroffenen erreicht werden. Die Chance jedoch, durch Reorganisation, ja zum Teil kurzfristig notwendige Investitionen für vernünftige Programme, langfristige Einsparungen, zu einer innovationsbereiten modernen Dienstleistungsagentur zu kommen, eröffnet völlig neue positive Perspektiven für die weitere Professionalisierung der Sozialen Arbeit.

Wir sind uns darüber im klaren, daß wir uns bei Gewerkschaften keine Freunde machen werden, wenn wir für mehr Effizienz und gezielteren Mitteleinsatz streiten, für bessere Dienstleistungen gegenüber den Klienten und dabei auch nachlässige und untätige Sozialarbeiter zu besserer Arbeit und ungeeignete zum Berufswechsel bewegen wollen. Wer kann jedoch ernsthaft die Fürsorgepflicht gegenüber manchen Kollegen (dies gilt selbstverständlich auch gegenüber unkündbaren Hochschullehrern) höher ansetzen als die gegenüber Klienten (oder Studenten). So manche soziale Einrichtung, Beratungsstelle und so manches Jugendhaus würden innovativer sein und bessere Arbeit leisten, wenn es möglich wäre, anstelle von sechs schlecht bezahlten, aber untätigen Mitarbeitern fünf besser bezahlte Hochmotivierte arbeiten zu lassen. Solche Mitarbeiter und Strukturen werden dringend benötigt, um neue effiziente Programme einzuführen, die im Moment etwas mehr kosten, dafür aber mittel- und langfristig Geld einsparen.

Arbeitshilfen

Berufsfeldanalyse (BFA)

Sozialökologische Arbeitshilfe für die Soziale Arbeit mit Familien (Ökokarte)

Checkliste für die Handlungsfeldanalyse (Beispiel Jugendhaus)

Unterstützungsplan für Case Management

Fragebogen zur Organisationsanalyse

Arbeitsbogen zum Selbstreflexiven Arbeitskonzept (SAK)

Berufsfeldanalyse (BFA)

Die Berufsfeldanalyse ist ein wichtiges Instrument für die professionelle Soziale Arbeit. Besonders am Beginn einer Einrichtung oder der Aufnahme einer neuen Berufstätigkeit in einer bestehenden Einrichtung wird eine Berufsfeldanalyse erstellt.

Auch Kollegen bestehender Einrichtungen Sozialer Arbeit sollten gemeinsam an ihre Erstellung gehen, um sich des Standes ihrer Arbeit zu vergewissern.

In unserer Praxis als Organisationsberater sind wir nicht wenigen Sozialarbeitern begegnet, die entweder nicht wußten, was unter einer Berufsfeldanalyse zu verstehen ist oder noch nie eine erstellt hatten. Dies wirft nicht nur ein beschämendes Bild auf einen Beruf, der um Anerkennung bemüht ist, in der Öffentlichkeit aber immer noch als „sprachlos" gilt, weil der Berufsstand Außenstehenden nicht mitteilen kann, was er in seiner Arbeit macht, mit welchen wirklichen Zielen er arbeitet und was er dabei für seine Klientele und die Gesellschaft leistet.

Es ist aber auch ein trauriges Bild, wenn die Ausbildung nicht nachhaltig oder gar nicht vermittelt hatte, mit welchen Kategorien, Instrumenten und Verfahren eine BFA durchgeführt wird und was ihr praktischer Nutzen ist.

Die BFA hat nach unserer Konzeption zwei Teile:

— Da ist zunächst der *statische Teil,* dessen Instrument wir im folgenden beschreiben. Es handelt sich hierbei quasi um ein in die Tiefe und in die Breite gehendes, also dreidimensionales, Breitwand-„Standfoto", um eine analytische Momentaufnahme zu erhalten, die ein möglichst vollständiges Bild an einem bestimmten Zeitpunkt liefert und schließt eine Organisationsanalyse mit ein. Dieser – statische – Teil sollte in nicht zu langen Zeitabständen (3–5 Jahren) wiederholt werden, damit Veränderungen in der ganzen Breite festgestellt werden können.

— Der *dynamische Teil* betrifft die fortlaufende Protokollation und Reflexion des professionellen Handelns der einzelnen Sozialarbeiter sowie dessen gemeinsamer Diskussion im jeweiligen Kollegium. Dies kann nach unserer Erfahrung sehr gut mit Hilfe des von uns entwickelten Selbstmanagement-Konzepts, des „Selbstreflexiven Arbeitskonzepts (SAK)" (Müller/Gehrmann 1990), geschehen.

Der statische Teil kann im Studium der Sozialen Arbeit als Methode vermittelt und erprobt werden, der dynamische Teil bedarf eines kontinuierlichen berufspraktischen Handelns über einen längeren Zeitraum und ist daher in den Theorie-Praxis-Sequenzen des Studiums nicht leicht zu erproben.

Kategorien zur Berufsfeldanalyse und Gliederung

Übersicht

I. Struktur des Arbeitsplatzes

1. Träger
2. Einrichtung
3. Mitarbeiter – Personalstruktur
4. Organisationskultur
5. Arbeitsplatz
6. Zielgruppe(n), Klientel
7. Arbeitsverhältnis(se)
8. Arbeitsbedingungen

II. Soziales und politisches Umfeld

1. Lebensraum/-räume der Klientel
2. Politischer Rahmen
3. Soziale Umfeldstruktur

III. Berufliches Handeln der Sozialen Arbeiter *)

1. Arbeitskonzepte / Tätigkeitsbeschreibung
2. Handlungsspielräume
3. Interaktionen / Strategien
4. Verhältnis und Regelung zwischen Sozialarbeitern *) und Klienten
5. Relationen und Regelungen zwischen den Sozialarbeitern *) und anderen Kollegen / Stellung in der Einrichtung

---

*) Wenn wir von „Sozialer Arbeit" reden, so meinen wir die Handlungsfelder der Sozialarbeiter und der Sozialpädagogen, die wir als Sozialarbeiter oder Soziale Arbeiter bezeichnen. Nach unserer Auffassung ist Soziale Arbeit der Oberbegriff. Sozialpädagogik ist demnach nur ein Teilbereich der Sozialen Arbeit.

I. Struktur des Arbeitsplatzes

1. Träger

— Rechtliche / politische Einbindung / Zusammenhänge

— Organisation und Konstitution des Trägers, Führungsstruktur und Controlling

— Finanzierungsgrundlage(n)

— Einflüsse – Einflußmaßnahmen

— Übergeordnete Ziele, Wertsysteme, Ideologien, ihre Bedeutung für die sozialen Dienstleistungen der angeschlossenen Einrichtungen

2. Einrichtung

— Rechtlicher / politischer Rahmen

— Typus (z. B. kirchlich, staatlich, privat usw.)

— Außen-Organisationsstruktur (z. B. zentral – dezentral, generistisch – spezialisiert usw.)

— Binnen-Organisation, Leitungsstruktur (z. B. Stab – Linie), Führungstypus

— Lage im Verhältnis zum Einzugsbereich, zu anderen Einrichtungen der Infrastruktur

— Konzeption, Aufgaben, Arbeitsziele

— Interne und externe (mit anderen Einrichtungen und Diensten) Kooperation

— Finanzierung nach Art, Höhe, Sicherheit und Fristigkeit

3. Mitarbeiter – Personalstruktur

— Personelle Ausstattung, Zusammensetzung nach Qualifikation, Geschlecht, Alter und Zugehörigkeitsdauer

— Anstellungsverhältnis(se) (z. B. fest, Aushilfe, Praktikantenvertrag, Arbeitsbeschaffungsmaßnahme, ehrenamtlich)

— Entlohnung(en) (z. B. tariflich – außertariflich, Honorarbasis, Praktikantenbezahlung)

— Aufbau / Schichtung (z. B. hierarchisch, egalitär usw.)

4. Organisationskultur

— Personalführung durch Leitung (z. B. autoritär, vertrauensförderlich, patriarchalisch, leistungsorientiert, fördernd, aufbauend, freundlich, feindlich, professionell usw.)

— Arbeitsklima (z. B. freundlich, kreativ, motivierend, offen, konkurrierende, intrigierende Fraktionenbildung usw.)

— Corporate Identity (Identifizierung mit Einrichtung, Träger, Team, Profession)

— Zusammenarbeit (z. B. kooperativ – unkooperativ, vertrauensvoll – mißtrauisch, produktiv – unproduktiv usw.)

— Formelle und informelle Regelungen, Gewohnheiten, Gebräuche und Strukturen

5. Arbeitsplatz

— Ausstattung (z. B. personelle, räumliche, materielle usw.), Möblierung

— Environment (z. B. freundlich, hell, einladend, motivierend, anregend, ermüdend, amtsmäßig, abstoßend usw.)

— Einzel-/Gruppenbüro

— Erreichbarkeit für Klienten und andere Mitbürger

— Erreichbarkeit für Kollegen

6. Zielgruppe(n) / Klientel

— Art der Klientel (sozio-ökonomischer Status, Geschlecht, Alter, ethnische, religiöse Zugehörigkeit)

— Weg in die Einrichtung und zum Sozialarbeiter

— Problemlagen / Probleme

— Gründe für Unterstützungserfordernis durch Soziale Arbeit

— Stärken und Fähigkeiten, Schwächen

— Bestehende Unterstützungssysteme und -personen, soziale Netzwerke

— Unterstützungs- und Hilfemöglichkeiten der sozialen Dienstleistung und anderer privater und öffentlicher Einrichtungen

7. Arbeitsverhältnisse

— Tarifrechtliche Situation (siehe Personalstruktur)

— Berufliche Perspektiven („Arbeitsplatztreue", Wechsel, Aufstieg, Ausstieg)

— Supervision

— Fortbildung

— Berufsverbands-, Gewerkschaftsorientierung

— Stellung in der Hierarchie, im Mitarbeiter-Kollegium

8. Arbeitsbedingungen

— Arbeitszeit (regulär, Überstunden)

— Kompensationsregelung für Überstunden

— Regelung der Arbeitsarten und -intensität (z. B. Fallzahlen, Anzahl der Hausbesuche, Zeit für Fallbearbeitung)

— Regelung der Kommunikation unter Kollegen (z. B. Dienstbesprechungen, fachlicher Austausch, Vorbereitungszeit usw.)

— Dispositionsspielräume für Initiativen der Mitarbeiter

— Veränderungs- und Gestaltungsspielräume

— Konfliktregulierungsmechanismen

— Effizienzkriterien und Controlling

II. Soziales und politisches Umfeld

1. Lebensraum/-räume der Klientele

— Landschaftlicher Raum (Flachland, Gebirge, Wasser, Belastungen und Zerstörungen)

— Kommunalität (Land, Dorf, Kleinstadt, Mittelstadt, Großstadt, Region, Stadtteil)

— Wohnumwelt (Lage: Nähe zu Einrichtungen der Kommune, zum Zentrum, zum Bahnhof, Serviceeinrichtungen, Einkaufsmöglichkeiten, Entfernung zu Arbeitsplätzen und Schulen; Besiedlungsweise: z. B. Trabantenstadt oder gewachsene Wohnviertel, Neubau, Altbau, „Mietskasernen" oder Einfamilienhäuser, sozialer Wohnungsbau oder Eigentumswohnraum, also auch Wohnen in Mietverhältnissen oder Eigentum; Wohnungsgröße und -funktionalität, Freizeiteinrichtungen)

— Verkehr / Mobilität (öffentlicher Nahverkehr, Straßen, Arbeitswegzeiten, Flugplätze, Schiffe, Radwege, P&R-Plätze, Sicherheit und Erreichbarkeit der Schul- und Arbeitswege)

— Kommunikation (zugängliche Medien, Verkabelung, Zeitungsangebot, Regionalsender, Medien für ethnische und religiöse Minderheiten)

2. Politischer Rahmen

— Politisch bestimmende Kräfte im Land
— Politisch bestimmende Kräfte im Kreis

— Politische Zusammensetzung der kommunalen Bürgerschaft, bestimmende Kräfte in der Kommune, Bürgermeister und Dezernenten

— Außerparlamentarische politische Kräfte und Aktivitäten (linke, rechte, gewerkschaftliche, politische Gruppierungen sowie Gruppen von ethnischen und religiösen Minderheiten)

3. Soziale Umfeldstruktur

— Soziale Nahumwelt (soziale Zusammensetzung der Wohnbevölkerung im Stadtteil / Wohnviertel nach sozio-ökonomischen und ethnischen Merkmalen, Einwanderungsschichtung, Asylbewerberlage, Verhältnis von Zugezogenen zur eingesessenen Wohnbevölkerung)

— Familie, Freunde, Peergroups, Arbeitskollegen, Nachbarschaft, Schule, Kindergarten, Arbeitsplatz

— Betriebe, dominierende Wirtschaftsbranche und -form

— Freizeiteinrichtungen (Vereine, kommerzielle und nicht-kommerzielle Freizeiteinrichtungen, wie zum Beispiel Kneipen, Discos, türkische Kulturzentren, Bürgerhäuser)

— Soziale Einrichtungen (Kirchen, Glaubensgemeinschaften, Sozialstationen, Alten-, Krankenhilfen, Feuerwehr, Rettungsdienste, Beratungsstellen, Büros von Krankenkassen, Ärzte)

III. Berufliches Handeln der Sozialen Arbeiter

1. Arbeitskonzepte / Tätigkeitsbeschreibungen
— Arbeitsziele
— Tätigkeitsarten nach Anteilen (z. B. 50 % Außendienst – z. B. Hausbesuche –, 10 % für Behördenkontakte usw.)

2. Handlungsspielräume

— Ermessensspielraum, Dispositionsspielraum

— Konfliktstrategien

— Durchsetzungsmöglichkeiten gegenüber Vorgesetzten / der Institution

3. Interaktionen / Strategien

— Informationsbeschaffung und -verarbeitung zur Problemlagenbeschreibung

— Arbeitsmethoden und -konzepte

— Umgang mit Belastungen

— „Belohnungen"

— Professionelles Verständnis („Helfermentalität", „Nähe-Distanz-Problematik", Vertretung der Berufsinteressen (Berufsverband / Gewerkschaft)

4. Verhältnisse und Regelungen zwischen Sozialarbeitern und Klienten

— Handlungsauftrag / Kontrakt

— Gegenseitige Erwartungen

— Umgang mit „Abhängigkeit"

— Dienstleistungsende

5. Relation und Regelungen zwischen den Sozialarbeitern und ihren Kollegen – Stellung in der Einrichtung

— Einschätzung der Kooperation

— Formelle und informelle Beziehungen

Sozialökologische Arbeitshilfe für die Soziale Arbeit mit Familien

Evaluation sozialer Dienste - FH Frankfurt am Main - FB Sozialpädagogik

Name: _____ **Aktennummer(n):** _____

Sozialarbeiter(in): _____ **Datum:** _____

Netzwerk-Linien: ⟶ **= deutlich unterstützende Beziehung**

⟶ **= starke störende Konflikt-Beziehung**

Von _____ **nach** _____

Eindrücke / Hypothesen / Fragen :

Checkliste für die Handlungsfeldanalyse (Beispiel Jugendhaus)

1. Träger und bestehende Finanzierung

2. Personelle und organisationelle Struktur

3. Räumliche und sachliche Ausstattung, detaillierte Darstellung der Funktionsbereiche, der baulichen Anordnung der Räume, der Aufforderungsstandards, Farb- und Lichtverhältnisse (hierzu ausführlicher Arbeitsschritt 3: Herstellung des Handlungsraumes).

4. Räumlich-strukturelles Wirksystem
   Eindruck vom bestehenden Wirkumfeld innerhalb des Jugendhauses: Aufforderungscharakter der Räume, ihrer Gestaltung, der von ihnen ausgehenden Lebensqualität (Werkraumatmosphäre, Wohnzimmer-, Disco-, Wartesaal-, Krankenhaus-, Nachtasyl-, Club-, Tanzdielenatmosphäre usw.), Pflegezustand der Räume und Möbel, Zustand und Größe von Fenstern und Türen, Schallisolierung, Klima- und Schallschleusen, Art und (Un-)Auffälligkeit von Sicherheitseinrichtungen, zum Beispiel Brandschutz, Öffnungszeiten.

5. Bestehende Konzeption, wenn vorhanden, dort angegebene Arbeitsziele und Zielgruppen, die erreicht werden sollen.

6. Besucherstruktur, Verhältnis von erreichter zu in der Konzeption angegebener Zielgruppe – nach Alter, sozialer Herkunft, Geschlecht, sozialen Problemlagen usw.

7. Sozialräumliches Umfeld
   Geographische Lage des Stadtteils/Kleinstadt/Dorfes (zur Großstadt, zum Ballungsraum, städtischer oder eher ländlicher Raum), topographische Lage des Jugendhauses, Entfernungen zu Anwohnungen, Wohnumfeld, lebensweltliche Bedingungen, Art der Bebauung, Bevölkerungsstruktur, Urbanitätsstruktur (jugendspezifische und sonstige Freizeitangebote, Verkehrsanbindung, kommunale Vereinsstruktur) usw.

8. Institutionelles Umfeld
   Kommunale, freie, sonstige Einrichtungen im sozialen Bereich, andere Jugendarbeit und soziale Dienstleistungsangebote, wichtige weitere Einrichtungen (zum Beispiel Jugendamt, Schule, Polizei), Firmen als Ausbildungs- und Arbeitsplatz und mögliche Sponsoren.

9. Rechtlicher Rahmen (Auftrag), zum Beispiel nach dem Kinder- und Jugendhilfegesetz, dem Bundessozialhilfegesetz usw.

10. Jugendhaus: interne Struktur
    Verhältnis von offenem Bereich zu Angebotsgruppen, welche Mitarbeiter sind in welchem Bereich tätig oder untätig, welche Klientele, Verhältnis von Dienstleistungsangeboten des Jugendhauses zu den Interessen der Besucher.

11. Besucherstruktur des offenen Bereichs im Fokus
    Sozio-kulturelle-ethnische Zusammensetzung, formelle und informelle Gruppenstrukturen, Verhaltens- und Sprachcodices der Jugendlichen (-gruppen), Lebensstile, Altersstruktur, Herrschaftsstrukturen, Geschlechterverhältnis und -beziehungen, Beteiligungsfähigkeit und -bereitschaft, Stand des Selbsthilfepotentials, subkulturelle Normen und Werte, Problemlagen usw.

12. Regeln, wie zustandegekommen (zum Beispiel Alkoholkonsum)? Wie durchgesetzt? Sanktionssysteme bei Regelverstößen und Delikten?

13. Regelungen interner Abläufe (Programmgestaltung, Getränkeverkauf, Putzen usw.)

14. Konflikte und ihre Regelungen

15. (Be-)Deutungsgehalt des Jugendhauses für Jugendliche und Gruppen innerhalb und außerhalb

16. Verhalten/Verhältnisse der Sozialarbeiter zu den Jugendlichen, Nähe – Distanz, Interaktionsformen, berufliche Identität und Selbstverständnis der Sozialarbeiter, berufspolitische Haltungen usw.

Diese Checkliste darf nicht als eine Auflage für den Sozialarbeiter angesehen werden, bei deren akribischer Erfüllung er überfordert wäre.

Sie ist auch nicht vollständig, kann und soll je nach Situation und professioneller Phantasie verändert und angepaßt werden. Sie soll der

Schulung und Erinnerung der Aufmerksamkeit des handelnden Sozialarbeiters und der konzeptionellen Diskussion unter Kollegen ebenso dienen, wie die gesammelten und festgehaltenen Informationen Anhaltspunkte bieten sollen für eine Beurteilung der im Arbeitsprozeß erzielten Ergebnisse.

Die Checkliste soll aber auch das Register für eine Dokumentation der Arbeit im Jugendhaus sein, wie wir bereits oben andeuteten. Dieser Umstand bedeutet, daß wir sie als eine Dokumentation verstehen, wie auch die Akten der noch folgenden methodischen Schritte, die an einem Stichtag angefangen wird und nicht sofort vollständig sein kann, denn sie soll erst im Verlauf des weiteren Arbeitsprozesses immer weiter ergänzt und vervollständigt werden, weil sich sowohl die Informationslagen als auch der Kenntnisstand der Mitarbeiter im Verlauf der Arbeit erweitert und verändert.

Wichtig erscheint uns in diesem Zusammenhang auch, daß Annahmen, also Handlungshypothesen – als solche gekennzeichnet, damit sie nicht als Beschreibung eines Sachverhalts mißverstanden werden können – aufgezeichnet werden.

Wir legen großen Wert auf die Betonung der Vorläufigkeit solcher Annahmen und auf den sorgfältigen Umgang damit. Wir müssen bereit sein, einmal aufgestellte Vermutungen zu korrigieren, wenn wir auf Informationen stoßen, die andere Schlüsse nahelegen. Vorgefaßte und verfestigte Meinungen über soziale Sachverhalte, insbesondere über Klienten, bergen immense Fehlerquellen und Gefahren für alle Beteiligten.

Unterstützungsplan für Case Management

Name der Einrichtung/Dienststelle:

Name der/des zuständigen Sozialarbeiterin/Sozialarbeiters:

1. Name des/der Klienten/Familie:

2. Namen/Geburtsdaten von Familienmitgliedern:

3. Überwiesen von:

4. Datum der Übernahme:

5. Datum des ersten Kontakts:

6. Erstellung des Unterstützungsplans:

7. Daten und Arten der Kontakte mit Klienten:

8. Kontakte mit anderen (formellen und informellen) Unterstützern:

9. Assessment/Einschätzung der Problemlage:
   (Erste Grobeinschätzung der Problemlage/des Anliegens)

10. Beschreibung der sozialen Beziehungen und Rollensituation:
    (Familienrolle, andere Rollen im sozialen Umfeld, Rollen im
    Bezug auf das Beschäftigungssystem etc.)

11. Soziales Umfeld:
    (Wohnen, Nachbarschaft, soziale und Freizeiteinrichtungen,
    Freundeskreis, Anwohner etc.)

12. Soziale Lage:
    (Beschäftigung, Lebensunterhalt, Einkommen – ökonomische Ressourcen, Ernährung, Unterkunft, Bildung, Ausbildung, Transport etc.)

13. Emotionaler Zustand:

14. Lokalisierung von problemerzeugenden Umständen:

15. Mobilisierbare Stärken des Klienten:

16.

Krisenbereich	Stärke/Hilfsquelle	Ziel

17. Planung der dienstlichen Handlungen:
    (Interventionsschritte und Verkoppelungen mit Zeitplan)

18. Konkretisierte Nah- und Abschlußziele:
    (Genaue Beschreibung mit Zeitangaben)

19. Verfahren und Mittel der Kontrolle des Unterstützungsplans:

20. Geplante Beendigung des Unterstützungsprozesses:

21. Bestehende oder beendete Kontakte zu sozialen Agenturen:

Fragebogen zur Organisationsanalyse

1. Name der Einrichtung:
2. Sie sind in welchem Bereich und in welcher Funktion in Ihrer Einrichtung tätig?
3. Arbeiten Sie ganztags/halbtags?
   (Bitte Nichtzutreffendes streichen)
4. Wenn Sie 3 Wünsche frei hätten, was würden Sie sich für Ihre Einrichtung/

   —

   —

   —

   Ihre Arbeit wünschen?

   —

   —

5. Bitte beschreiben Sie Ihre Arbeit möglichst genau.
6. Welche Probleme können Sie im Hinblick auf Ihre Klientele benennen?
7. Bitte beschreiben Sie, welche Dienstleistungen Ihre Einrichtung für die Klienten erbringt.
8. Welchen Anteil daran hat Ihre persönliche Arbeit?
9. Mit welchen Kolleginnen/Kollegen (nach Funktionen) arbeiten Sie zusammen?
10. Wenn Sie die Problemlagen Ihrer Klienten bedenken, in welchem Verhältnis stehen Ihrer Meinung nach
    — medizinische
    — psychische
    — soziale
    — oder andere Aspekte? (welche?)
      (Bitte schreiben Sie Prozentanteile dahinter)

11. Wie würden Sie Ihre Arbeit charakterisieren

    eher wiederherstellend

    eher vorbeugend

    oder beides zu gleichen Teilen?

    (Bitte ankreuzen)

12. Wie erhalten Sie Ihre „Arbeitsaufträge" und von wem?

13. Wie würden Sie die Arbeit der/des Sozialarbeiter(in/s) in Ihrer Einrichtung beschreiben?

14. Sollte dies ein eigenständiges Arbeitsgebiet in Ihrer Einrichtung sein?

    (Bitte begründen)

15. Wie würden Sie das Verhältnis von therapeutischer und Sozialer Arbeit beschreiben?

16. Sollte in Ihrer Einrichtung

    mehr

    oder weniger

    Soziale Arbeit stattfinden?

    (Bitte ankreuzen)

17. Können Sie das bitte begründen?

18. Halten Sie die Sozialarbeit in Ihrer Einrichtung für

    — unverzichtbar

    — wichtig

    — notwendig

    — nicht störend

    — überflüssig?

    (Bitte Zutreffendes ankreuzen)

19. Können Sie das bitte näher erläutern?

20. Wenn Sie jetzt in die nahe Zukunft schauen, z. B. auf den kommenden Monat, wo erwarten Sie Veränderungen?
    — Im Hinblick auf das Arbeitskonzept und die Organisation
      (Bitte erläutern)
    — Im Hinblick auf die Zusammenarbeit mit dem therapeutischen/medizinischen/sozialarbeiterischen oder Verwaltungspersonal
      (Bitte erläutern)
    — Im Hinblick auf die Auswirkungen?
      (Bitte erläutern)

21. Wo erwarten Sie Schwierigkeiten und Konflikte?

Arbeitsbogen zum selbstreflexiven Arbeitskonzept (SAK)

Problembeschreibung/Prozeßbeginn für
Unterstützungsmanagement

1. Wie ist der Klient oder die Klientin in die Dienststelle/Einrichtung gekommen? Über welche Stationen?

2. Beschreibung der geäußerten/wahrnehmbaren Not-, Problem-, Krisensituation im Erstgespräch:

3. Welche Hintergrundinformationen (auch über das sozial-ökologische Umfeld) kamen zur Sprache?

4. Eindruck und eigene Befindlichkeit des/der Sozialarbeiters/in nach dem Erstgespräch:

5. Weiterer Informationsbedarf/Art der Beschaffung:

6. Kurz-, mittel- und langfristige Ziel- und Zeitplanung für den Unterstützungsprozeß:

7. Gewählte(s) Arbeitsverfahren und Methode(n):

8. Nächste Arbeitsschritte nach Priorität mit Zeitangaben:

   a) ...

   b) ...

   c) ...

   d) ...

Nachwort

Dieses Buch hat einführenden Charakter. Es soll Sozialarbeitern den Zugang zum Denken in Kategorien verantwortbaren Managements ermöglichen und den Leitungskräften Mut zur Professionalisierung ihres Managements machen, ohne die Besonderheiten gerade sozialer Dienstleistungen zu vergessen. Ein besonderes Augenmerk legten wir auf die Verstehbarkeit für aufgeschlossene Praktiker. Deshalb haben wir versucht, die Fachbegriffe möglichst anschaulich zu übersetzen. Als Redaktionsmitglieder der Zeitschrift „socialmanagement" haben wir dabei Beiträge der Mitherausgeber und Mitautoren heranziehen können. Einige von uns in Kooperation mit Praktikern entwickelte Konzepte und Methoden (hier: das Selbstreflexive Arbeitskonzept, die Environment-Aktivierungs-Methode und das Rating Assessment) wurden nach ihrer Erstveröffentlichung im „Sozialmagazin" gründlich überarbeitet und mit plastischeren Beispielen versehen. Die Instrumente zur Gestaltung der praktischen Arbeit (Öko-Karte, Formular für den Unterstützungsplan und der Katalog für die sozialräumliche Berufsfeldanalyse) sollen praktisch hilfreich sein, wenn es darum geht, Soziale Arbeit möglichst professionell zu gestalten.

Wir beabsichtigen damit auch einen Beitrag zur Überwindung der oft beklagten „Sprachlosigkeit" der Sozialarbeit geleistet zu haben. Wenn Sozialarbeiter genauer planen, was sie beruflich tun und unterlassen, wissen, warum sie etwas tun, festhalten, was sie im Einzelnen getan haben und mit welchen Konsequenzen, so können sie der interessierten Öffentlichkeit auch verständlich machen, was sie leisten.

Uns würde nun interessieren, wie Praktiker und Führungskräfte in der Sozialen Arbeit diese Handreichung nutzen und verwerten.

Anmerkungen

1. Sozialmanagement – eine Antwort auf die Legitimationskrise der Sozialen Arbeit?

[1] Oppl 1988, S. 25

[2] Oppl a.a.O.

[3] vgl. C. W. Müller 1982

[4] Kunstreich 1975

[5] vgl. Müller/Gehrmann 1990

[6] Karberg 1972

[7] Fürst 1991

[8] Dorschner 1991, 38

[9] vgl. Maelicke 1991, Seibel 1992

[10] vgl. Sievers 1977, Gehrmann/Müller 1988

[11] vgl. Oliva u. a. 1991, Oppl 1992

[12] vgl. Seibel und Maelicke a.a.O.

[13] vgl. Lowy 1988, Wendt 1988 und 1991

[14] Müller/Gehrmann 1990

[15] Gehrmann/Müller 1992

[16] vgl. Sahle 1985

[17] Hesser 1991

[18] Gehrmann/Müller 1991

[19] vgl. auch Wendt 1991

[20] a.a.O.

[21] ebenda

[22] Gehrmann/Müller 1988, S. 38

2. Warum brauchen wir Management in der Sozialen Arbeit?

[1] vgl. a.a.O., S. 41

[2] a.a.O.

[3] vgl. Sievers 1977

[4] vgl. Gotthardt-Lorenz 1989

[5] vgl. Oliva u. a. 1991

[6] Interview mit der Zeitschrift socialmanagement 4/1991

[7] Gehrmann/Müller 1991, S. 26 f.

3. Aufgabenorientiertes Management in sozialen Einrichtungen

[1] nach Langner 1993

[2] vgl. Hesser/van Hout 1992

[3] Karls/Wandrei von der National Association of Social Workers, New York 1992

[4] vgl. auch Wendt 1991

[5] Karls/Wandrei a.a.O.

[6] vgl. Strunk 1992

[7] Hegner a.a.O.

[8] vgl. Zimmer 1992

[9] Strunk 1992, S. 2

[10] a.a.O.

[11] vgl. Sachße 1993, Münder 1993 zum Subsidiaritätsprinzip

[12] vgl. Michael Rischke, Vorstandsmitglied im Diakonischen Werk Berlin-Brandenburg, 1992

[13] Weber nach Strunk 1992, S. 2

[14] vgl. Blätter der Wohlfahrtspflege 9/1992 und socialmanagement 4/1992

[15] vgl. Ristok 1992, S. 254 f.

[16] vgl. Reiss 1992

[17] Müller/Gehrmann 1990

[18] vgl. Rischke 1992, S. 23

[19] vgl. Emma, Stockholm 1988

4. Personalmanagement

[1] Maelicke 1991

[2] Jaspert 1990, 36

[3] vgl. Sahm 1977, 68

[4] Ahlers 1992, S. 57

[5] Jaspert a.a.O.

[6] vgl. Mackenzie 1985

[7] Brauns 1989, S. 76

[8] vgl. Schall 1991, S. 35

[9] Müller/Gehrmann 1981

[10] vgl. Gehrmann/Müller 1992

[11] Schall a.a.O.

[12] vgl. hierzu das hervorragende Buch von Dechmann und Ryffel: Soziologie im Alltag, 1988

[13] vgl. Töpper 1984

[14] a.a.O., S. 130

[15] vgl. Töpper a.a.O.

[16] Schmidtbauer 1976

[17] Maslow, New York 1954

[18] vgl. Schall a.a.O.

[19] nach Schall a.a.O.

5. Personalbedarf und Arbeitsmarktorientierung

[1] vgl. Hofemann 1989, S. 37

[2] vgl. Teichler 1983, S. 63

[3] derselbe, a.a.O.

[4] Jeschek 1976, nach Teichler a.a.O.

[5] vgl. Maier 1991, S. 8 f.

[6] Maudrich 1991, 55

[7] Maudrich a.a.O.

[8] vgl. Ethik-Code für die Sozialarbeit bei Müller/Gehrmann 1991

[9] derselbe, a.a.O., S. 56

[10] Daten nach Brauns u. a. 1985 und nach Labon-Roset 1992

[11] vgl. Hummel-Beck 1992

[12] vgl. Japp/Olk 1980

[13] vgl. Olk 1986

[14] vgl. Karls und Wandrei 1992

[15] a.a.O.

[16] vgl. Loges/Sengling 1992

[17] Schmidt 1992

[18] vgl. Sachße 1985

[19] vgl. Labonte-Roset 1991

[20] Labonte-Roset a.a.O.

[21] a.a.O.

[22] so Hoefert a.a.O.

[23] Rommelspacher 1991, S. 30

[24] Lippenmeier 91

[25] a.a.O.

6. Ressourcen-Management angesichts knapperer finanzieller Mittel

[1] vgl. Jantsch 1972

[2] Montgomery im Hamburger Ärzteblatt 2/93

[3] Montgomery a.a.O.

7. Social Marketing und Social Sponsoring

[1] vgl. Hegner a.a.O., Evers 1992

[2] a.a.O., S. 3

[3] a.a.O., S. 27

[4] a.a.O., S. 27/28

[5] Pfannendörfer 1991, nach Hubert 1993

[6] Thorun 1980, S. 548

[7] Hubert a.a.O., S. 16

[8] Pfannendörfer 1991, S. 5

[9] a.a.O., S. 17

[10] Bruhn 1991, S. 20

[11] Hubert 1993, S. 29

[12] Bruhn a.a.O., S. 27

[13] vgl. Huber a.a.O., S. 36

[14] a.a.O., S. 38

[15] Frankfurter Rundschau v. 24. 11. 1992

[16] a.a.O., S. 366 f.

[17] a.a.O., S. 31

[18] 1992, S. 17

[19] Linke, Comvort, Gesellschaft deutschsprachiger Marketing-Kommunikationsagenturen in Europa m.b.H., nach Haunert a.a.O., S. 13

[20] vgl. Hubert a.a.O., S. 59

8. Selbstmanagement in der Sozialen Arbeit

[1] Böhnisch/Loesch 1973

[2] Maas 1985

[3] vgl. Reinisch 1975, Vogt 1985

[4] vgl. Müller/Gehrmann 1982

[5] vgl. Gehrmann/Müller 1981

[6] vgl. auch Müller/Gehrmann 1990

[7] a.a.O.

[8] Wendt 1990

[9] vgl. Gehrmann 1991

[10] Müller/Gehrmann 1993

256

[11] Burkhart Müller

[12] Thiersch 1986

[13] vgl. Müller a.a.O.

[14] Ochsner 1992

9. Rating Assessment (RA)

[1] Böhnisch/Lösch a.a.O.

[2] die meisten mit dem hier beschriebenen Fallbeispiel von K. Leube in C. W. Müller, Hrsg., 1985, a.a.O.

[3] a.a.O., S. 49–58

[4] vgl. C. W. Müller 1988

10. Sozialräumliche Assessmentkonzepte

[1] Karls und Wandrei a.a.O.

[2] siehe Oevermann

[3] Schütze a.a.O.

[4] vgl. Haag a.a.O.

[5] a.a.O., S. 296

[6] nach Südmersen a.a.O.

[7] vgl. Kinney, Haapala und Both, 1992

[8] veröffentlicht von Karls und Wandrei 1992

[9] Ebbe/Friese 1989

11. Case Management – professionelles Arbeiten mit einzelnen und Familien (CM)

[1] Wendt 1991

[2] vgl. Meinhold 1982

[3] vgl. Perlman 1969, Kamphuis 1970, Hollis 1971

[4] Lowy a.a.O.

[5] Moxley 1989

[6] Ballew und Mink 1991

[7] a.a.O.

[8] Kähler 1991

[9] a.a.O.

[10] a.a.O.

[11] ebenda

[12] a.a.O.

[13] a.a.O.

[14] vgl. Lowy a.a.O.

12. Die Environment-Aktivierungs-Methode (EAM)

[1] vgl. C. W. Müller 1986 und Neuffer 1990

[2] Meinhold a.a.O.

[3] vgl. Boulet u. a., oder auch Oehlschlägel 1991

[4] Hinte und Karras 1989

[5] a.a.O.

[6] Giddens 1988

[7] vgl. Heiner 1988

[8] Mühlum u. a. 1986

[9] C. W. Müller 1993

[10] Neuffer a.a.O.

[11] Lewin 1963

[12] vgl. Gaitanides 1992

[13] Kunstreich a.a.O.

13. Sozialmanagement und Organisationsentwicklung

[1] ERGON-Materialien 1992

[2] vgl. Gehrmann/Müller 1988

[3] vgl. Sievers a.a.O., Selvini-Palazzoli 1985

[4] vgl. Haag u. a. a.a.O.

[5] Kurt Lewin

[6] French/Bell a.a.O.

Literaturverzeichnis

Ahlers, Heidrun: Kollegen trainieren Kollegen, in: socialmanagement, Baden-Baden 2/1992, S. 57 ff.

Arnold, Ulli: Marketing und soziale Organisationen, in: socialmanagement, Baden-Baden 1/1991, S. 48 ff.

Ballew, J. R./Mink, G.: Was ist Case Management? In: Wendt, W. R. (Hrsg.) a.a.O., S. 56 ff.

Böhnisch, L./Lösch, H.: Das Handlungsverständnis des Sozialarbeiters und seine institutionelle Determination, in: Otto, H.-U./Schneider, S. (Hrsg.): Gesellschaftliche Perspektiven der Sozialarbeit, Band 2, Neuwied und Berlin 1973, S. 21 ff.

Boulet, J., u. a.: Gemeinwesenarbeit, Bielefeld 1980

Boulton, David: Doing Research Using Official Data, in: Gehrmann u. a. (Hrsg.): Perspektiven Sozialer Arbeit. Bericht eines internationalen Kongresses, 1993

Brauns, H. J., Cramer, David (Hrsg.): Social Work Education in Europe, Frankfurt am Main 1986

British Association of Social Workers (BASW): Code of Ethics, London 1980

Bruhn, M.: Sponsoring – Unternehmen als Mäzene und Sponsoren, Wiesbaden 2. Aufl. 1991

Brumlik, M.: Verstehen oder Kolonialisieren, in: S. Müller und Otto H.-U. (Hrsg): Verstehen oder Kolonialisieren, Bielefeld 1984, S. 31 ff.

Dechmann, B./Ryffel, C.: Soziologie im Alltag, Weinheim und Basel 1981

Dorschner, S.: Zur gegenwärtigen Situation sozialer Arbeit in Jena, in: Mühlfeld u. a. (Hrsg.): Sozialarbeit deutsch-deutsch, Brennpunkte sozialer Arbeit, Neuwied 1991

Ebbe, K./Friese, P.: Milieuarbeit, Stuttgart 1989

„Emma"-Autorengruppe: Offene Psychiatrie, ein Projekt in Stockholm Talkrogen, Stockholm 1988

Ergon-Materialien: Ergon: Gesellschaft für Organisationsberatung und Supervision, Kronberg 1992

Evers, Lothar: Marketing, ist Zuwendung, in: socialmanagement 3/1992, S. 16 ff.

French, W. L./Bell, C. H.: Zur Geschichte der Organisationsentwicklung, in Sievers, B.: Organisationsentwicklung als Problem, Stuttgart 1977, S. 33 ff.

Fürst, W.: Die Erlebnisgruppe – ein heilpädagogisches Konzept für soziales Lernen, Freiburg 1992

Gaitanides, S.: Psychosoziale Versorgung von Migranten und Migrantinnen in Frankfurt am Main, Frankfurt am Main 1992

Gehrmann, G./Müller, K. D.: Quo vadis Sozialarbeit? Weinheim und Basel 1981

Gehrmann, G./Müller, K. D.: Organisationsentwicklung – eine Chance für soziale Dienste? In: Sozialmagazin 5/1988

Gehrmann, G./Müller, K. D.: Neue Fachlichkeit: Professionalisierung in der sozialen Arbeit, in: socialmanagement 1/1991, S. 30 ff.

Gehrmann, G./Müller, K. D.: Ethik: Moral und Effizienz in der Sozialarbeit, in: socialmanagement 2/1991, 26 ff.

Giddens, A.: Die Konstitution der Gesellschaft, Frankfurt/New York 1988

Gotthard-Lorenz, A.: Organisationsberatung – Hilfe und Last für Sozialarbeit, Freiburg 1989

Haag, F. (Hrsg.): Aktionsforschung, München 1972

Habermas, J.: Theorie des kommunikativen Handelns, Frankfurt 1981

Hanesch, W. (Hrsg.): Fachhochschule und Arbeitslosigkeit, Weinheim und München 1989

Hartfiel, G./Hillemann, K.-H.: Wörterbuch der Soziologie, 3. Aufl. Stuttgart 1972

Haunert, Friedrich: Die Schnittstelle, in: Sozialmagazin 7/8 1992, S. 32 f.

Hegner, F.: Welche Mischung von Staat, Markt und Selbsthilfe ist die richtige? In: Lewkowicz, M. (Hrsg.): Neues Denken in der sozialen Arbeit, Freiburg 1991

Heiner, M. (Hrsg.): Selbstevaluation in der sozialen Arbeit, Freiburg 1988

Hesser, K. E.: Forschungsantrag zur Entwicklung eines Modells der Praxisreflexion in der sozialen Arbeit, Amsterdam 1991

Hesser, K. E./v. Hout, A., Productiegroup Methodikontwikkeling, unveröffentlichtes Manuskript Amsterdam 1992

Hinte, W., Karras, F.: Studienbuch Gruppen- und Gemeinwesenarbeit, Neuwied/Frankfurt am Main 1989

Hoefert, H.-W.: Aufstieg: Karriere im Sozialwesen, socialmanagement 4/1991, S. 29 ff.

Hofemann, K.: Arbeitsmarktentwicklung für Absolventen der Fachbereiche Sozialwesen, in: Hanesch, W. (Hrsg.) a.a.O., S. 33 ff.

Hollis, F.: Soziale Einzelhilfe als psychosoziale Behandlung, Freiburg 1971

Hubert, A.: Social Sponsoring, Diplomarbeit am Fachbereich Sozialpädagogik der Fachhochschule Frankfurt am Main, Frankfurt 1993

Hummel-Beck, U.: Pro und Kontra: Soziales Pflichtjahr, in: socialmanagement 1/1991

Illich, I.: Entschulung der Gesellschaft, München 1972

Jantsch, E.: Technological Planning and Social Futures, London 1972

Japp, K./Olk, T.: Wachsende Bedürfnisbefriedigung oder Kontrolle durch soziale Dienstleistungen; in: Müller, S./Otto, H.-U. (Hrsg.): Sozialarbeit als Sozialbürokratie. Neue Praxis, Sonderheft 5, Neuwied und Darmstadt 1980

Jaspert, S.: Personalentwicklung im Non-Profit-Bereich, in: Maelicke, B./Reinbold, B., (Hrsg.): Organisationsentwicklung im sozialen Bereich, Frankfurt am Main 1990

Kaehler, M. D.: Erstgespräch in der Einzelhilfe, Freiburg 1991

Kamphuis, M.: Persönliche Hilfe in der Sozialarbeit unserer Zeit, Stuttgart 1968

Karberg, W.: Soziale Einzelfallhilfe – Methode als Beeinflussungsinstrument, in: Otto/Schneider (Hrsg.), a.a.O., S. 147 ff.

Karls, E. J./Wandrei, K.: PIE: A new language for Socialwork, New York 1992

Kinney/Haapala/Booth: Keeping Families Together, New York 1992

Kunstreich, T.: Der institutionalisierte Konflikt, Offenbach 1975

Langner, I.: Soziale Arbeit versus soziale Wissenschaft, Diplomarbeit am Fachbereich Sozialpädagogik der Fachhochschule Frankfurt am Main, Frankfurt 1993

Labonté-Roset, C.: Soziale Berufe im Abseits? in: socialmanagement 3/1992, S. 19

Lewin, K.: Feldtheorie in den Sozialwissenschaften, Bern 1963

Lippenmeier, D.: Fortbildung für Frauen in Leitungsfunktionen, in: socialmanagement 4/91, S. 40 ff.

Lundström, Thommy: The Swedish Welfare System, Universität Stockholm E. V., Stockholm 1988

Lowy, L.: Case Management in der Sozialarbeit, in: Mühlfeld (Hrsg.): Soziale Einzelhilfe, Brennpunkte Sozialer Arbeit, Frankfurt 1988, S. 31 ff.

Loges, F./Sengling, D.: Planung zwischen Selbsthilfe und Fachlichkeit, in: socialmanagement 1/1992, S. 38 ff.

Maas, Udo: Sozialarbeit und Sozialverwaltung, Weinheim und Basel 1985

Mackenzie, R. A.: Die Zeitfalle: Sinnvolle Zeiteinteilung und Zeitnutzung, Heidelberg 1985

Maelicke, B.: Reformen notwendig – mit Sicherheit, in: socialmanagement 3/1992, S. 27 ff.

Maier, K.: Gute Arbeitsmarktchancen für Sozialarbeiterinnen und Sozialarbeiter, in: socialmanagement 1/1991, S. 8 ff.

Maudrich, E.: Bewerber wollen umworben sein, in: socialmanagement 2/1991, S. 55 ff.

Maslow, A.H.: Motivation and personality, New York 1954

Meinhold, M.: Wir behandeln Situationen – nicht Personen, in: Müller, S./Otto, H.-U., u. a. (Hrsg.): Handlungskompetenz Band I, Bielefeld 1982, S. 165 ff.

Montgomery, U. F.: „Wirtschaftlichkeitsprüfung 1992" – Wer prüft eigentlich die Prüfer? In: Hamburger Ärzteblatt 2/1993

Moxley, D. P.: The Practice of Case Management, Newbury Park 1989

Mühlum, A.: Die ökosoziale Perspektive: Folgerungen für eine Handlungstheorie der sozialen Arbeit. In: Mühlum, u. a. (Hrsg.): Umwelt Lebenswelt, Frankfurt 1986, S. 208 ff.

Müller, B.: Die Last der großen Hoffnungen, Weinheim und München 1985

Müller, B.: Sozialpädagogik als Wissenschaft und als Handwerk, in: Vahsen (Hrsg.): Paradigmenwechsel in der Sozialpädagogik, Bielefeld 1992, S. 105 ff.

Müller, C.W.: Wie Helfen zum Beruf wurde, Weinheim und Basel 1982

Müller, C. W./Leube, K.: Für Sorge; in: Müller, C. W. (Hrsg.): Einführung in die soziale Arbeit, Weinheim und Basel 1985

Müller, C. W.: Wie Helfen zum Beruf wurde, Band II, Weinheim und Basel 1988

Müller, C. W.: Paradigmenwechsel in der Sozialpädagogik, in: Vahsen (Hrsg.), a.a.O., S. 49 ff.

Müller, K. D./Gehrmann, G.: Gratisangst, in: Sozialmagazin 11/1981

Müller, K.D./Gehrmann, G.: Berufskonflikt von Sozialarbeitern im Planspiel, Schriftenreihe der Fachhochschule Frankfurt 1982

Müller, K.D./Gehrmann, G.: Zur Problematik gegenwärtiger Methodendiskussion in der Sozialarbeit/Sozialpädagogik, in: Sozialmagazin 7/8 1990

Müller, K.D./Gehrmann, G.: „Rating Assessment" – ein Evaluationsinstrument für die Soziale Arbeit, in: Sozialmagazin 7/8 1993

Münder, J.: Verhältnis zur freien Wohlfahrtspflege, in: Müller, C.W. (Hrsg.), Selbsthilfe, Weinheim und Basel 1993

Neuffer, M.: Die Kunst des Helfens, Weinheim und Basel 1990

Nikles, B.: Moderne Zeitplanungshilfen für das Selbstmanagement, in: socialmanagement 3/1991, S. 57 ff.

Ochsner, M.: Gut: die Dinge richtig tun – Besser: die richtigen Dinge tun, in: socialmanagement 3/1992, S. 63 f.

Oelschlägel, D.: Gemeinwesenarbeit als ökosoziale Perspektive in der Sozialarbeit, in: Theorie und Praxis der sozialen Arbeit 4/1991

Oevermann u. a.: Die Methodologie einer „objektiven Hermeneutik" und ihre allgemeine forschungslogische Bedeutung in den Sozialwissenschaften, in: Soeffner, H.G. (Hrsg.): Interpretative Verfahren in den Sozial- und Textwissenschaften, Stuttgart 1979, S. 352 ff.

Oliva, H./Oppl, H./Schmidt, R.: Rolle und Stellenwert freier Wohlfahrtspflege, München 1991

Olk, T.: Abschied vom Experten, Weinheim und München 1986

Oppl, H.: Der Prozeß der sozialen Einzelhilfe, in: Mühlfeld, u. a. (Hrsg.): Brennpunkte sozialer Arbeit: Soziale Einzelhilfe, Frankfurt 1988

Oppl, H./Scheuerl, A.: Deutsche Gesellschaft für Sozialarbeit: Forum für Theorie und Praxis, in: socialmanagement S. 11 f.

Organisation Sozialer Dienste (OSD), Frankfurt 1988

Perlman, H.: Soziale Einzelfallhilfe als problemlösender Prozeß, Freiburg 1969

Pfannendörfer, G.: Öffentlichkeitsarbeit ist Kommunikationsmanagement, in: socialmanagement 2/1991, S. 5

Rauschenbach, T./Treptow, R.: Sozialpädagogische Reflexivität und gesellschaftliche Rationalität, in: Müller, S./Otto, H.-U. u. a. (Hrsg.): Handlungskompetenz in der Sozialarbeit/Sozialpädagogik II, Bielefeld 1984, S. 21 ff.

Reinisch, H.: Planspiele, Hochschuldidaktische Arbeitspapiere 7, Universität Hamburg, Hamburg 1975

Reiss, H.-C.: Unternehmens- und Verbandsmanagement: Entwicklungshilfe, in: socialmanagement 4/1992, S. 44 ff.

Rischke, M.: Controlling setzt auf Selbststeuerung, Eigenverantwortlichkeit und Motivation, in: socialmanagement 4/1992, S. 23 ff.

Rommelspacher, B.: Karriere: Professionelles Selbstverständnis von Frauen in sozialen Berufen, in: socialmanagement 4/1991, S. 38 ff.

Sachße, C.: Mütterlichkeit als Beruf, Frankfurt 1986

Sahle, R.: Moral und Kompetenz – Eine Rekonstruktion des Deutungsmusters der Sozialarbeit, in: Sozialmagazin 4/1988

Sahm, K.: Humanisierung im Führungsstil, Frankfurt am Main 1977

Schall, T.U.: Tabu: Mitarbeiterführung als Fachaufgabe, in: socialmanagement 4/1991, S. 35 ff.

Schmidbauer, W.: Die hilflosen Helfer, Reinbek 1976

Schmidt, R.: Ehrenamtliche: Neue Fachlichkeit, in: socialmanagement 4/1992, S. 12 ff.

Schütze, F.: Biographieforschung und narratives Interview, in: Neue Praxis 3/1983, S. 283 ff.

Seibel, W.: Funktionaler Dilettantismus, Baden-Baden 1992

Sievers, B.: Organisationsentwicklung als Problem, Stuttgart 1977

Selvini-Palazzoli, M., u. a. (Hrsg.): Hinter den Kulissen der Organisation, Stuttgart 1988

Strunk, A.: Management und Planung: Offene Zweierbeziehung, in: socialmanagement 1/1992, S. 26 ff.

Strunk, A.: Controlling und Organisationsentwicklung: Bösartige Probleme, in: socialmanagement 4/1992, S. 26 ff.

Südmersen, I.: Hilfe, ich ersticke in Texten – Eine Anleitung zur Aufarbeitung narrativer Interviews, in: Neue Praxis 3/1983, S. 294 ff.

Teichler, U.: Berufsforschung und Studienreform, in: Projektgruppe Soziale Berufe: Professionalisierung und Arbeitsmarkt, Expertisen III, München 1981

Thiersch, H.: Die Erfahrung der Wirklichkeit, Weinheim und München 1986

Thorun, W.: Stichwort Öffentlichkeitsarbeit, Fachlexikon der sozialen Arbeit, Hrsg.: Deutscher Verein für öffentliche und private Fürsorge, Frankfurt am Main 1980

Töpper, M.: Situationsanalyse – ein Instrument der Organisationsentwicklung, in: Psychologie und Praxis, 1984, S. 130 ff.

Vagt, R.: Planspiel – Konfliktsimulation und soziales Lernen, Heidelberg 1978

Wendt, W.-R.: Unterstützung fallweise – Case Management in der Sozialarbeit, Freiburg 1991

Wendt, W.-R.: Drunter und Drüber, in: socialmanagement 4/1991, S. 64 f.

Zähinger, F.-J.: Finanzierung sozialer Initiativen, in: Blätter der Wohlfahrtspflege, Stuttgart 1/1992, S. 27 f.

Zimmer, A.: Vereinsforschung: Zwischen Tradition und Innovation, in: socialmanagement 3/1992, S. 49 ff.

Stichwortverzeichnis

SOLEX:
Das soziale Netz Deutschlands auf Diskette

Diese auch für den EDV-Laien benutzerfreundliche Datenbank bietet Beispiele, Erläuterungen und Rechtsgrundlagen von mehr als 50 Sozialleistungen, zum Beispiel Altenhilfe, Hilfe zur Überwindung besonderer sozialer Schwierigkeiten, Wohngeld u.v.m.

Alle wichtigen Sozialgesetze (über 40 Gesetzes- und Verordnungstexte) können auf aktuellem Stand abgerufen werden.

Ein Lernprogramm sowie die kostenlose Systemberatung über eine eigene HOT LINE erleichtern die Benutzung zusätzlich.

**SOLEX: Die erste Datenbank
der sozialen Leistungsgesetze**
für Personalcomputer

3 x 3 1/2 Zoll-Disketten
mit regelmäßigen Updates
von Uwe Kaspers
ISBN 3-8029-9700-X

TELEFAX: (09 41) 6 85 68

WALHALLA
FACHVERLAG

Erhältlich in Ihrer Buchhandlung
Nähere Informationen erhalten
Sie bei

WALHALLA FACHVERLAG
93057 Regensburg
Dolomitenstraße 1
Tel.: (09 41) 69 67 10